WILLIAM V. WELLS

EXPLORACIONES Y AVENTURAS EN HONDURAS (1857) TOMO II

Un viaje a "La nueva California"

ERANDIQUE

COLECCIÓN

EXPLORACIONES Y AVENTURAS EN HONDURAS (1857).
TOMO II. UN VIAJE A "LA NUEVA CALIFORNIA"
WILLIAM V. WELLS

©Colección Erandique
Supervisión Editorial: Óscar Flores López
Diseño de portada: Andrea Rodríguez—Mariana Turcios
Administración: Tesla Rodas
Director Ejecutivo: José Azcona Bocock
Segunda Edición
Tegucigalpa, Honduras—Febrero de 2025

CONTENIDO

UN LIBRO CON PREJUICIOS… PERO VALIOSO

No sin razón, más de algún lector se preguntará por qué el Banco Central de Honduras –para dejar huella de su décimo aniversario– exhumó este libro en 1961 para publicarlo en español.

Originalmente, salió a la venta en inglés en 1857.

¿Cuál fue el resultado de la visita de Wells en términos de negocios? No lo sabemos. Pero reproducir hoy este enfoque económico, político, histórico y, en resumen, sociológico, es ciertamente amplificar una voz que habló hace mucho tiempo; el lector dirá después de su cuidadoso repaso si la vigencia de aquellas palabras era para entonces, para ahora o para "el siempre" de la vida hondureña.

Su principal objetivo, dice en el prólogo, "era llevar a cabo un reconocimiento en la parte de la República de Honduras conocida con el nombre de Olancho, que en 1850 había sido visitada por un ciudadano que reside ahora en Nueva York y, según él, era otra California, igualando al nuevo El Dorado en depósitos auríferos, y aventajándolo en posición y accesibilidad".

Benévolo a veces, acertado y justo otras, y en ocasiones duro y cruel hasta herir los sentimientos del centroamericano más indiferente, sin duda alguna el autor escribió esta obra creyendo hacer un servicio a su país y, sobre todo, influido por las corrientes ideológicas entonces predominantes.

Aunque no siempre exactas, el editor ha querido conservar las citas históricas tal como aparecen en el original; en pocos casos se han agregado algunas notas, más que todo para auxiliar a los que no conozcan la biografía patria.

Si la imagen reflejada aparece deformada, excusemos al autor; si acaso es reproducción fiel a la realidad, que ello nos sirva para que en los próximos cien años logremos cambiar la fisonomía descrita. Desarrollémonos.

Deseamos y esperamos que, al final, alguien piense que con esta publicación al menos no nos hemos apartado del tácito lema de la institución: "Hacerlo bien todo para el bien de la Patria". 1° de julio de 1960.

Al estar en el dominio público (y no encontrarse disponible en idioma español), esta obra amerita una republicación. El relato del señor Wells es muy valioso, pues nos lleva hasta los albores de la vida republicana en Honduras y Centroamérica. Sus opiniones son subjetivas y reflejan muchos prejuicios propios de su origen y tiempo, pero muy valiosas por ser de un observador educado y estudioso.

En particular, es conmovedora la descripción que realiza del general José Trinidad Cabañas, de su semblante, de su mirada, de su larga barba grisácea, la cual no se cortaba desde el fusilamiento de Francisco Morazán.

Wells, además, describe algunas particularidades de la población, su rutina y sus gustos, así como su viaje a lomo de mula por las montañas del sur de Honduras hasta llegar a Olancho.

Agradecemos al Banco Central de Honduras haber hecho esta traducción y publicación en 1960. El Lic. Pío Suárez Romero fue el editor y el Lic. Juan B. Valladares contribuyó con notas.

Esperamos que esta nueva edición ayude a llevar nuestro lejano pasado a las nuevas generaciones. Nuestra memoria es importante para poder construir un futuro mejor.

JOSÉ S. AZCONA B.
Director Ejecutivo de Colección Erandique

PRÓLOGO

El viaje del cual las páginas siguientes forman un diario complementado después con datos reunidos, fue concebido en California en 1853 y basado en información, digna de confianza, que desde 1851 había sido puesta en mis manos, referente a las regiones auríferas de Centroamérica. Su principal objeto era llevar a cabo un reconocimiento en la parte de la República de Honduras conocida con el nombre de Olancho[1], que en 1850 había sido visitada por un ciudadano que reside ahora en Nueva York y, según él, era "otra California", igualando al nuevo El Dorado en depósitos auríferos, y aventajándolo en posición y accesibilidad.

---

[1] Con este mismo nombre se conoce aquella rica región desde su descubrimiento hacia 1524: Olancho escribieron Bernal Díaz del Castillo (Verdadera Historia, Cap. CLXXXIII), el cosmógrafo cronista Juan López de Velasco en su Descripción Universal de las Indias (p. 313 de la ed. De D. Justo Zaragoza), Juan Diez de la Calle (Memoria y Noticias Sacras y Reales de las Indias Occidentales, p. 273 de la ed. De Bibliófilos Mexicanos) y Antonio Vázquez de Espinoza (Compendio y descripción de las Indias Occidentales, pp. 224 y 225, ed. De The Smithsonian Institution), entre otros autores de los siglos XVI y XVII. El primero Cronista del Nuevo Mundo, Fernández de Oviedo, escribió Vylancho o Vlancho (pp. 198, 211, y 220 del tomo III de su Historia General y Natural de las Indias, ed. de la Real Academia de la Historia); Ulancho dicen también el adelantado D. Francisco de Montejo en su relación fechada el 1º. De junio de 1539 (Colección de Documentos Inéditos de Torres de Mendoza, t. XXIV, pp. 260 y 261) y el cronista Herrera en el cap. VI, Lib. VII, década tercera. En el testimonio de la fundación de la Villa de la Frontera de Cáceres, verificada el 2 de junio de 1526, se expresa que fue establecida en la "provincia de Huylancho (Colección cit., t. XIV, p. 61). Cortés en su quinta carta de relación dice Huilacho (Gayangos, Cartas y Relaciones, p. 475). El Dr. Membreño, explicando su etimología dice que Olancho es el "nombre de uno de los departamentos más ricos que tiene la República. La interpretación de esta palabra nos ha hecho meditar mucho sobre de qué proviene la última sílaba; hasta que en la Historia de las Indias, por Gómara, leímos San Jorge Blanco. Claro está que la sílaba co se ha debilitado hasta quedar en cho. La forma mejicana de la palabra sería Ollalco, que significa "en la tierra del hule". Se compone de olli hule, goma elástica, tlalli, tierra, y co, en. En las Cartas de Cortés dice Huilacho, y aun el mismo Gómara, Huictlato". V. Nombres Geográficos de la República de Honduras. Tegucigalpa, Tipografía Nacional, 1901, p. 73.

Las ventajas de este país centroamericano por algún tiempo habían sido materia de discusión.

De la limitada información que podía reunirse en San Francisco y de los papeles que tenía en mi poder, aparecía que en las cabeceras de los ríos que nacen en las montañas de Honduras y desembocan en el mar Caribe –particularmente el Guayape o Patuca– había depósitos de oro (placeres) en todo iguales a los de California; que eran accesibles por un río navegable, la boca del cual estaba a la distancia de tres días de navegación de Nueva Orleans y de siete de Nueva York; que el clima de esta región, aunque en el trópico, era uniforme y salubre; que el Gobierno había manifestado su disposición favorable hacia las empresas extranjeras; y que, en adición a su riqueza mineral, el país abundaba en maderas preciosas y drogas y proveía espontáneamente de todos los productos tropicales.

En aquel tiempo se había descubierto oro por todo el mundo. En varios lugares insospechados, en Australia, Oregón, Perú y Sonora el minero audaz, estimulado por el ejemplo de California, había descubierto depósitos auríferos y en los primeros dos lugares con un éxito que rivalizaba con la misma California.

La era del oro, que aparentemente se iniciaba en el mundo aumentando la cantidad producida de $50,000,000.00 a la fantástica suma de $200,000,000.00 anualmente y llegado de regiones hasta entonces desconocidas por los comerciantes y los geógrafos, condujo a la reflexión de que depósitos similares podrían existir en Honduras, que en los siglos pasados había sido conocida como país aurífero y ahora era campo de trabajos levados a cabo por los indígenas con las toscas herramientas de su raza semi civilizada.

En aquel entonces no podían adquirirse en California libros ni mapas relacionados con Honduras. Difícil me fue obtener el hábil trabajo del Sr. E. G. Squier sobre Nicaragua[1], tan admirado por su estilo narrativo y sus valiosos datos etnológicos, pero aquel autor no había visitado por segunda vez Centroamérica y, por consiguiente, la magnífica información que entonces dio al mundo sobre Honduras, no se había publicado. Las obras y los mapas de los ingleses y de otros escritores extranjeros sobre Centroamérica no habían llegado a la costa del Pacífico y hasta sus nombres eran desconocidos. Pero, si

---

[1] Nicaragua: su pueblo, monumentos, escenas y el proyecto canal, con numerosos mapas originales e ilustraciones por E. Geo. Squier, 2 volumen, Nueva York, 1852.

todo esto hubiera sido asequible tampoco hubiera significado una ayuda como guía debido a la ignorancia de sus autores sobre la región que me proponía visitar, particularmente de la parte oriental de Honduras y la extensa zona bañada por el Guayape. Este río, en algunos mapas hasta de 1855, aparecía como afluente del río Aguán o Romano, descargando sus aguas en el mar Caribe, cerca de Trujillo, cuando en realidad es el mismo Patuca, pero con nombre diferente en el interior [1]. La topografía del país pareciera haber sido puesta al acaso para llenar los feos vacíos en los mapas, en los cuales solo las líneas costeras, y no siempre, estaban correctas, circunstancia debida a los minuciosos estudios del Almirantazgo. De hecho, como lo averigüé después, Honduras era una tierra incógnita como el interior del Japón.

El mapa que acompaño de la parte oriental de Honduras es resultado de no poco trabajo, y aunque no abarca una extensión mayor de territorio, corrige las absurdas equivocaciones sobre Olancho que aparecen en los hechos anteriormente. Las distancias entre las ciudades principales y las haciendas y su ubicación, las determiné por observación personal y con la ayuda de diligente información que obtuve de los residentes más capaces. Según creo, no se ha hecho mapa alguno basado en un levantamiento real de esta apartada región, excepto uno burdo e incorrecto enviado en 1851 al señor Rugama, de Nacaome, por un nativo de Trujillo, quien hizo un grosero trazo de Olancho con el propósito de localizar ciertas concesiones de tierras para realizar en ellas cortes de caoba. Las pocas ciudades del interior que aparecen en la línea del proyectado Ferrocarril Interoceánico [2], se

---

[1] Squier, en la introducción de su obra principal sobre Honduras, trata extensamente de los errores geográficos y cartográficos que por el escaso y confuso conocimiento que entonces se tenía de Centroamérica se cometieron en la generalidad de las obras y mapas publicados hasta a mediados del siglo XIX; V. **Honduras, Descripción histórica, geográfica y estadística de esta República de la América Central**, por E. G. Squier, edición corregida y anotada por J. M. C. (Juan María Cuéllar). Tegucigalpa, 1908. Esta edición, que parece ser la tercera en español, porque D. Carlos Gutiérrez debe de haber publicado la segunda en Londres hacia 1873, está basada en la que se titula: **Apuntamientos sobre Centro-América, particularmente sobre los Estados de Honduras y San Salvador. Su geografía, población, riqueza, producciones, etc., y el propuesto camino de hierro de Honduras**. Traducidos del inglés por un hondureño (D. León Alvarado). París, Imp. De Gustavo Gratiot, 1856. En 4º. XIII, 384 pp.

[2] Squier describe minuciosamente la vía del ferrocarril interoceánico de Honduras, pp. 279 a 382 de su citada obra. La Ley Agraria de Honduras, emitida en 1924, en el capítulo VIII que se refiere a las **Zonas de influencia del ferrocarril**

sitúan de acuerdo con el mapa del Sr. E. G. Squier. Si Olancho es objeto en lo futuro de extensos reconocimientos científicos se hallarán, creo, pocos errores en el presente mapa, como son los que no puede evitar un viajero sin experiencia.

Al salir de California no tenía más propósito que el de informar a varios amigos de San Francisco, que se habían interesado en mi empresa encaminada a conseguir del Gobierno de Honduras el derecho de explotar yacimientos de oro y de establecer estaciones comerciales para la exportación de pieles, maderas de construcción, maderas de tinte y otros objetos de valor, por el río Guayape o Patuca, desde el departamento de Olancho [1]. Más, al considerar lo poco conocida que, entonces, era Honduras, resolví, además de cumplir con los deberes que específicamente me había trazado, dedicar parte de cada día a llevar un registro de los acontecimientos que me sucedieran y que abarcara las peculiaridades de carácter y costumbres, y las ocurrencias generales de viaje en medio de un pueblo aislado y primitivo.

Con esta mira, durante un viaje de cerca de un año, que se extendió a más de mil millas, la mayor parte a lomo de mula y visitando en ese lapso treinta y ocho ciudades y aldeas, reuní todo cuanto me pareció a propósito para arrojar luz sobre la historia y recursos naturales del país. Monedas, retratos, muestras botánicas, mineralógicas y ornitológicas; folletos de toda clase publicados durante cincuenta años en las prensas locales; viejos libros, "gacetas", "diarios" y manuscritos, y una serie de dibujos ejecutados por el señor Lazo [2], de

---

nacional, señala el camino de la vía férrea. En igual sentido está concebida la última Ley de 1936.

[1] La Asamblea Nacional Constituyente del Estado de Honduras decretó el 28 de julio de 1825 la primera demarcación territorial del Estado, dividiéndolo en siete departamentos: Comayagua, Tegucigalpa, Gracias, Santa Bárbara, **Olancho**, Yoro y Choluteca: **Bosquejo Histórico de Honduras** por el Dr. Rómulo E. Durón. San Pedro Sula, Tip. del Comercio, 1927, p. 150.

[2] Muy poco se sabe de D. José Sotero Lazo, compañero de Wells en su viaje por Olancho. Nació en Tegucigalpa entre 1820 y 1822, en la antigua casa de sus padres D. Francisco Lazo y Da. Rafaela Fiallos, la misma de dos plantas que forma esquina frente a **El Ahorro Hondureño**. Hablaba inglés; debe de haber viajado a Inglaterra o a los Estados Unidos, y tal vez allí aprendió o se perfeccionó en el dibujo y la pintura. Wells dice en el capítulo XIII de esta obra que Lazo lo acompañó a Olancho como dibujante, por su propia cuenta; que le había mostrado unos dibujos que encontró muy correctos. Fuera de los tres retratos y de algunos dibujos para la obra de Wells no se conocen sus trabajos. En **Una ensalada del Padre Reyes**

Tegucigalpa, que acompañó a Olancho, me permitieron, al regreso, reunir hechos suficientes para merecer su incorporación en la forma de un libro impreso. Se me extraviaron algunos de mis retratos, mapas y vistas de paisajes más importantes, que no podrán ser reemplazados con exactitud.

La parte histórica y política, que comprende algunos hechos no publicados hasta hoy, se presenta simplemente como un breve bosquejo de esta interesante porción del continente desde su descubrimiento hasta la fecha, pero sin pretender la altura de una historia, en el sentido exacto de la palabra. Los historiadores españoles han sido consultados en el capítulo XXIII, como también varios modernos, en relación con el gobierno colonial de España. Como lo hizo observar un autor inglés: "Es tan poco lo que conocemos de la historia interna de Honduras a través de la era obscura del dominio hispano, que los escasos hechos que podemos recoger de la luz vacilante y sospechosa que los corsarios nos han proporcionado, sirven más bien como mojones de su existencia, que como detalles de los sucesos relacionados con su suerte".

El llamado misterio que envuelve al reino de Guatemala después del establecimiento del sistema colonial español y que se extiende ininterrumpidamente a través de los siglos XVI, XVII, XVIII y hasta

_____

publicada por Rafael Heliodoro Valle en la **Revista del Archivo y Biblioteca Nacionales** (t. XIV, pp. 366 a 366) se menciona un retrato hecho por el señor Lazo:

"buen retrato ha hecho Sotero
que ha merecido gala;
ya se marcha a Guatemala
con sus tropas don Juan Lindo"

Sea por su dominio del inglés, sea porque lo hablaba muy mal, es lo cierto que la musa festiva del padre Reyes lo embromó dedicándole el epitafio que dice:

"Murió Míster Sotiro
de mal de boca ¡oh caso lastimero!
Si a su tumba llegares es forzoso
que le hagas sacrificio de un suspiro;
pero te advierto hermano
que este muerto no sabe castellano:
llora, pues, en inglés, si tal favor
quieres hacer a un hijo de Nueva York".

Debido a dificultades para su reproducción, el editor no pudo insertar, en esta versión, los interesantes dibujos de Lazo.

el XIX, ha sido parcialmente aclarado por el historiador de ese país, Juarros, de quien hago citas ocasionales. Este trabajo, originalmente publicado en Guatemala en 1811 en nueve volúmenes y posteriormente compendiado por su autor [1], es poco conocido en los Estados Unidos, en donde parece que ha sido confinado a las librerías de los estudiosos de asuntos hispánicos. Probablemente se sabe menos de la historia antigua de Guatemala que de la de cualquier otro país hispano americano. La descripción de esa extraña y maravillosa invasión de una nación por Alvarado y un puñado de sus armados acompañantes, con el garbo de un Irving o de un Prescott [2], todavía está por realizarse. El campo, inmenso como es, y que se abre a través de las polvosas páginas de los cuentos de las hazañas caballerescas ha mucho olvidadas, es tal vez lo más prometedor que ha quedado al historiador moderno.

El fundamento de los sucesos que se detallan en los capítulos XXIV y XXV lo hube del breve bosquejo histórico del Sr. R. G. Dunlop, "Travels in Central América" [3], en donde él presenta un

---

[1] Hay tres ediciones guatemaltecas de esta obra, las únicas en castellano que conoce el autor de estas notas; la primera impresa por D. Ignacio Beteta en 1809, el tomo primero, y el segundo en 1818; la publicidad en dos tomos por el **Museo Guatemalteco** en 1857. D. Víctor Miguel Díaz sacó a luz la tercera edición en 1936, también en dos tomos.

El Dr. Ramón A. Salazar dice que "en 1823, Mr. John Baily hizo la traducción de esta obra al inglés, siendo publicada en Londres en 1857": **Historia del Desenvolvimiento intelectual de Guatemala.** Guatemala, 1897, pp. 151 y 152. La traducción inglesa se titula: **A statistical and Commercial History of Kingdom of Guatemala in Spanish America – Containing important particulars relative to its productions, manufactures, customs, etc., with an account of its conquest by spaniards, and a narrative of the principal events down to the present time: from original record in the archives; actual observation; and other authentic sources, translated by J. Baily, London, 1824.**

Como se ve, no hay edición de la obra de Juarros publicada en 1811; tampoco se publicó primitivamente en más de dos tomos, como dice Wells; sí pudo haber sucedido que la edición príncipe se hiciese por entregas, a las que nuestro autor da el nombre de tomos.

[2] William Hickling Prescott. Erudito historiador norteamericano; escribió una notable **Historia del Reinado de los Reyes Católicos.** Con sus obras sobre las conquistas de Méjico y del Perú comenzó a demostrar la verdad de la obra civilizadora de España en América, que apasionados escritores anglosajones habían negado hasta entonces.

[3] Viajes a Centroamérica, Londres, 1847.

resumen político que se extiende de 1821 a 1847. Los capítulos interesantes del Sr. E. G. Squier, al parecer obtenidos de esa misma fuente y Marure y Montúfar [1], presentan esos acontecimientos en una forma más sistemática y significativa. Los principales hechos históricos, sin embargo, los obtuve en Honduras de manuscritos y papeles oficiales, la mayor parte de los cuales están aún en mi poder, y de las narraciones verbales de personas que tomaron que tomaron parte sobresaliente en las revoluciones. El bosquejo histórico "The Gospel in Central America" [2] ha sido también consultado. Este, como su autor el Sr. Crowe dice, se basa en los capítulos del Sr. Dunlop sobre aquella materia.

Se ha dedicado tal vez inmerecido espacio a los hechos en relación con la historia y muerte de Morazán. Estas páginas, no obstante, son apenas una pequeña parte de los manuscritos que puso en mis manos su yerno, don Esteban Travieso [3], de Tegucigalpa, y es debido a la promesa que a este hiciera en aquel tiempo, de publicar un sumario de su contenido, lo que me motivó a preparar ese bosquejo.

El relato de aventuras, como ya lo expresé, es simplemente una transcripción de mi diario, que lo llevé sin un solo día de interrupción. Este, en las soledades que el viajero debe recorrer, sirvió más que como un empeño, como entretenimiento agradable. Unas pocas páginas han sido dedicadas a Nicaragua, país más familiar al lector, y trato de Olancho (el objetivo de mi expedición) tan pronto como es posible. Al hablar de esta parte de mi viaje, puedo solamente repetir lo que ya dije en los artículos que arreglé de mis notas y que recientemente publicara la revista Harper's. Imagínese la riqueza vegetal y mineral de Nueva Inglaterra y Virginia, intensificada diez veces: el mismo género de plantas y árboles en su colorido y aspecto; nuestros campos verdes del norte en junio y nuestros prados de septiembre alternando con la misma verdura familiar, pero más

---

[1] D. Alejandro Marure, autor del **Bosquejo Histórico de las Revoluciones de Centroamérica** (Dos tomos, Guatemala, 1877-78), y D. Manuel Montúfar y Coronado que escribió las **Memorias para la Historia de la Revolución en Centroamérica** (Cuarta edición, Guatemala, 1934), obra más conocida con el nombre de **Memorias de Jalapa**.

[2] El Evangelio en Centroamérica, por Frederick Crowe, Londres, 1850.

[3] Don Esteban Travieso fue hijo legítimo de don Esteban Travieso Rivera y de doña María Josefa Lastiri, casada en segundas nupcias con el Gral. Francisco Morazán; de manera que don Esteban Travieso Lastiri era hijastro del Gral. Morazán.

firmes, más ricas, más variadas y esparcidas en todos sentidos. Es el Nuevo Mundo en lo mejor de lo mejor, en su clímax de belleza y utilidad. El aforismo de Lord Bacon, que saber es poder, a la inversa, que la ignorancia es debilidad, tipifica el desconocimiento de los norteamericanos en cuanto a la realidad del interior de la América tropical. Desde mi regreso, frecuentemente he contemplado los paisajes veraniegos en Massachusetts, particularmente entre Brighton y Cambridge, y me hicieron recordar a Olancho como una contraparte resplandeciente, pero excediendo este al cuadro del norte en suavidad y en delicadeza de perfiles.

En relación con esto, uno vacila para describir escenas de tan rara belleza y siente la tentación de no dar a su cuadro pinceladas "couleur de rose", sino conservarlo en toda su prístina belleza, por miedo a que el lector sonría incrédulo, de lo que va más allá de la experiencia de la vida ordinaria. Así como las multitudes toman como un absurdo la expresión de algo que ellas nunca han sentido, así la descripción de lo que jamás han visto les parece ridículo y exagerado, especialmente cuando creen que todo ha sido calculado para debilitar sus prejuicios.

El contacto que la navegación ha establecido entre los Estados Unidos y la América Española y el creciente interés por esos países, que hasta hace poco habían estado, comparativamente, excluidos del mundo, señalan al trópico americano como destinado en no lejano tiempo a convertirse en un prominente campo de empresa. Hasta recientemente, las citas constantes reproducidas de diccionarios geográficos y enciclopedias han sido la fuente principal de información acerca de Honduras, un Estado que, con toda probabilidad, se convertirá en un camino real de naciones a través del continente y en fuente de una gran riqueza mineral. Todavía el país está entronizado en el silencio y el aislamiento que, al parecer, solo serán rotos por el avance de la civilización y la industria extranjeras.

Nueva York, 5 de noviembre de 1856

CAPÍTULO I: JUTICALPA, PUEBLO DE CALLES ESTRECHAS Y MAL EMPEDRADAS

Las calles. – La iglesia. – En la plaza. – Mantos de plumas. – Población. – Espectáculo festivo. – "El bolero". – "El fandango". – Poesía olanchana. – Un "Feu de Joie". – Cena con el padre. – Visitantes. – Mermelada de naranja. – Ambrosía de tamarindo. – El primer día de función. – Como montan las muchachas y galanes. – El encierro de los toros. – Una carrera loca. – Ceremonias religiosas. – Procesiones. – Lidia de toros. – Montando un toro. – Una "Chispa de oro". – Aire puro. – Campanas de plata y oro. – Reunión social. – "Poco a poco". – Doña Isabel. – Comprando polvo de oro. – Valle de la Concepción. – Panorama irisado. – A caballo con un cura. – Sitio para una ciudad norteamericana.

Las calles de Juticalpa, como las de todas las poblaciones hispanoamericanas, son estrechas, mal empedradas y calientes debido al resplandor del sol en las paredes eternamente encaladas; por lo general no huelen muy bien. La mayor parte de las casas son de un solo piso, los interiores frecuentemente están sin pavimento y el suelo desnudo sirve como piso. Los techos son todos entejados lo que, a distancia, da la impresión de estar la ciudad regularmente construida, no siendo ello así. De los aleros de las casas las gentes habían estado colgando por varios días ramas y hojas de palmas y cedro, mientras que, de lado a lado de las calles principales y de techo a techo, se tendían cuerdas hechas de algún bejuco resistente, a los cuales se ataban haces de ocote que servirían como antorchas. La iglesia se hallaba igualmente adornada y los portales de los edificios se veían cubiertos con ramas de pino y cedro. Los interiores de las casas se hallaban también adornados y el aspecto de la ciudad me hacía recordar en algo la decoración de las iglesias en el norte, en época de Navidad.

Por invitación del padre Buenaventura fui a ver los preparativos que hacían las mujeres de la ciudad, a cuyas manos la iglesia había sido confiada. El altar estaba rodeado y cubierto con velas de sebo y colocadas en pequeños sostenes de madera. Estas luces se veían, asimismo, profusamente colocadas alrededor de los muros en los nichos, frente a figuras de santos adornados con oropel y ante los execrables remedos de pinturas con que la iglesia estaba decorada. La galería se veía abarrotada con velas a su alrededor. Todo el edificio por dentro estaba guarnecido con tablas de cedro bien cepilladas para cuyo trabajo se importaron carpinteros de Jamaica, vía Trujillo. En conjunto es un edificio muy aceptable y estuvo diez años en proceso de construcción.

Cuando entramos hallamos como dos docenas de mujeres caminando silenciosamente, con sus pies descalzos, sobre el pavimento enladrillado; con el esmero de sus manos el recinto había ya tomado una apariencia imponente. El padre dijo que habría una iluminación parcial aquella noche, cuando se llevarían a cabo varias ceremonias importantes. Cada vez que pasaban frente al altar las mujeres se persignaban fervorosamente, de cuando en cuando se hincaban y repetían, con verbosidad de loras, selecciones del Misal, o se inclinaban devotamente hacia la figura de la Virgen, cuyo ropaje brillante y holgado y sus ojos de abalorio la hacían decididamente lo más prominente en esta ocasión. Más que otra cosa me hizo recordar las figuras de los mandarines con sus cabezas rizadas. Desde luego que yo permanecí descubierto e hice mi mejor reverencia ante ella.

Al anochecer toda la ciudad estaba alborozada. Los cohetes y las fogatas se disputaban el dominio del aire y alrededor de la plaza se podía ver cómo las llamas iban de aquí para allá enviando su luz contra los muros de la iglesia. Se erigieron sendos chinamos y mesas de juego, como se hace en los Estados Unidos durante los días públicos. En los primero se vendía chica, tiste, chocolate, ponche de aguardiente, huevos, caramelos, quequees, fuegos artificiales, frutas y estampas de la Virgen; en las mesas de juego se congregaba la multitud de vaqueros, fuertes y bien conformados; los cortadores de caoba; los recogedores de zarzaparrilla; los cazadores de venados y muleros, cada quien con su muchacha vistosamente ataviada para la ocasión y compartiendo las cordiales risas estruendosas y las exclamaciones de desencanto. Entre la muchedumbre, los indios de los establecimientos de Los Indígenas del este del departamento se movían discretos, pero igualmente vivaces y amables. Algunos de ellos habían llegado desde La Conquista, San Esteban y de El Dulce Nombre; se hallaban bien vestidos, eran de buen parecer y en gran cantidad los de Catacamas. En ellos podían verse ejemplares del arte exclusivo de las razas indígenas americanas: los mantos de plumas.

Muchos estaban confeccionados con rara habilidad, haciendo patente el gusto en la disposición y el contraste de colores, que en vano podían haber intentado artistas más cultivados.

Las aves de los plumajes más vistosos de la floresta tropicales prestan su contribución para la manufactura de estos mantos. Uno de los indios, descendiente según creo de la tribu de los xicaques, descritos por Juarros, prometió hacerme una descripción del método cómo se fabrican, pero mi nuevo conocido, a quien en razón de su promesa le había dado varios puñados de monedas de cobre para que los jugara al monte, perdió parcialmente su memoria bajo el efecto demasiado fuerte de la botella de aguardiente, y cuando terminaba la función, desapareció súbitamente con sus demás compañeros. El manto que yo compré al individuo se perdió después de mi alforja.

Era ahora que empezaba yo a darme cuenta de la extensa población de Olancho y de sus capacidades de defensa. Cientos de hombres a caballo se movían alrededor de la plaza, desplegando una gracia ecuestre que, en una carga, los haría contingente valioso en cualquier regimiento de caballería en Hispanoamérica. Las calles de la ciudad estaban abigarradas. Es esta facilidad con que se congregan en la ciudad las gentes de las aldeas cercanas de San Francisco, Jutiquile, Mamisaca, Las Dorilas, San Nicolás, La Concepción y El Plomo, lo que ha inducido a error en cuanto a la población de Juticalpa. Las ciudades de Manto, Silca, Culmí, Yocón, Talgua, Danlí, Gualaco y otras, también envían numerosas delegaciones a Juticalpa durante la fiesta patronal; estas, con los indios del bajo Guayape, aumentan la población a tres veces su número corriente. Los nativos de lugares distantes de Honduras se confunden con los de las aldeas adyacentes. Nosotros calculamos que durante la función había en Juticalpa arriba de doce mil almas.

Las calles ofrecían el espectáculo más alegre que se pueda imaginar, realzado por la afición de las mujeres en tales ocasiones a los colores brillantes, en lo que las hallé diferentes de las de Nicaragua. Cintas y mantones vistosos flotaban en la brisa, en todas direcciones. Voces alegres se combinaban con el rasgueo de las guitarras; multitud se movía de aquí para allá entre los caballos, las mulas y las procesiones, ora riendo con diferente regocijo, ora confundiéndose en la conversación ruidosa con la voz nasal del cantante y formando círculo para presenciar el fandango o el bolero, en los cuales las figuras finas y las actitudes airosas compensaban la falta de técnica.

Allá por las diez de la noche la alegría creció de manera loca. Los festejos son una mezcla de deporte y de religión, en los cuales a los participantes constantemente se les recuerda la supremacía de la iglesia por el tañido de las campanas llamando a los ejercicios santos, el paso de las procesiones y el cántico de los sacerdotes. Fue brillante la idea de los viejos sacerdotes al introducir la fe católica en estos países, de hacer que cada día festivo concordara con algún evento religioso, así que los ritos del catolicismo predominan aún en los momentos más alegres.

Durante el día se dejó una hoja suelta en la puerta del señor Garay, de la cual la siguiente es una copia, autorizando al pueblo para que disparara mosquetes, pistolas o cohetes según le pluguiera:

Al Sr. Don Francisco Garay
          "Décima,
Deseando que haya alegría,
Al principiar la función
Hoy el gremio de La Unión
Viene a pedirle a porfía.
Que al punto de medio día
En vuestra casa estaréis
Y que de allí tiraréis
La bomba, fusil o cohete.
Que pago tendrá el juguete
De María no dudéis
Pues, el Gremio de la Unión
Lo festeja con porfía".

Acatando esta petición hicimos continuas descargas y salvas con pistolas, rifles y mosquetes hasta entrada la noche. Don Francisco, cuya satisfacción por tantos visitantes aumentaba proporcionalmente a las filas que se formaban a su puerta, tenía dos muchachos indios especialmente desmenuzando papel para hacer los tacos, y para que atendiera a todas nuestras necesidades. Estábamos todavía disparando cuando mi buen amigo, el padre Buenaventura, llegó y, tomándome por el brazo, me dijo que deseaba que yo le acompañara a dar un vistazo por la ciudad.

Esta noche se llama "Vísperas de la Virgen". Anduvimos en medio de la multitud, cambiamos saludos, y vi mi importancia aumentada considerablemente por mi intimidad con el padre. En todas partes era recibido con demostraciones de respeto y afecto. Pero el padre me llevó hacia las afueras, a la parte occidental de la ciudad, donde entramos en una casita muy cómoda y me mostró a dos de sus muchachitos. "Ah, padre Buenaventura", le dije, "yo creía que los clérigos católicos no se casaban".

"Bueno, hijo, así es", replicó negligentemente, y cambiando la conversación me presentó a una muchacha morena, cuyo parecido con los chicos me reveló que ella era la madre. "Ahora", siguió diciendo el cura, "le mostraré a usted cómo vivo. Esta no es mi casa, pero mi familia aquí reside".

La mesa estaba ya servida y nos sentamos a comer una gallina asada, con miel, pan indio, café y mantequilla. Desde mi llegada a Honduras siempre tuve un apetito de tigre. Los manjares del cura pronto desaparecieron. Después de estos abrió él una botella y me sirvió un poco de aguardiente del cual, según juzgué, él ya había catado. De aquí nos fuimos a la plaza y hasta cerca de la media noche anduvimos vagando entre los grupos de gentes, cuyos rostros se iluminaban con los resplandores de las bombas y de las fogatas.

Al día siguiente, la hija del señor Garay llegó de Tegucigalpa y grandes fueron los festejos que en su honor se hicieron en la casa. Un rebaño de ovejas fue traído al patio desde la hacienda de La Concepción y seis fueron seleccionadas por el propio viejo para la semana de fiesta. Una bonita vaquilla, que se estaba engordando exprofeso, fue sacrificada; se hicieron pasteles y el júbilo fue mayor todavía. Como la mayor parte de los viejos olanchanos, mi huésped era un epicúreo. Variedad de guisos y sabrosos platos le fueron puestos en la mesa que, por regla general, él deseaba que yo compartiera.

También poseía el arte, por larga práctica, de preparar ciertas bebidas que eran deliciosas. Entre ellas había una a la cual, invariablemente, yo le hacía el honor. Era hecha de tamarindo y comúnmente se servía por el mediodía, directamente de los picheles de barro, envueltos en varios lienzos húmedos y expuestos a la corriente de aire para su enfriamiento. La preparación de esta bebida es sencilla. De un tonel con la fruta, que parecía haber sido convertida en pulpa y liberalmente mezclada con el jarabe ordinario del país, se extraía una cantidad de licor espeso, un poco fermentado, que se diluía para poderlo beber, y lo que se asentaba en el pichel se volvía a meter en el tonel. A esto se le agregaba canela en polvo, pimienta gorda y hierbas aromáticas (recogidas en las colinas vecinas) para darle mejor sabor. El licor, sin las especias, se utilizaba a menudo durante y después de las fiebres.

El señor Garay era muy aficionado también a una mermelada de naranja que él se servía en platillos cada noche antes de acostarse. Esta preparación contenía una infusión ligera de vainilla y una substancia aromática de propiedades narcóticas, razón por la cual, sin duda, el viejo caballero la comía y gentilmente deseaba que sus huéspedes participaran, a fin de que pudieran dormir a pierna suelta durante toda la noche.

Varios hermosos árboles de tamarindo, conspicuos por su frondosidad y sus hojas verde pálido, tronco recto y ramas irregulares, crecían en las calles y en los solares de Juticalpa. La fruta contiene de cuatro a siete semillas; las vainas, agrupadas en abundancia entre las hojas, aparecen en noviembre y en enero ya están listas para su recolección.

Este era el primer día de la función. Temprano de la mañana nos llegó la noticia de que el general Zelaya, con su familia y hermanos, llegarían a la ciudad antes de la noche. Don Toribio, el segundo hijo de don Chico, llegó anticipadamente con varias mujeres a fin de poner orden en la casa. L. y yo montamos y salimos hacia Mamisaca al encuentro de la cabalgata. Diez millas afuera de la ciudad la encontramos pero, con pesar mío, el general no venía en ella. La señora estaba todavía gravemente enferma y él no podía dejarla. Sin embargo, recibí una amable carta del viejo hidalgo en la que me prometía estar en la ciudad durante la función.

Regresamos con la familia y llegamos al galope cerca del mediodía. Las muchachas montaban en sillas hechas en Guatemala. Las dos hijas de don Santiago, nombradas antes, me hicieron recordar las vigorosas doncellas de Green Mountain, prototipo de la salud rubicunda y de la afabilidad. Tenían, respectivamente, diecisiete y diecinueve años de edad y estaban tan rozagantes y tan encantadoras que parecían gatitas. ¡Qué manera de montar a caballo! Después de verlas, mi único deseo era el de apartarme del camino para ocultar mi torpe equitación, por más que alardeara de que estaba matizada con el estilo ranchero de California. Desde su niñez estas jóvenes han vivido entre jinetes y toros los días han cabalgado por las llanuras herbosas, hasta que el bien montar se ha hecho en ellas segunda naturaleza. Ahora eran atendidas por media docena de galanes campesinos de las haciendas vecinas, varios de los cuales, al oír los requiebros que yo les hacía, fruncían el entrecejo. Pero, independientemente de otras consideraciones, si yo hubiera deseado tomar alguna decisión al respecto, lo único que ellos hubieran necesitado era darle un pequeño toque con sus espuelas a sus briosos caballos y con unas cuantas cabriolas habrían sellado mi destino como rival. ¡Ser un buen jinete en Olancho tiene muchísimas ventajas!

Al volver a la ciudad encontramos a varios caballeros que corrían de arriba abajo en las calles con el más grande entusiasmo, cuyo significado nos apresuramos a averiguar. Don Toribio pronto me dijo que una partida de toros de una de las haciendas del señor Garay había llegado y que estaba a una milla fuera de la ciudad; de acuerdo con una costumbre inmemorial, todo hombre a caballo en la población tenía que salir al encuentro y conducirlos hasta el corral preparado para su recepción en la plaza. Solo esperaban nuestro regreso para salir al tope de los toros.

A una señal, no menos de trescientos jinetes salieron por la parte este de la ciudad, por un llano sin límites, bellamente cubierto con flores y pastos e interceptado con montículos y alamedas de árboles frondosos. Era una cabalgata loca, sin orden ni concierto, con el regocijado "¡Hoo-pah!" saliendo de centenares de gargantas; algunos iban montados en caballos medio chúcaros de los llanos, todavía con la mirada salvaje en sus ojos, otros confiando en la superioridad de sus animales, se desprendían del grupo principal describiendo grandes círculos a nuestro alrededor, para luego reunirse a la marcha progresiva de la muchedumbre; aquí un muchacho iba montado en su caballo trotón, como un mono; allá se veía un indio en pernetas a horcajadas sobre un potro igualmente cerril, sin silla y sin freno y tan solo con una banda que pasaba alrededor de sus muslos y de la barriga del animal y un utensilio a manera de gamarrón, llamado jáquima con la cual lo guiaba. El terreno materialmente temblaba con el golpeteo de los cascos.

A los pocos minutos frenamos al pie de un cerro bajo, donde el ruido de muchas voces y el bramido del ganado indicaba el objeto de nuestra expedición. Sin esperar el concierto de algún plan de acción, todo el mundo, ahora medio loco con la excitación, se metía entre los árboles, desde donde al poco tiempo salían varios toros bravos de los llanos y doblemente salvajes por el aguijonamiento y otros maltratos de que habían sido objeto en el camino. Con las cabezas bajas y los rabos al aire, saltaban en opuesta dirección de la ciudad y después de ellos iba la multitud que metía espuelas llenando el aire con gritos y carcajadas.

De cuando en cuando uno de los toros cargaba con sus pitones a sus perseguidores y entonces tenía lugar una estampida general para librarse de su alcance. Gradualmente la partida se dirigía hacia Juticalpa y, después de media hora de andar, con numerosas desviaciones para interceptar a los desertores, los monarcas del rebaño fueron conducidos a la ciudad, donde miles de personas salieron a verlos desde lugares seguros. Aquí, el señor Garay, montado en una mula mansa y de paso suave, se unió a nosotros y ayudó en la ceremonia del encierro de los toros, consistiendo su aporte en gritar con los pulmones de un contramaestre de acorazado y respondiendo con sonrisas radiantes a los saludos de todo el mundo. Era universalmente conocido y desde hacía medio siglo se había irrogado el privilegio de obsequiar los toros para las funciones; sus antepasados hicieron lo mismo antes de él, por derecho hereditario.

Para este tiempo, las ceremonias de la iglesia habían comenzado y todo el que no podía entrar al templo se quedaba en la plaza con la cabeza descubierta, respondiendo con fervor y persignándose a intervalos. Don Toribio nos metió de contrabando por una entrada lateral, desde donde ascendimos al coro. Toda la luz del día se había eliminado del edificio y un millar de velas derramaba su luz pálida en los oropeles y dorados del altar. Esta gente me parecía a mí menos camandulera que las de otras secciones de Centroamérica que había visto; fieles observadores de los ritos, pero no esclavos de los mandatos de la iglesia.

Las mujeres, limpiamente vestidas, con chales de colores chillantes, se hincaban dando el rostro hacia el altar y murmurando muy quedo sus rezos, produciendo ese ronroneo peculiar que se oye en las muchedumbres. El sermón fue dicho por el talentoso y joven padre Cubas y fue atentamente escuchado por todos. Como Olancho es una aristocracia democrática, todas las divisiones sociales se olvidan a la puerta de la iglesia, y ricos y pobres se arrodillan lado a lado.

El incienso que se usa en las iglesias es producto de un pequeño árbol que crece en las sabanas de Olancho y por lo común se encuentra cerca de los arbustos de la goma arábiga. Se recoge crudo, en pedazos de color amarillo pálido; se parece al maíz tostado y se expone para la venta en Tegucigalpa y Juticalpa. Su perfume es muy grato y se usa para fumigar los cuartos de los enfermos en las grandes ciudades de Centroamérica [1]. El estoraque, o resina del Styrax Officinalis, también se quema en las iglesias. Varias clases de estas resinas se encuentran en Olancho. Todas son conocidas con el nombre genérico de incienso. La iglesia de Juticalpa no tiene sino una cosa de valor, cual es una cadena de oro sólido, recamada de pedrería y que, según supe, fue el regalo hecho por el salteador de caminos Quijano, en su lecho de muerte, a fin de que se dijeran oraciones por la salvación de su alma.

Concluidos los servicios religiosos, el resto del día se dedicaba al placer y al holgorio. Al volver a la plaza me encontré con veinte jinetes, varios de ellos hijos de ricos hacendados. La corrida de toros no se llevaría a cabo sino hasta el siguiente día; así que, juntándome a ellos, cabalgamos por la pequeña ciudad; mis acompañantes que raramente visitaban Juticalpa, aprovechaban su tiempo para ver todos los deportes posibles. Hubo carreras a caballo, en las que los participantes, enlazando sus manos y a toda velocidad, corrían de lado a lado y de cuatro a seis de frente. Una procesión de máscaras puso a la ciudad en apuros con sus bromas locales y nuestra comitiva cambiaba agudas bromas con todo grupo de caras bonitas que encontraba, Las mujeres iban en procesión, llevando en hombros a la Virgen, vestida con el ropaje vistoso de una bella campesina, por cuyo servicio esperaban recibir su especial ayuda y protección en eventuales dificultades.

Al atardecer, la escena de las noches anteriores se renovaba, pero con un triple entusiasmo. Una transparente iluminación representaba a un toro de tamaño natural, llevado a través de las calles con acompañamiento de instrumentos de cuerda y de viento y de una multitud de gente. Más tarde este toro se colocó en una de las numerosas fogatas donde desapareció en un remolino de humo y llamas [2].

---

[1] Se refiere al Copal.
[2] Es el llamado Toro-Fuego.

Al día siguiente el toque del tambor y el ruido de los jinetes nos despertaron a temprana hora. A las diez de la mañana el primer toro fue soltado en la plaza, donde estaban dos picadores e igual número de hombres a caballo con lanzas. Todo Juticalpa se hizo presente en la plaza. El balcón del segundo piso de la casa del señor Gardela estaba lleno de damitas de las mejores familias, ataviadas con alarde de lujo y el balcón de abajo se hallaba repleto de mujeres del pueblo, no menos lucidas. La fuerte barrera de roble construida para la ocasión estaba abarrotada de gente, que se encaramaba en todo lugar concebible para poder ver desde allí el desarrollo de los eventos.

Los toros habían estado vendados y sin alimento desde el día anterior y se hallaban ahora bramando de furia. El primero, así que se le quitó la venda y ya libre de las barras, salió rápidamente y trotó imperioso y desafiante por toda la plaza. Los toreros estaban en guardia. De súbito el animal dio una rápida vuelta hacia el hombre que se hallaba más cercano, que lo esquivó; quiso refugiarse en un triángulo de postes gruesos que había en el centro de la arena, pero antes de que pudiera llegar a ellos el toro lo había derribado pesadamente contra el suelo. El animal, enfurecido, le insertó los cuernos debajo del cuerpo, lo balanceó un momento y lo lanzó al aire como un cohete. Los otros lidiadores corrieron a distraer la atención del animal, mientras el herido era conducido fuera. Tenía rotas varias costillas y un brazo, además de algunas lesiones internas; murió al día siguiente.

Este comienzo infortunado enfrió momentáneamente el entusiasmo, pero el hecho fue olvidado luego y el tormento de los animales continuó. El entretenimiento de una corrida de toros, a menos que se conduzca en la escala de las grandes exhibiciones de Cádiz o Madrid, pronto empalaga el gusto de los extranjeros. La ceremonia de ensillar y montar el toro exhibe una temeridad y un derroche de valor para los que uno no está preparado. Un jinete arroja su lazo a los cuernos del toro y, pasando el extremo de aquel a través de las barreras, el animal es halado mientras muge y lucha, hacia el cerco, en donde se le tiene firmemente cabeza abajo mientras se le coloca encima la albarda; se acortan los estribos y se monta un vaquero atolondrado, que no vacila ni un momento. Se suelta entonces la gaza y allá salta la bestia loca, retrocediendo, corcovando y bramando con rabia. Sus contorsiones y sus grandes brincos no logran desalojar al diablo a horcajadas sobre sus lomos, cuya vida depende de su propia agilidad y la sangre fría. Excita el aplauso de los espectadores acostándose a todo lo largo en el lomo de la bestia, o golpeándole en la cabeza y en los cuernos con un pequeño leño que para ese efecto lleva. Cuando está cansado, el cornúpeto es llevado como antes al cerco, el muchacho se apea, otros toman su lugar, o el animal es atacado como se acostumbra en las corridas de toros.

Por la noche el aire estaba en llamas con los cohetes, buscapiés y petardos. Durante siete días las festividades continuaron con carreras a caballo, procesiones, el banqueteo durante el día y las danzas y reuniones sociales durante la noche. Mis muchachos, Víctor y Roberto, estuvieron locos de alegría durante este tiempo. En la sobria Tegucigalpa ellos nunca habían visto nada igual al alboroto y al estilo sin ceremonias de Juticalpa. Ambos hubieran sacrificado sus sueldos ante la fascinación del monte si yo les hubiera adelantado dinero. Al rehusarme, los bribones apelaron al ardid y me pidieron dinero para comprar una medicina. Pronto vi a mis caballeros apostando sus monedas en las irresistibles mesas. Los españoles y sus descendientes son tahúres de nacimiento. Heredan la pasión del espíritu aventurero de los viejos hidalgos.

Mientras observaba las caras excitadas de los jugadores durante la fiesta, vi que uno de la multitud sacó un pedazo de oro y lo apostó en la mesa, ganando un puñado de monedas. Este hecho me hizo recordar tanto el "49" y el "50" en California, que casi me imaginé estar en el famoso El Dorado de San Francisco o en el Round Tent de Sacramento. Observé al muchacho hasta que terminó su juego, y luego, llevándole aparte, le pregunté donde había obtenido el ejemplar que yo había visto. "Cerca del río España", me contestó. "Yo a menudo voy allá cuando no tengo dinero, cavo un día o dos, pero eso de escarbar oro es un negocio propio de mujeres", añadió con desdén. Le pedí que me enseñara el pedazo de oro que había apostado en la mesa de juego, a lo cual él lo sacó con otros pedazos más pequeños. El más grande tenía poco más o menos el tamaño de una nuez de nogal y pesó más de media onza en la balanza de la tienda del señor Mateo Pavón. Ya había él vendido otros pedazos a los comerciantes pequeños de Juticalpa y con todo gusto me cambió los que aún le quedaban por monedas de plata.

Este oro, que yo llevé junto con otras muestras a California, y que desde entonces ha seguido enviándose a Nueva York, era de una extrema pureza. Lo mismo puede decirse del que se encontró en todo el valle de Guadalupe. Su color es amarillo canario y solo las más pequeñas partículas están brillantes por el desgaste. Los fragmentos más grandes se obtuvieron evidentemente de excavaciones en seco, porque exhiben un exterior áspero y solo están gastados en pocos lugares por la acción de las lluvias o de las arenas húmedas. Algunos de los fragmentos sacados del lecho de los ríos tienen la forma de las semillas de melón, mas la mayoría de ellos son irregulares, brillantes como monedas nuevas por haber descansado, al parecer, en algún hueco o remolino donde la rotación del agua y las arenas los han bruñido por años y años. Estas muestras tenían 910 milésimos de fino, igual a un valor de $18.81 por onza, lo que es considerablemente más alto que el promedio del oro de California. El ensayo de Mr. Heston, de la Sucursal de la Casa de Moneda de los Estados Unidos, se hallará más adelante, en las páginas que dedico a asuntos mineros.

Durante mi permanencia en Olancho a menudo encontré la temperatura incómodamente fría, tanto que la ropa de cama con que había pasado a través de las tierras bajas de Nicaragua y del sur de Honduras era insuficiente, viéndome obligado a echar mano de abrigos y otras prendas para poder calentarme durante la noche. Hubo lluvias a intervalos, pero por regla general había un cielo claro y frío por la mañana que, al ascender el sol, suavizaba la fresca atmósfera para hacerla tersa y balsámica, poseyendo una influencia peculiarmente sedante sobre la mente y dejando en la piel un efecto como el de un chorro de agua de lluvia. Tal clima prevaleció durante la función. La barahúnda de los celebradores tempraneros siempre me sacaba del lecho a un aire escalofriante y había por lo general una media docena de muchachos medio desnudos atizando el fuego en el patio. En las noches, las fogatas de la plaza servían el doble propósito de iluminar y calentar a los grupos circundantes. Hasta los vestidos que usaban las clases más altas eran exactamente lo puesto a los que deberían llevar en el trópico. En lugar de los trajes blancos, de tela delgada, con mucha pechera en el jabón de gaza abierto para recibir cada soplo del aire caliente, las clases altas de Olancho, en cuanto se refiere a los varones, vestían con trajes de paño, chalecos del mismo material y los sombreros "tubo de chimenea", ya fuera de uso. En una palabra, los trajes de moda eran más bien para usarse en un clima templado.

Las campanas de la iglesia de Juticalpa fueron fundidas hace muchos años y todavía se repiten las leyendas de las piadosas contribuciones de las mujeres, quienes, para propiciarse a la Virgen enriquecían el metal líquido durante el proceso de la fundación, arrojando en ella polvo y chispas de oro. Cada hacendado en aquella sección del departamento daba algo. Hay más de 1 quintal de cobre y plata en las cuatro campanas, y sin duda alguna, una considerable cantidad de oro. El cobre fue obtenido en las minas cercanas del valle de Ulúa, pertenecientes al general Zelaya. Fue extraído bajo su dirección y enviado a la ciudad con gran ceremonia durante la fundición. El tono de las campanas es dulce y profundo, denunciando con ello la presencia de oro y plata.

Aburrido sería que yo enumerara aquí las varias diversiones, reuniones sociales y aventuras de todas clases para ilustrar el carácter y las costumbres del pueblo, ya que no sería sino repetición de escenas ya descritas. La rutina de mi vida entre estas gentes hospitalarias consistía en cambiar visitas formales, hacer largas excursiones a caballo por las regiones contiguas a los ríos Guayape y Jalán, escribir, buscar los viejos infolios del departamento, trazar mi mapa, tomar notas, negociar con los Zelaya y hablar sobre la empresa e industria de los americanos del norte en todo tiempo y en todo lugar. Personas inteligentes se interesaban en mis proyectos y me insinuaban más de un camino para llevarlos a una feliz realización. Dondequiera, la hospitalidad bondadosa y sencilla me esperaba y me siento incapacitado en este momento para recordar un acto de rudeza o un insulto durante mi visita a Olancho. Solo exceptúo un caso, y fue cuando un indito que servía en la residencia del general Zelaya en la ciudad, se sintió incapaz de resistir a la tentación de coger una navaja de bolsillo que había dejado yo sobre una mesa. El hurto llegó luego a oídos de don Francisco; hizo traer al culpable, que llegó temblando, y dándole azotes hizo que le revelara el lugar dónde tenía escondido el objeto que había hurtado. Mi intercesión fue en vano. La hospitalidad del viejo hidalgo había sido violada por uno de su casa y nada podría salvar al ofensor de recibir su castigo.

Ya para terminar la función, el general Zelaya arribó a Juticalpa, dejando a su señora en Lepaguare todavía bastante enferma. Al saber que venía en camino, una pequeña comitiva fue a su encuentro. Cuando regresábamos todos a la ciudad, la plaza estaba llena de gente y al verlo se oyó el grito de "¡Viva el general Zelaya!", hecho que patentizaba su popularidad. Montaba él un espléndido caballo color negro y recibía las felicitaciones de sus amigos, con orgullo y placer.

En su casa se dio un gran baile la noche siguiente. Todas las personas que pudieron estuvieron presentes; y después del baile, cuando los invitados se habían ido, el general suplicó a unos pocos de sus amigos que se quedaran, y yo tuve la buena fortuna de hallarme incluido entre ese número. Se confeccionó un gran tazón de ponche de aguardiente, los vapores del cual pronto subieron a las cabezas de los invitados y la noche transcurrió entre canciones, música de guitarras, relatos de cuentos y holgorios. Una canción ocasional en "bárbaro inglés" combinada con el más fluido y argentino español, servirá para demostrar con cuan poco puede ser complacida una audiencia gentil y amante de la alegría. Entonces, cualquier error en las palabras de Tom Moore o la menos clásica trova de los negros, están en estas circunstancias exentas de toda crítica. Esté seguro el lector que, si visita el florido Olancho, en Honduras, y canta una canción mantiene una carta de confianza y rasguea una o dos cuerdas en la guitarra, tendrá éxito y una amable recepción.

El general Zelaya no era una excepción a la regla del poco a poco de los hispanoamericanos. En Lepaguare había prometido traer consigo a Juticalpa los papeles necesarios; en Juticalpa insistió que el plácido Lepaguare era el único lugar para concluir un contrato. Cualquier intento para apresurar a un olanchano sería el paso preliminar para destruir cualquier empresa que se tenga en proyecto. Una exhibición del apresuramiento yankee o el hacer algo a la carrera, acredita frivolidad. Así que, tragué mi impaciencia, me uní a la diversión y descarté toda ansiedad en cuanto a la espera de mis amigos de los Estados Unidos, y resolví permanecer en Olancho hasta tanto no tuviera mi contrato firmado, sellado y entregado.

No estaba del todo apesarado por la dilación, pues echando a un lado el placer actual de hallarme en estas encantadoras tierras de altura, yo tenía ansiedad por hacer un viaje a la ciudad indígena de Catacamas, así como por visitar las ruinas de Olancho Viejo, la primera capital del departamento, y por hacer una inspección personal de los rápidos que, se decía, existen debajo de la unión de los ríos Guayape y Guayambre [1]. Tenía yo deseo de comprobar si estos podían ser surcados por vapores de poco calado. Un día, al oír a una vieja de La Concepción (pequeña aldea a ocho millas al suroeste de Juticalpa) que tenía algunos "pocos" de oro, salí con el padre Buenaventura

---

[1] En el Portal del Infierno.

hacia el valle de aquel nombre, esperando ver el famoso llano a través del cual corre el Guayape y, también para comprar las muestras del metal.

Un lento viaje de dos horas nos condujo a la villa de La Concepción, donde desmontamos a la puerta de la casa de la señora Isabel. La venerable señora salió y le dio la bienvenida al padre con una voz que parecía el graznido de un cuervo moribundo, y luego poniendo su mano sobre los ojos, arrugó sus facciones y echó una mirada escrutadora al extranjero. Yo le hice una ligera reverencia y le dije los cumplidos de rigor, a lo que ella, imaginándose que reconocía en mí al señor P. de Tegucigalpa, vino hacia mí y si no hago un hábil movimiento hacia atrás, me hubiera abrazado con un ardiente efecto que yo no tenía deseos de recibir.

Desengañada en este respecto, nos invitó a que pasásemos adelante y, como teníamos que andar alguna distancia antes de regresar, el padre no dilató en decirle cual era el objeto de nuestra visita. Ella bajó de una obscura esquina una caja de roble, de lo cual sacó otra más pequeña que, pensé, alguna vez contuvo píldoras. De esta vació en la mesa un montoncito de oro, consistente en fragmentos de un polvo impalpable, cuyo valor era de un dólar. En la forma y en el calor se parecía al ya descrito que se extrae del Guayape y sus tributarios.

Sus hijos, dijo, habían sido lavadoras por muchos años y se hallaba ahora ausentes en uno de los afluentes del Jalán. Después de un pequeño regateo compré el lote, que ascendía a dos onzas, al precio de $12.50 onza. Cuando pasábamos por la aldea, el padre cambió varias miradas de soslayo no muy clericales con más de una de las hembras de su grey.

El panorama de cualquier parte del valle de La Concepción es sencillamente encantador. Una gama de colores se combina en las colinas, que forman un anfiteatro, con un llano primaveral de exuberancia no igualada. La cadena de las montañas del Carbonal corre hacia el suroeste, a lo largo del Jalán; su pico más alto, llamado Montaña de las Rosas, por la abundancia de estas flores que, silvestres, adornan sus laderas, se levanta al este de la aldea y el río Jalán fluye plácidamente más allá a unirse con el Guayape, abajo de Juticalpa.

Subimos al trote por montículo frondoso de verdes árboles, a unos diez pies más arriba que el llano. Desde allí la vista era tan exquisita que decidí quedarme hasta presenciar el ocaso. El valle en todo lo lejos que podía alcanzar la mirada, era una ondeante alfombra de esmeralda, con los cerros azules y purpúreos que se vuelcan desde la lejana extremidad a una altura de 1,200 pies y cubiertos con árboles densamente frondosos. En esta alfombra esmeraldina pacían unas tres mil cabezas de ganado, innumerables caballos y mulas, mientras los rebaños de ovejas y cabras que regresaban de su postura diaria se movían lentamente hacia el corral para protegerse contra los coyotes y los lobos que pasan atisbando a los miembros descarriados. Todo el cuadro era la quintaescencia de la belleza pastoril.

El sol poniente derramaba sus últimos rayos de dorada luz a través de las vistas y las avenidas formadas por los árboles, y un viento apacible del oeste suavizaba el ambiente y jugaba perezosamente entre las hojas. Nuestros caballos, que el padre había proveído (sin consentir que usara el mío propio), parecían gozar del paisaje tanto como nosotros. Dejando nuestro pequeño "oasis", si es que tal término puede ser aplicado a un lugar situado en un valle que en sí lo es, dimos rienda suelta a nuestros animales y salimos, yo en un caballo bayo obscuro, de fuertes remos, y el padre, que sabía montar muy bien, en un bonito tordillo que a nadie prestaba. Nuestra senda no tenía el menor estorbo de roca o barranco y el padre, que no estaba satisfecho con mis ejecutorias ecuestres, miró hacia atrás así que me pasó veloz para ver cómo me conducía yo como competidor. Su sombrero de teja, su vestidura sobria y la suelta tranquilidad de su porte en la silla, me hicieron recordar inmediatamente las descripciones de los frailes combatientes durante la guerra de México. Parecía un verdadero padre Jaurata. Su caballo tenía decididamente la ventaja, y hubiera continuado en su paso rápido hasta el Guayape, de no haberse puesto el sol y que la palidez del monte Rosa en las sombras de la noche obscura, no nos avisara que teníamos aún alguna distancia que recorrer hasta alcanzar Juticalpa, de regreso.

Paramos en una pequeña hacienda para comprar limas dulces, trotamos hacia la casa y cruzando el río Juticalpa otra vez, luego entramos a la ciudad. El valle de La Concepción es principalmente propiedad del señor Garay, y él expresó su voluntad de que este llano fuera el sitio donde se fundara una futura ciudad norteamericana. Juticalpa, dijo, no sería del agrado de los americanos, y él, repetidamente, ofreció darme el valle entero cuando regresara con una colonia. Supe que hay un camino carretero que corre toda la distancia entre La Concepción y La Confluencia, cruza unas pocas quebradas sin importancia y sigue la orilla occidental del Guayape. El llano alrededor de La Concepción está a poco más o menos noventa pies más alto que el del Juticalpa y se dice que es más frío, pero yo no pude notar la diferencia. El valle se reconoce como uno de los mejores empastados que existen en todo Olancho.

CAPÍTULO II: EL REINO DE LA CAOBA

Maderas preciosas. – Los "Cortes". – El retiro. – Un molino de broza. – Un maquinista de Olancho. – Monte Rosa. – Boj. – Valle del Guayape. – San Francisco. – Río Jalán. – Panorama del bosque. – El comercio de caoba. – "Corte Sara". – Preparando un corte. – Las tortilleras. – Localización para los cortes. – Caminos. – Derribo. – Aserraderos. – El arrastre. – Las balsas. – Los "Pipantes". – Navegando en el Río Patuca. –El Jalán. – Sus placeres auríferos. – Americanos en Olancho. – La región aurífera del Guayape. – Ruta sobre el Jalán. – Quebracho. – Un "Fandango". – Laguna del Quebracho. – Don Gabriel. – Viaje incómodo. – Armadillo horneado. – Una leyenda dorada. – Cacería. – El Tucán. – El Tapir. – La Cerceta de alas azules. – El pavo silvestre. – Pájaros de Olancho. – El Tepezcuinte. – Animales familiares.

Varias semanas después de mi llegada a Juticalpa recibí una invitación de mi amigo el señor Ocampo para que visitar el corte de caoba, o beque, en el río Jalán, conocido con el nombre de "Corte Sara". En varias conversaciones que con él había tenido supe de los lugares donde los hombres estaban trabajando. Estos eran: el corte de Mezcales (cerca de la desembocadura del río de Catacamas); el corte Frío, en el río de ese nombre que desagua en el Guayape, y el corte Sara, en el río Jalán. El nombre del cuarto, cerca de la pequeña aldea de Alajagua, olvidé anotarlo como también la localización de dicha aldea. El señor Ocampo es también propietario de un corte en el bajo Guayape, conocido con el nombre de Los Guapinoles.

Estimando los recursos de la región que riegan los ríos Patuca, Pavas y Aguán, las maderas preciosas merecen una particular consideración (aún mayor que los minerales por su vasta cantidad, calidad y accesibilidad). Además de las maderas muy conocidas como la caoba, el palo rosa, el guayacán, el brasil, el palo de Campeche, el cedro, el roble y el ébano, hay una variedad de otras muy valiosas desconocidas por el comercio y la industria y que, cuando Honduras sea más conocida, se sacarán a luz para uso general. Algunas de estas maderas tienen nombres locales y serán, en lo sucesivo, enumeradas entre los productos exportables del país. El corte y la exportación de la caoba son tal vez de las ramas más importantes de la industria y el comercio. En un país tan favorecido por la naturaleza como es Olancho, regado por ríos que conectan las partes más lejanas del interior con el mar y atravesado por las zonas forestales más vastas y de más valor que se conocen, el negocio que se puede derivar de tales ventajas no puede sino tener preferencia a cualesquiera otros. Se han dado estímulos extraordinarios de parte del Gobierno a las empresas extranjeras, y una mirada al territorio tan extenso que comprende Olancho indica que el corte de la caoba apenas si se halla en su infancia.

Sabiendo yo que no tendría tiempo sino para visitar uno de los cortes, pronto acepté la invitación que me hiciera el señor Ocampo para ir a "Corte Sara". Obligado, como siempre, a dejar mi caballo, se me dio una mula fuerte, y acompañado de mi sirviente Roberto y de dos cortadores de don Apolonio, salimos al amanecer por el camino que va por la cordillera que arranca de Monte Rosa.

A poco andar llegamos al pintoresco valle de La Concepción y, después de cruzar como diez millas por hatos de ganado y de dar vueltas entre arboledas de acacias y de una variedad de árboles resinosos y arbustos, llegamos al vado más cercano y al lugar famoso por sus minas llamado El Retiro. Aquí un señor Morano había construido un burdo molino, o arrastre, que consistía en dos grandes piedras unidas a los extremos de un eje vertical, que giraban alrededor de una gamella, movida por las aguas de un riachuelo que desemboca en el Guayape. El empresario (así se llamaba a sí mismo) miraba su loco artefacto con una sonrisa de satisfacción y me preguntó si el arte de la minería había llegado hasta tal punto en el norte. Yo le aseguré que todavía no y, como siempre, lisonjeé su trabajo con alabanzas; estas lo satisficieron tanto que trajo para nosotros una jícara de tiste desde su cabaña de ramas. El Guayape es aquí una corriente despaciosa y magnífica, y durante las fuertes lluvias debe acarrear un inmenso caudal de aguas. Cuando nosotros lo visitamos había aguaceros ocasionales, los últimos de la estación de lluvias. La orilla opuesta del punto donde estábamos todavía estaba cubierta con los residuos secos de las últimas crecidas y marcaban una elevación de veinticinco pies arriba del nivel presente del río, es decir, una profundidad capaz de permitir el paso de vapores como los que surca el Mississippi.

El señor Morano había abierto un hoyo en el cerro, junto al río, del cual había extraído con la ayuda de dos trabajadores, una especie de piedra roja y suave en la que estaban contenidas particulares de oro. Yo admiré tal muestra de energía, pero rápidamente me dijo: "¡Yo soy guatemalteco, señor; los olanchanos escasamente podrían construir, creo, una máquina como esta!". Cuando esto dijo se retrataba en su rostro una viva complacencia. Yo no hubiera cambiado su perorata por el producto de una semana de trabajo con su miserable armatoste de rocas, tiras de cuero y troncos. Él podía, dijo, moler poco más o menos, cinco quintales de rocas por día, de lo cual a veces sacaba de dos a cinco dólares de oro y, a veces, nada, nadita. Nunca había usado el azogue y, por lo general, reducía las rocas pulverizadas por el proceso corriente del lavado en bateas. Tenía muchos deseos de que me quedara y examinara la región de aquella vecindad y "sobre todo", me dijo, "no deje de traer su gran empresa aquí para que trabaje esta veta". Después partimos y oí maravillosas historias acerca de El Retiro y de su antigua riqueza.

Pero vi lo suficiente, sin embargo, para convencerme de que, con un molino de cuarzo de California, capaz de moler de treinta a cuarenta toneladas de roca por día en reemplazo del primitivo artefacto del señor Morano, a este, entre otros lugares, un minero emprendedor podría hacérsele producir una fortuna.

Mi nuevo conocido me prometió tenerme algunas muestras para mi regreso. Después de un cambio de cigarros y de un cordial "adiós" del señor, entramos en el río y lo vadeamos, con el agua tan profunda que nuestros animales nadaron. De la orilla este empezamos a subir suavemente por la serranía a Monte Rosa, cuyas laderas están arboladas con pinos, cedros, caobas y la variedad corriente de los bosques de Olancho. Fue aquí donde por primera vez vi el boj, que se emplea para grabados. El árbol es alto, con una corteza brillante, suave y de color amarillo. Se me dijo que en Comayagua un norteamericano había hecho el retrato del presidente Cabañas en boj que encontró en los valles del occidente de Honduras.

Monte Rosa se halla a 1,600 pies sobre el llano de Juticalpa, y desde su cima se obtiene la más soberbia vista que se pueda imaginar: cadena tras cadena de azules montañas interceptadas con fajas argentinas que denotan el curso de los principales ríos, y los llanos de ganado regados como jardines floridos entre ellas. Debajo de nosotros, a derecha e izquierda, fluyen los ríos Guayape y Jalán, y allá lejos, los quebrados riscos muestran dónde aquellos y el Guayape unen sus aguas hacia el noreste formando el gran Patuca, bien pasando a través de extensos valles o colándose entre las gargantas rocosas de las serranías divisorias.

Descendimos por un camino tortuoso, tomamos por el noreste hacia la hacienda de San Francisco, distante ocho millas, a donde llegamos cerca de la puesta del sol, habiendo recorrido desde la mañana, vía El Retiro, una distancia de unas veintidós millas. San Francisco pertenece al señor Bustillo y es una de sus varias haciendas. Era ya bastante obscuro cuando llegamos; después de una cena apresurada, me fue grato echarme, medio dormido, en la hamaca, sin molestarme por tomar nota de la belleza y rarezas del lugar.

Roberto me despertó temprano de la mañana y después de tomar un baño en el arroyo que desemboca en el Jalán salimos al corte. La hacienda queda en la entrada de una densa arboleda tropical, en la que la caoba era el árbol que más abundaba. Las montañas vecinas, densamente pobladas, eran, como nos informó el mayordomo, lugar famoso por la vainilla. Estas montañas consisten de una baja serranía semicircular que nace de las de Monte Rosa y Carbonales. Don Apolonio negoció unas pocas cabezas de ganado, lo que compensó su desviación al norte del camino a Corte Sara.

El río Jalán, en el Corte Sara, es de volumen considerable. Corre tranquilo y profundo hacia el norte, a través de un terreno ondulado y de colinas, y se cruza en "pipantes". El ganado bordea el río a donde acude para abrevar. Por varias millas al norte y al oeste, y por una distancia desconocida al este hacia el Guayambre, la región es un denso bosque, de donde se obtienen las grandes balsas con caoba y otras maderas preciosas, que se transportan por ese río y el Jalán al Guayape.

Imposible es dar una idea adecuada de la solemne grandeza de estos bosques: la obscuridad los envuelve, aún al mediodía ningún templo erigido por el arte puede igualar la sublimidad inspiradora de sus arcos catedralicios ni órgano alguno que pudiera competir con los himnos graves del viento vibrando y susurrando entre sus árboles añosos. Lianas largas como lazos cuelgan de las ramas robustas hasta el suelo, presentando un encaje de verdes hojas y enredaderas entremezcladas con manchas rojas y violeta que indican la presencia de flores raras y sin nombre. El cactus, que florece de noche, y el pasalte moteado como el ala de una bella mariposa, combinaban sus colores con la exuberante hoja de aire, viéndose todo el panorama como si fuera a través de un cristal ahumado. Las ceibas, de proporciones gigantescas, con los jardines colgantes de las parásitas en sus ramas, mostrando en lo alto mantos de verdor muy arriba del alcance del hombre. Entre las raíces, a largos trechos, notaba, mientras los cruzábamos, las huellas de caminos que conducían a cortes ahora abandonados y en cuya vecindad toda la madera útil ya había sido aprovechada. Hasta el mismo Corte Sara, según me expresó el señor Ocampo, estaba ya terminándose y, sin duda, al momento de escribir, ha sido ya abandonado. En el departamento hay doce cortes.

Sin duda alguna, Olancho es, entre las regiones productivas de caoba en Centroamérica, la más importante, porque sus tierras de aluvión y las márgenes de todos sus ríos tiene bosques inagotables. Este árbol crece con una exuberancia majestuosa por sobre todos los demás y, con excepción de las palmeras, es el más alto del reino vegetal en Honduras. Sus ramas se extienden a lo ancho y a lo alto, revestidas con follaje perenne y, además de ser un artículo importante de exportación, su madera sirve para muchos usos en la vida, tales como material de construcción y para la fabricación de muebles para el hogar. [1]

A todo lo largo de la costa desde el río Motagua hasta el cabo Gracias a Dios, los ríos están bordeados por bosques de caoba y, aunque no en iguales cantidades, los que desaguan en el Pacífico también abundan en bosques de esta madera preciosa. El Ulúa, el Chamelecón y sus afluentes, el Limón, el Aguán o Romano, el Tinto o Negro, el Guayape o Patuca, y el Wanks, que desembocan en el mar Caribe, son todos campos de operación en el corte de la caoba que,

---

[1] "Es uno de los árboles más bellos y majestuosos. Su tronco alcanza con frecuencia una longitud de 40 pies y un diámetro de 6, y se divide en tantos brazos fornidos, y arroja la sombra de su brillante follaje sobre una extensión tan amplia, que pocos son los monarcas del mundo vegetal que pueden superarlo en magnificencia. La caoba hondureña sale en trozas de dos a cuatro pies por lado y de 12 a 14 pies de largo, pero algunas de las trozas son mayores aún. Al igual que el pino, crece mejor en un suelo seco y rocoso, en lugares abiertos. La más accesible que se encuentra en Honduras crece en tierras bajas y húmedas, siendo inferior a la que sale de Haití y de Cuba. Pero la caoba hondureña tiene la ventaja de asimilar mejor el pegamento y, por esta razón, sirve de mejor base para un enchapado más fino. En una ocasión, un solo árbol dio tres trozos de 15 pies de largo y 38 pulgadas por lado". **Lib. Ent. Knowl., vol. on Timber, Trees and Fruits**.

aumentados en los últimos treinta años, apenas han dejado una marca en la selva ilimite productora de esta y otras maderas de valor. Algunos de los lugares más asequibles son todavía bosques vírgenes, intactos, y sin duda así seguirán por muchos años. En el Ulúa, Mr. Follen, cónsul americano, ha llevado a cabo, según supe, los más grandes cortes en el país, en razón de que el Gobierno le ha dado concesiones valiosas, por ciertas consideraciones especiales. Mucha de la madera se embarca directamente a los Estados Unidos, aunque también va en cantidades considerables a Belice, en Yucatán, y ayudan a completar los grandes cargamentos que, por muchos años, han ido desde aquel puerto hacia Europa. Desde hace cinco años, en conexión con el señor Fernández, dos ingleses han establecido cortes de caoba en el Aguán, siendo transportados los productos en balsas a la barra del río, de donde son cargados, según se dice, en barcos de doscientas toneladas.

También hay establecimientos en el río Negro; los del Wanks han sido obstruidos en los últimos años por las balsas llevadas por la corriente, que se han acumulado en la boca del río. El comercio de la caoba en el Wanks fue primitivamente de tanta importancia que se abrió un canal navegable desde el río principal al pequeño atracadero de Gracias a Dios, a través del cual las balsas eran conducidas para su embarque. El canal, se dice, ha sido rellenado con los depósitos de aluvión del río.

En la costa del Pacífico de Centroamérica, que rodea la bahía de Fonseca, el tráfico de la caoba ha sido ensayado con éxito regular desde el establecimiento del comercio con California. Balsas de caoba se traen desde las tierras bajas por los ríos Goascorán y Choluteca, se llevan remolcadas a la isla del Tigre por bongos a través de la bahía hasta el aserradero del puerto libre de Amapala, donde son aserradas, pero en cantidades limitadas. Cerca de Acajutla, puerto de mar de El Salvador, hay bosques de caoba y de otras maderas preciosas, que en este tiempo están llamando la atención de los capitalistas de San Francisco, pero el tráfico de la caoba en el lado del Pacífico de Centroamérica requerirá todavía muchos años para convertirse en remunerativo y permanente, no habiendo mercado seguro para la madera y no se han hecho intentos, como los de Costa Rica y Nicaragua, para embarcar a Europa maderas de brasil y de campeche.

En la costa del Caribe constituye el negocio más lucrativo, y es la fuente principal de ingresos de la República de Honduras. Los derechos de exportación son insignificantes y se cobran por empleados que fácilmente se dejan sobornar, así que ni la décima parte de los impuestos se recauda. Necesarios son para el éxito de este negocio, capital, una gran inteligencia e industria. Un corte o benque, a menudo emplea durante la estación de treinta a cincuenta hombres, a quienes se les paga semanalmente y se les suple con provisiones en conserva y transportadas sobre caminos que al efecto se hacen, o llevadas en canoas a muchas leguas en el interior.

En tiempo de escasez, estos suministros se traen en pipantes desde los puertos marítimos, o río arriba, en barcos anclados en las barras, viaje que frecuentemente, toma un mes de ida y regreso. La mayoría de los cortes que se han hecho en Honduras están bajo los auspicios de firmas inglesas y europeas. La manera de cortar y enviar la caoba a los mercados es casi la misma en toda la zona del Caribe. En Belice, Tabasco y otras estaciones más frecuentadas se han introducido procedimientos modernos, pero el método que ahora se sigue en el Guayape, Jalán y Guayambre tal vez servirá para ilustrar el que se emplea en Honduras, o al menos en su parte oriental que es hasta hoy tan solo un campo de operaciones limitadas.

La rutina de las estaciones permite solo seis meses del año para el negocio. En los primeros días de diciembre el dueño de un corte comienza a reunir sus trabajadores, muchos de los cuales son negros de Jamaica, cuyas costumbres y proporciones físicas los adaptan peculiarmente para tales trabajos. Para entonces han gastado las ganancias de la anterior temporada en camisas vistosas, en bandas rojas y en los demás artículos de vestuario para ellos y para sus mujeres, o a menudo las han dejado en las mesas de juego de monte. Todo lo que no les servirá en el benque se queda en casa ya que los trabajadores laboran casi desnudos.

Los cortes son conjuntos temporales de cabañas techadas con paja y colocadas tan cerca de un río como mejor lo permita el lugar. La mayoría de los cortadores se adquieren en Juticalpa y el bullicio de los preparativos anima aquel lugar por unos pocos días antes de su partida, cuando acompañados de varias mujeres (tortilleras), los grupos se marchan a sus respectivos benques, bajo la guía de un maderero o un buscador, quien es en general seleccionado entre los de más experiencia e inteligencia entre los jamaiqueños.

Las cuadrillas del señor Ocampo se subdividían en grupos de ocho a diez individuos cada uno, con un jefe; las mujeres trabajan como cocineras, reciben sus raciones semanalmente del mayordomo del corte y se les paga un pequeño salario por sus ocupaciones. Se han hecho intentos para importar máquinas moledoras de maíz para así eliminar las mujeres, que, según parece, no limitan sus talentos a las labores culinarias, siendo fuente inagotable de peleas y celos entre los bravos y los negros, que rivalizan por conseguir el favor de las tortilleras. En Galeras vi cerca de unas doce de estas máquinas, arrinconadas como chatarra inútil; habían sido sumariamente expelidas de los cortes de caoba por una protesta unánime, siendo las más exaltadas las propias mujeres contra este ataque a sus privilegios de tiempo inmemorial; y la tortilla, con su procedimiento laborioso y a paso de tortuga, se volvió a establecer entre el regocijo triunfante de sus defensores.

Cuando la cuadrilla llega al corte procede de inmediato a construir nuevas chozas o a reparar las viejas, mientras los buscadores, que se convierten en hombres importantes, van a los bosques y después de una larga discusión seleccionan el lugar más a propósito para los benques. Des u opinión depende, en alto grado, el éxito de una temporada. El lugar debe combinar, tan bien como fuere posible, la proximidad a un río, con la facilidad para construir caminos; los árboles deberán ser numerosos para evitar una segunda construcción de vías durante la temporada y estar situado de tal manera que evite el descombro de mucho árbol. Un lugar así, que reúna todas estas facilidades, es raro encontrarlo y la apertura de caminos para la salida de la madera después de botada, es generalmente una parte considerable de la labor. Los buscadores van provistos de un caracol que tocan de cuando en cuando para que sus compañeros lo contesten. Los caminos se construyen directamente al río, el caracol les sirve como guía, porque entre estos bosques enormes y silenciosos, la densa maleza presenta una barrera impenetrable al paso del hombre o del animal. Creo que el señor Ocampo goza del privilegio exclusivo de cortar caoba en esta región y, por consiguiente, no tiene competidores o rivales, como pasa en Belice y en otros lugares de la zona del Caribe. Para botar un árbol se construye un andamiaje [1] alrededor del tronco y como a ocho pies del suelo y se designan dos hombres para cada árbol. La madera del tronco se prefiere a la de cualquier otra parte, pero las ramas, generalmente, dan la clase más apropiada para la

---

[1] En la costa norte le llamaban balichú al andamiaje.

confección de los trabajos más finos. El espectáculo de la caída de un árbol de caoba es uno que no se puede olvidar. Al desplomarse de su sólida base, el gigante de los bosques tropicales cae con estrépito sobre los árboles vecinos quebrándolo todo con sus brazos extendidos, abriendo un inmenso claro en la espesura. Diferente a los pinos, este árbol raramente se raja o quiebra, ya que su gran resistencia le permite arrollar todo obstáculo cuando cae.

Común es la aseveración de que la vida en los trópicos no tiene las ventajas de las regiones más templadas y que la labro en ellos, en la acepción norteamericana del término, es casi imposible. Esta aseveración es absurda, como lo demuestran los cortes de caoba. No solamente esta labor requiere, a través de todas sus fases, el esfuerzo muscular más severo, igualando al de los almadieros y cortadores de Penobscot, sino que en todo Centroamérica la fama de los cortadores de caoba, por su fuerza y resistencia, se ha divulgado y es reconocida por todos. En realidad yo dudo si, en iguales circunstancias, los mejores leñadores del norte puedan competir con éxito con los de Honduras.

Cuando se han derribado suficientes árboles para ocupar el resto de la temporada en la aserrada y el corte, se separan en trozas de ocho a dieciséis pies de largo; muchos árboles dan cinco, otros no más de dos trozas. Estas se asierran a través de su circunferencia, y cuando hay muchas trozas del mismo tamaño, toda la cuadrilla usa sus fuerzas a fin de colocarlas en las rastras. Las sierras que se emplean para los cortes transversales, como todos los implementos industriales que se usan en Honduras, son importadas de Inglaterra. Después de haberse escuadrado para quitarles todo peso superfluo, las trozas se levantan por medio de palancas de madera, a un plano inclinado que está a nivel de la rastra, que es muy resistente y permanece a lo largo de las trozas. Cuando ya está arriba, la carga es fácilmente rodada y ahora comienza la parte más laboriosa del trabajo. Muy a menudo no se necesita la rastra y las trozas por separado se echan atadas con cadenas en el lecho del río. Deben ser llevadas al embarcadero antes de que comience la estación de las lluvias, en el mes de mayo, y si las operaciones del corte y aserrío han tomado más tiempo del normal, el arrastre se lleva a cabo con gran actividad.

Después de las primeras lluvias, que duran por lo común una semana, los caminos, no importando lo bien que hayan sido construidos, se vuelven intransitables. La advertencia de las neblinas espesas y la presencia de grandes nubes cargadas son seguras indicaciones, para los cortadores de caoba, de que una tormenta se aproxima. El trabajo es ahora continuo, noche y día. Los domingos y días de fiesta, durante los cuales su credo católico no les permite laborar, se sacrifican por la urgencia del caso y se ofrece aguardiente, raciones y pago dobles, y cualesquiera otros estímulos que parezca tentar a los trabajadores. El calor del mediodía en las partes bajas de los ríos no permite el trabajo de juntar las trozas, excepto de noche. Las rastras son, por consiguiente, cargadas y puestas en marcha a una hora que permite llegar al río temprano por la mañana.

En tales ocasiones el grito de los conductores y el pesado roce de las rastras, hacen eco al moverse lentamente a través de la maraña de la selva. Los bueyes van precedidos de muchachos que llevan en la mano hachones de ocote para alumbrar los caminos que, de otro modo, serían de una obscuridad de tumba; porque hasta el mediodía, los rayos del sol apenas si penetran en estas espesuras silenciosas por las cuales los conductores a veces gastan todo un día para recorrer una milla y el terreno es casi impenetrable por la alfombra que lo cubre de enredaderas y apretadas malezas. Mientras la procesión avanza lentamente, los bueyes, ocho yuntas para una rastra, a menudo caen al suelo o se fracturan en los huecos profundos del camino.

Cuando las puyas, que a cada chuzazo le sacan sangre, no logran levantar al animal cansado, se desenyuga este y se le reemplaza por otro del corral y el animal incapacitado es destinado a dar su carne para el consumo del siguiente día. La vacilante llama de las antorchas arroja un extraño resplandor sobre la escena, alumbrando las atezadas y macilentas caras de los hombres, penetrando por los pasadizos góticos de los obscuros bosques y derramando una luz rojiza sobre los rudos implementos, pechos y brazos desnudos y vestidos grotescos de los trabajadores.

Una vez que llegan al río, las trozas son arrojadas en este, y si el embarcadero está en cualquiera de los tributarios del Guayape, se las deja que las lleve la corriente a un punto cerca de una legua arriba de su unión con el Guayape. Se colocan tapones de cedro o de pino a cada extremo de las trozas, antes de ser arrojadas al río, para que las ayude a flotar. Las primeras lluvias hacen crecer los ríos a tal grado que pareciera haber escasa salida para las aguas turbias que caen en ellos de los bramadores afluentes de la montaña.

La tarea de dirigir con seguridad las trozas hasta el mar comienza ahora. Como se advierte en todas partes, hay varios "Chiflones" o rápidos en el Guayape, debajo de la boca del Guayambre. En época de las aguas crecidas estos se salvan con seguridad por las balsas de caoba, y me aseguró el señor Ocampo que raramente ha perdido una troza entre las miles que ha confiado a la corriente. Son atendidas por algunos de las cuadrillas en pipantes, generalmente de árboles de cedro o de ceiba ahuecados.

Esta embarcación de río varía entre veinte y cuarenta pies de longitud por cuatro o cinco de anchura, poco más o menos. Los extremos son levantados y puntiagudos. En la popa se extienden varias costillas semicirculares, que se cubren con un lienzo y sirve para la "choza" o cabina, en la cual se depositan las provisiones de boca. Se emplean remos para navegar por las corrientes más rápidas, y así preparados, el último acto del negocio de la caoba se lleva a cabo al descender por el ancho Patuca hasta el mar. Durante el viaje, que generalmente emplea de seis a ocho días, los pipanteros saltan a tierra entre las soledades selváticas, en cualquier lado, para cubrir sus necesidades cazando o pescando los forcejeantes cuyameles en los remolinos del río. Algunas veces se paran a regatear con los indios que habitan la región del bajo Guayape y el Patuca. Estos indios son grupos aislados de las tribus de los Guacos y Payas.

El señor Ocampo, que hizo muchos viajes bajando por el Guayape hasta la desembocadura del Patuca, califica a los indios abajo del río Tabaco, como enteramente incivilizados y salvajes. Varias veces, al descender por el río al salir de una curva abrupta, se encontró con pequeñas canoas, con indias que andaban en expediciones de pesca que, a la vista de la embarcación que se aproximaba, remaban a toda velocidad buscando la orilla, tomaban el pipante y desaparecían prestamente en la espesura de los bosques.

Estos pipantes son poco profundos, se construyen livianos y tienen una considerable longitud. Una curva muy suave en cada extremo les facilita el paso entre los rápidos y sobre la madera y trozas que bajan por el río en ciertas estaciones. Cuando se aproximan a estos obstáculos flotantes, los indios redoblan su esfuerzo con los remos hasta que la canoa sale con la corriente velozmente casi encima de las trozas, entre las cuales las aguas silban como una caldera hirviendo. A una señal, saltan a la popa levantando la proa de la ligera embarcación fuera del agua y aquella, con la velocidad de un venado medroso, salva el obstáculo llevada por la corriente y por sus propios impulsos. Al saltar, la tripulación reasume sus asientos con presteza y quedan sin movimiento como estatuas, excepto cuando cogen le remo y, tocando apenas el agua, al igual que el juego nervioso de la cola de un delfín, guían su descenso con rapidez.

Los bajeles que llevan la caoba a lo largo de la costa este de Honduras son en su mayoría pequeñas goletas y se usan como "arrastradoras" hasta Belice, donde sus cargamentos se embarcan en grandes vapores hacia Europa y los Estados Unidos. El señor Ocampo había enviado a aquel puerto pequeñas cantidades de trozas. Me informó que en sus benques tenía arriba de tres mil trozas listas, cuya preparación le había costado más de $100,000.00. En empresas de esta clase la ley hondureña obliga a los extranjeros a asociarse con los naturales del país o con centroamericanos; así la casa de Londres daba su capital a la empresa y don Apolonio se encargaba de todo el manejo interior. Aunque eran del partido conservador o servil, casó con una hermana del famoso general Santos Guardiola [1] y gozaba de la confianza y respeto de todas las clases sociales, sin consideraciones partidistas.

Permanecimos dos días en el Corte Sara haciendo pequeñas salidas a los bosques para examinar las labores y las costumbres de los trabajadores, y haciendo de cuando en cuando paseos ocasionales aguas arriba o aguas debajo del Jalán, en pipantes. El pequeño torrente conocido como río Sara, que nace cerca de la Hacienda del Quebracho, corre al este del Corte y desagua en el Jalán unas pocas millas más abajo. Todos los arroyos que desembocan en el Jalán, arriba del Corte Sara, según supe, contienen oro y su riqueza aumenta cuanto más se aproxima uno a las cabeceras.

Los lavaderos de oro del río Jalán son menos populares y no tan bien conocidos como los del Guayape. Están a alguna distancia, a medio camino entre los dos centros de población, y no se acude a ellos como a las quebradas y arroyos más cercanos a dichos lugares. El oro del Jalán es de inferior calidad que el del Guayape, que es el más famoso de todo Centroamérica, siendo conocido como el "oro más apreciable". El oro del Jalán se presenta en escamas delgadas, mientras que el del Guayape, aunque mezclado con esta clase descrita,

---

[1] D. Apolonio Ocampo era concuñado del general Santos Guardiola, por estar casados con dos hermanas: el primero con Da. Mariana Arbizú, y el segundo con Da. Ana Arbizú, ambas hijas de D. Calixto Arbizú, de Yuscarán.

viene principalmente en partículas pequeñas redondeadas, que promedian el tamaño de una semilla de rábano o el de una cabeza de alfiler. No supe que hubiera excavaciones cerca del Corte Sara. La región aurífera del Guayape puede incluirse en las latitudes de 14° y 15° N., y las longitudes 85° 30' oeste y 86° 30' este. Abarca un territorio de sesenta millas en cuadro, osean 3,600 millas cuadradas. Los ríos que corren paralelos o adyacentes al Guayape y sus tributarios están comprendidos entre los límites antes dichos y que designo en mi mapa como la "Región Aurífera del Guayape".

Entre los árboles que florecen en las márgenes del Jalán, observé uno que tiene racimos de flores color rojo pálido y un olor que se parece al de la reseda. El árbol tiene cerca de dieciséis pies de altura, hojas grandes, oblongas y nervios salientes. Algunas de estas flores se recogen antes de la fiesta de la Virgen de Juticalpa para colocarlas como ofrenda en el altar y a los pies de la Virgen. Un amigo botánico, cuando se la describí, supone que se trata de la Red Plumera (Plumeria Roja).

En este viaje vi el árbol que da seda y algodón (ceiba) de un tamaño tan grande que nunca antes lo había visto, aunque se le encuentra en todo Centroamérica. Hay también una seda indígena que crece silvestre entre árboles de Olancho, producto de una especie de gusano, que construye una gran balsa como de dos pies de profundidad, y que cuelga de los árboles en las sabanas abiertas. De lejos el nido parece una telaraña compactamente acolchonada. El animal no hace capullo, pero teje la seda en capas y madejas, alrededor del interior del nido. Solo un caso se sabe de algún uso aprovechable de esta seda por los nativos. El señor José Ferrari, de Tegucigalpa, me dijo que en 1844 había enviado seis libras de este material crudo a Inglaterra, donde se le convirtió en pañuelos, que no se distinguían de los de la seda corriente, de igual fortaleza y de tejido delicado. Un comercio ventajoso en esto podría establecerse ya que se puede adquirir la cantidad necesaria a cambio de la molestia y gastos de recogerla.

Un viejo autor mexicano, al referirse a los recursos del Istmo de Tehuantepec, habla de la seda silvestre como un importante y valioso producto de Tabasco y Oaxaca, agregando que en determinada época los nativos estaban acostumbrados a recogerla y explotarla a España. El artículo, conforme a su descripción, es sin duda idéntico al de Olancho. Existe también una curiosa araña que da seda y se la llama por eso araña de seda y existe en Olancho y en varias partes de Nicaragua. Se la ve a menudo en los corredores con una carga de fina seda en el lomo, de la cual extrae numerosos y delicados filamentos. Este animal es enteramente inofensivo, tanto que la señora Montealegre, de Chinandega, permitió que uno de ellos anduviera holgadamente en su mano. En Olancho son muy comunes. Hay asimismo en estas cercanías una araña llamada "Araña pica caballo", porque ataca los cascos de los animales provocando su descomposición, separación y caída. Los caballos se arruinan, a menudo, de esta manera.

En vez de hacer nuestro regreso por la Hacienda de San Francisco, lo hicimos por el sur, dejando el Corte Sara y siguiendo por el valle de Jalán; cabalgamos hacia la hacienda del Quebracho, así llamada por un árbol de valor, famoso por su dureza de pedernal. Aunque la distancia a la hacienda del Quebracho no es más de diez millas en línea recta, creo viajamos el doble por tener que bordear los pantanos que se encuentran por la orilla este. Don Apolonio me aseguró que tendríamos un buen deporte en la hacienda, en donde hay una laguna en que desaguan los varios arroyuelos que estábamos ahora cruzando. La pesca y la caza eran abundantes y aunque no había traído conmigo el rifle, supe que en la hacienda podrían conseguirse tanto armas de fuego como cañas para pescar. De las ocho de la mañana hasta tarde de la noche habíamos andado a través de sabanas ondulantes y de tierras negras de aluvión, hasta que llegamos a una faja tupida de árboles entre los cuales descubrimos un valle ancho con una gran hacienda, más allá del bosque. Apresuramos nuestros animales y, saliendo de una cuesta herbosa, llegamos a la hacienda.

Un sonido de música y el acompasado palmoteo de manos, combinados con voces alegres y sonoras, nos hicieron ver que los pocos habitantes de ella estaban ocupados en bailar un "fandango", exhibición que raramente había yo presenciado en e país. Cuando llegamos, el aplauso había cesado y se recomenzaba la danza. Nuestro arribo no interrumpió la escena; nos acercamos y nos unimos a los espectadores, quienes se volvieron un instante para decirle "¡Cómo está, señor!" a don Apolonio. Era ya casi la puesta del sol. Encerrado por las alturas arboledas del este y del oeste, el pequeño villorrio era la única señal de civilización a la vista. Hacia el sur había una bonita laguna, como de una milla de largo por unos pocos centenares de yardas de ancho, que en la tranquilidad de sus aguas reflejaba los árboles y las colinas circundantes. Los caballos y el ganado, como siempre, vagaban libremente por el llano, y desde los bosques, que ocultaban de nuestra vista parte del lago, llegaban las notas lejanas de los pájaros marjales, de las garzas y de las espátulas. La brisa sobre el lago levantaba menudas olas que morían en una pequeña playa casi a nuestros pies.

Sin temor alguno por el sonido de la guitarra y acostumbrados a la proximidad de los danzantes, los pájaros volaban entre los árboles y se hacían partícipes de la escena; el nazareno de color café, especialmente, se unía con sus notas saltarinas, no como las de las castañuelas, desconocidas de estas gentes primitivas y acompañamiento necesario para el fandango en España. El baile me era desde hacía tiempo familiar en La Habana y en las repúblicas suramericanas y tenía yo curiosidad de ver qué influencias de situación, clima y mezcla de razas podía modificar esta entretención tan española.

El número de danzantes, entre hombres y mujeres jóvenes, era de diez o de doce. Unas pocas personas ya de edad, niños y perros se hallaban debajo de los árboles. Una muchacha delgada y bonita de brillantes ojos y con el rostro encendido por el ejercicio era por el momento la heroína principal en este pequeño ballet de la vida real. Dos jóvenes, el preferido y el rival aspirante, con caras serias representaban en la variedad de sus movimientos y actitudes las pasiones del amor, de los celos, de las esperanzas y de la desesperación; se encontraban con la coqueta, ya fríamente o de manera exaltada, con desdén o ternura sosegada, terminando con un gran final, en un remolino de embriagadora alegría. Todos los danzantes, en turno, tomaban la precedencia llenando los otros la pantomima con detalles menores. En el conjunto, si es menos atractivo que el bolero de movimientos tan refinados, el fandango de Olancho es tan agradable y vivo como aquel.

Antes de que el baile terminara se nos unió un hombre bonachón, alegre, de unos treinta años de edad, quien, después de darnos la bienvenida a la hacienda, le llamó la atención familiarmente a su viejo amigo don Apolonio, por sorprenderle tan inesperadamente cuando su despensa no estaba tan generosamente repleta como era usual. Él había sabido, desde hacía varios días, de mi llegada a Juticalpa, y ahora, por la primera vez, supe que ese joven que hablaba era uno de los hijos del señor Garay, y que El Quebracho era una de las tantas haciendas del viejo Creso.

Nuestro apetito, algo aguzado por la caminata, no estaba para escrúpulos en cuanto a la calidad de la comida que se nos podía dar. Era bastante ordinaria y consistía en una sopa chapucera, en la que sus ingredientes parecían ser: un balde de agua, media docena de plátanos y un gran pedazo de carne de res. Don Gabriel Garay no era, como su viejo padre, un epicúreo. Antes de retirarnos a descansar por la noche, vi un par de rapazuelos devorando lentamente algo que ellos extraían a puñados de una vieja cacerola en una esquina del patio. Era una masa de carne cocida, cuyo olor me fue excepcionalmente agradable. Al inquirir, hallé que era la carne de un armadillo que habían matado en la vecindad del día anterior. No tardó en haber un tercer comensal del delicado plato. La carne era muy gustosa y tan delicada como la de gallina.

Es corriente en algunas partes de Olancho, especialmente hacia la costa, cocinar estos animales enteros, sin separar la carne del caparazón con que la naturaleza los ha provisto. El proceso consiste en cavar un hueco en la tierra poniendo una capa de piedras calientes en el fondo. El animal se coloca sobre estas y se cubre con otra capa de piedras planas sobre las cuales se enciende el fuego. Estofado y taqueado con pedazos de grasa, como un bistec a la italiana y sazonado con hierbas aromáticas, el gastrónomo más exigente lo calificaría como un plato exquisito. El armadillo de Olancho comúnmente es como de veinte pulgadas de largo, de un color castaño obscuro y corre precipitadamente a esconderse cuando se ve en peligro. Los indios lo cazan frecuentemente para alimento.

A la mañana siguiente me encontré con un viejo vaquero de Culmí, aldea poco más o menos a veinticinco millas al norte de Juticalpa, que ocupó mi atención por una hora hablándome rápida y casi ininteligiblemente de los días antiguos de Olancho, como se lo contó a él su padre, que había muerto a una avanzada edad hacía varios años. Si me hablara en Table Mountain, o en Carson's Flat, o en Mormon Island, o en Bidwell's Bar, o en cualquier otro lugar de California célebre por el oro, donde el valor de lo extraído se contó por millones, no hubiera vacilado en hacer públicas las aseveraciones de este viejo olanchano, pero por razones obvias yo prefiero que ellas queden, al menos por el presente, entre mis breves notas. Los "hechos" son suficientemente interesantes sin tener que recurrir a las leyendas exageradas de un indio jubilado y gárrulo.

Cumpliendo una promesa hecha la noche anterior, don Gabriel nos proporcionó dos viejos rifles ingleses con las municiones para cazar aves; equipados en esa forma, salimos hacia la laguna en busca de caza. Apenas habíamos entrado en las malezas cuando una bella ave llamada "Pico Navaja" voló pesadamente y, bajando inmediatamente, corrió con la velocidad de una gallinita de agua por entre las cañas. El tucán de Olancho (que también se le llama "feliz") tiene un pico aguzado con el que recoge insectos y gusanos de los pantanos. Los movimientos de este vistoso personaje fueron demasiado rápidos para permitirnos que lo tiráramos.

Seguimos adelante, y al separarnos para después aproximarnos desde dos diferentes puntos, vimos una manada de aves acuáticas que nadaban en la laguna. Don Apolonio me advirtió que tuviera cuidado con los lagartos, como se llaman aquí los cocodrilos. Estuve atento para verlos, pero aunque las cañas se movían mucho a veces no tuve una demostración ocular de su presencia. En la parte arriba del lago oí decir que se ve a menudo el tapir o danto, como aquí se le nombra. Este animal me fue descrito a menudo y lo considero de gran tamaño. Dicen que arrasa todo a su paso por los bosques cuando se ve perseguido, que nunca pelea, que es totalmente inofensivo y que le encantan los lugares umbrosos y apartados. En el Bajo Guayape se me mostraron huellas de un tapir, donde este animal había bajado a abrevar, pero en todas mis peregrinaciones a través de Centroamérica nunca tuve la fortuna de encontrarme con uno de estos seres, aunque tenía en ello especial interés.

Dimos la vuelta en contorno de la laguna y llegamos al lado occidental, sin haber visto cosa de interés para zar, pero cuando nos preparábamos para regresar a la hacienda, una bandada de gallinitas de agua reapareció detrás de un grupo de cañas y ambos disparamos al centro del grupo con nuestros mosquetes. Cuatro quedaron luchando en el agua. Las que pudimos coger eran ejemplares de las bellas cercetas de alas azules, o patos de montaña como se les llama en el norte. Yo a menudo las había visto en el aire y cuando bajaba de las Montañas del Salto una bandada de ellas se alzó de una pradera pantanosa al pie de las colinas. El macho es de brillante plumaje, tiene alas blancas y negras y de un verde cambiante; son un poquito más pequeñas que el ave de los Estados Unidos, con un copete de plumas negras en la cabeza que eleva o baja a su gusto. Las patas son color amarillo y al volar produce un ruido singular, chirriante, como el de una máquina en miniatura a la que le faltara aceite.

El pavo silvestre, pava, puede verse con frecuencia en Olancho en las laderas de las montañas, particularmente a orillas de los arroyos donde busca refugio durante el calor del mediodía. Los deportistas que exploran sus huellas a través de la espesura se sorprenden con su pesado aleteo; y si proceden cautelosamente, podrán tal vez contemplar al macho, con su pescuezo estirado y ojos curiosos, espiando sus movimientos desde alguna rama. Es algo más pesado que el pavo común o doméstico; de un color negro lustroso, con un copete colocado vistosamente sobre la cabeza. Este ornamento forma una cresta como la de un gallo, pero difiere respecto al material, pues está compuesto de una docena de plumas negras penachudas, de dos pulgadas de algo y graciosamente salpicadas de amarillo. Se le domestica frecuentemente y en este estado se le conoce con el nombre de paují. El guaco, la codorniz, la golondrina, el aldeano (famoso por sus colonias en nidos colgantes), la garzota blanca, azul y gris; la chorcha de pecho amarillo (cantor de alas negras, del tamaño de un tordo y que se oye solo en la mañana y en la noche), el ibis y dos aves del orden gallinae de Linneu, descritas por Henderson como frecuentes en la colonia de Belice (Penelope Cristata), todas estas se hallan en las tierras bajas y en los lechos de los ríos olanchanos. El macho del "crax", como un contraste al orden común de la naturaleza, es más pequeño y de plumaje menos vistoso que la hembra, se posa orgulloso entre los secos brezos y muestra un plumaje color chocolate y brillante con pintitas blanco y negras en su cuello y alones. La paloma corriente, la torcaz y varias otras aves ya mencionadas son comunes en todas partes de la América Central.

Hay también un animal que se parece a una marmota y se llama tepezcuinte, cubierto con un pelo color café fino y del tamaño de una ardilla gris. Esta pequeña criatura hace estragos en los campos cultivados de yuca y frijoles, donde cava como el topo de California haciendo galerías horizontales que se extienden por muchas varas, haciendo aquí y allá respiraderos por los cuales saca su cómico hocico y sus ojos alertas pero escondiéndose al más pequeño ruido. El tepezcuinte frecuenta la hacienda del Quebracho, donde tiene una reputación nada envidiable. Con él también se cuenta el armadillo (de tres, ocho y nueve bandas), el "gibeonite" (¿cavia paca?) pequeño animal brincador que parece una mezcla de ardilla y de cerdo de Guinea y que, frecuentemente, se confunde con el agutí indio; la curiosa mangosta, la zarigüeya, el pizote, el puerco espín, la ardilla colorada y el oso hormiguero. Estos animales son, más o menos, abundantes en las tierras bajas de Honduras y probablemente se les encuentra en las costas del Atlántico desde Panamá hasta Guatemala.

CAPÍTULO III: LAS MINAS DE OLANCHO

Pescando en El Quebracho. – Plantas y flores. – Callamuela. – El Canelo. – Lobelia. – Sasafrás. – Añil silvestre. – Zarzaparrilla. – Manera de recogerla. – Linaza. – Planes para lo futuro. – Un viaje a Palo Verde. – Minas de plata y cobre. – Mármol. – Piedra imán. – Cinabrio. – Preparativos de un viaje a Catacamas. – Montañas de Jutiquile. – Soledad. – Truchas. – Árbol del hule. – Comercio. – El Jipa. – Música ornitológica. – Pájaro clarinete. – Telica. – La Concepción. – San Roque. – Mulas y caballos. – Doma de un potro. – Palmeras. – Vino de coyol. – La hacienda de La Herradura. – Leyendas. – Contrapesos y herraduras de oro. – Un curioso testamento. – "Los buenos viejos tiempos de la colonia". – Olancho viejo. – Separación de la comitiva. – El Boquerón.

Tres días permanecimos en la hacienda de El Quebracho y durante ese lapso me inicié en los misterios de la caza y de la pesca. La laguna es abundante en pequeños y sabrosos peces, que se parecen al albur de Nueva Inglaterra, y en una variedad de truchas de buen tamaño, conocida aquí con el nombre de guapotes. Se les coge fácilmente con la caña y el anzuelo cuando con ansiedad muerden el cebo de insectos y gusanos. En cuanto a árboles, arbustos y flores, por fin renuncié a tomar nota de su variedad. En medio de tal profusión solo con la paciencia y el saber de un profesor de botánica podría distinguirlos y apreciarlos. "No sé, señor", era la respuesta casi invariable a mis preguntas, cuando no y con un encogimiento de hombros el indiferente "¡Quién sabe!". En cualquier momento podría estar pisando descuidadamente alguna planta medicinal inestimable, o rozando un árbol cuyos productos preciosos recogidos o preparados convenientemente pagarían la molestia de obtenerlos, para no decir nada del placer de indagar en la naturaleza los tesoros más selváticos de la botánica o gemas del reino vegetal.

Don Gabriel me describió una planta llamada "Callamuela", común en Olancho y que posee la singular cualidad de provocar la salivación. Obtuve detalles escritos de la misma, en que se le pinta como un tallo flexible y jugoso que crece a la altura de tres pies y soporta una flor única, del tamaño de un lirio común, de color amarillo pálido y que florece de marzo a mayo. El olor de esta flor, cuando se inhala, inflama la cara y el jugo del tallo o de las hojas de la flor afloja los dientes. El ganado evita esta planta por instinto y se me dijo que varios experimentos hechos en perros han producido precisamente efectos similares al de la salivación. Después supe que la callamuela no es desconocida en Nicaragua.

Roberto había notado el placer que me daba examinar plantas, flores y aves para mí extrañas, y nunca dejaba pasar una oportunidad para satisfacer ese gusto. Un día trajo y dejó en mi hamaca un atado de cortezas que, dijo, podían obtenerse en cualquier cantidad en el monte. Tenían esas cortezas la forma y el sabor picante peculiar de la canela, pero eran de un color más obscuro. El la llamó canela y me prometió mostrarme el árbol de donde procedían. Luego recordé haber probado esta corteza en el ponche de aguardiente que se nos obsequiara en Juticalpa durante la función. Aunque se parece a la canela, no estoy seguro de clasificarla como tal. Puede ser alguna corteza aún no clasificada.

Hay también aquí una especie de lobelia, a la que se atribuyen propiedades medicinales por el hecho de que los caballos revientan después que la ingieren; es por ello que se la conoce comúnmente con el nombre de Revientacaballos. Se la encuentra en lugares recónditos y frescos donde el ganado busca refugio durante el calor del día. La planta, sin duda alguna, es un veneno sutil y por existir a lo largo de los ríos Jalán y Guayape, es que se le atribuye la muerte de tantos caballos y ganado. Se ven también en estas vecindades el sasafrás y el añil silvestre, como en todo Olancho.

La zarzaparrilla (un bejuco espinoso) que crece silvestre casi en todas partes de Honduras, constituye uno de los renglones de la industria indígena y se envía a Trujillo en cantidades considerables por los nativos que, en ciertas épocas, hacen excursiones regulares con ese fin. El bejuco está dotado de pequeñas espinas y se le reconoce fácilmente. Cuando crece fuera de la vecindad de los árboles a los cuales trepa, se desarrolla entre las rocas y los arbustos a los que se prende fuertemente. La raíz se extiende algo y es de un color pardo grisáceo, pero algunas veces se la encuentra de colores escarlata y rojo. La mayor parte de la que se recoge se vende en pequeños atados a los compradores de las ciudades del interior del país, quienes la separan en dos clases. Se forman mazos que pesan de dos y media a cuatro libras cada uno, doblando las raíces al tamaño de un pie y luego se aseguran con fibras del mismo bejuco. Estos mazos se arreglan en bultos de tres a cinco arrobas y, por lo común, se despachan al puerto de mar más cercano. Las propiedades medicinales de la zarzaparrilla apenas si se conocen en Olancho. En las plazas pueden verse a la venta los pequeños atados, pero sus virtudes se dan por sentadas en razón de la demanda de los extraños. La linaza se cultiva con gran éxito, pero también se la encuentra en estado silvestre. Se vende al por menor por las mujeres de Juticalpa por un puñado de cobres, y parece que se la usa exclusivamente como medicina.

Al regresar a Juticalpa, a donde llegamos cruzando el Jalán y el Guayape en El Retiro, volví a encontrarme con el señor Morano y supe que el general Zelaya se había ido repentinamente a Lepaguare, llamado por haberse agravado su esposa. Ir a otra casa que no fuera la de mi viejo amigo, el señor Garay, hubiera sido una imperdonable afrenta para aquel distinguido señor y, por consiguiente, opté por ir nuevamente a su amplia casa, dejándome don Apolonio a la puerta y saliendo él al galope hacia su residencia.

El viejo hidalgo, después de oír mis aventuras con gran placer, me aseguró que treinta años antes El Quebracho fue famoso lugar de diversiones en donde la costumbre era de reunirse allí cada verano varios amigos; se levantaban pabellones a orillas de la laguna y todo el mundo se entregaba hasta saciarse a sus pasatiempos favoritos de la caza y la pesca. Él no había ido allá desde hacía muchos años y parecía encantado de que yo le diera pormenores. Este fue otro de los lugares que prometió obsequiarme si regresaba al país con una colonia de norteamericanos. Cuando le pedí que suscribiera la donación respectiva me contestó:

"No, no, hijo. Ustedes los americanos son muy propensos, según sé, a lisonjearnos, pero nunca cumplen todo lo que prometen. Regrese usted con una colonia industriosa y, si todavía vivo, no necesitará de documentos para tener ustedes esas tierras".

"Pero", le dije, "si usted suscribe un documento condicional conmigo ahora, él servirá para inducir más fácilmente a las personas buenas e industriosas de que hablo para que vengan a Olancho". El viejo solo repitió su frecuente expresión:

"Déjeme ver a Olancho próspero una vez más, antes de que yo muera, y después me reuniré con mis antepasados contento y feliz".

Al ver yo que durante la enfermedad de la señora no habría probabilidad de asegurarme la atención del general Zelaya en

Lepaguare, resolví quedarme unos pocos días más en Juticalpa a fin de preparar el viaje, y entonces con el padre, que me lo había propuesto varias veces, salir hacia la famosa ciudad india de Catacamas situado poco más o menos treinta y cinco millas al noroeste de Juticalpa, aunque por la ruta que pensábamos tomar sería no menos del doble de esa distancia.

Mientras el cura concluía sus arreglos hice varias excursiones cortas a los varios caseríos que rodean Juticalpa. Don Sebastián Ayala, el jefe político o prefecto del departamento, quiso que le acompañara a su mina de plata Palo Verde, a unas diez millas hacia el oeste. Este señor fue antes empresario y me declaró que tenía un conocimiento total de las posibilidades mineras de Olancho. Dejamos el río Juticalpa a nuestra izquierda y tomamos hacia el gran Valle Arriba, que limita por el norte y el este con las pintorescas montañas de Jutiquile.

Se sabe que la mina, que por muchísimos años ha estado abandonada, en otros tiempos daba vastas cantidades de plata que la familia dueña enviaba, cuatro veces al año, a Trujillo de donde se embarcaba a España para inversiones. Yo obtuve muestras del mineral de este lugar y dan testimonio de contener plata virgen. El señor Francisco Verde me proporcionó después tres muestras de broza encontradas en este lugar, en Yocón cincuenta millas al noroeste de Juticalpa, y en Junquillo entre Juticalpa y la aldea comercial de Jano. En Junquillo también se han hallado muestras de brozas de cobre y se sabe que existen allí en tales cantidades que tiñen la tierra de verde, lo que muestra su riqueza interior. El conjunto, cobre, broza y piedras, contiene oro. El señor Verde me aseguró que "toda la región alrededor de Yocón está saturada de plata y que es rara la piedra que se recoja en cualquier dirección que no tenga algo de ella". Cerca de El Quebracho hay también una mina de plata, pero no tengo medios para aseverar su riqueza. Me propuse visitar con mis informantes los varios lugares que me indicaron pero, por su falta de puntualidad y en la imposibilidad de poder cumplir con cada compromiso hecho, me vi obligado a aceptar cum grano salis las afirmaciones de mis amigos.

Sin duda que las afirmaciones fueron exageradas como son, probablemente, todas las que llegaron a mi conocimiento en cuanto a los placeres auríferos, pero después de despojarlos de la bruma de las viejas leyendas y de la natural tendencia en Centroamérica a aumentarlo todo, queda algo de naturaleza cierta calificar a Olancho como una región mineral solo inferior a California y Australia.

No puedo valorar las minas de plata de Olancho con exactitud porque todas mis referencias son de oídas, pero tengo la convicción de que vale la pena que los capitalistas le presten su atención ya que puede hacerse que rindan ganancias remunerativas.

Sobre las minas de cobre puedo hablar con más seguridad porque se hallan en todas las partes centrales de Olancho y han sido laboradas públicamente durante un siglo. Las del valle de Ulúa, al noroeste de Lepaguare, han producido enormes cantidades. Ya en 1712, trenes de mulas cargadas con cobre se enviaban de Juticalpa a Tegucigalpa, en donde la broza y el metal se fundían "por el oro que contenían" [1]. Cerca de Yocón se encuentran pedazos de puro cobre como los del lago Superior, en los cuales el porcentaje de oro es notablemente grande.

Hay también minas de jaspe cerca de la aldea de Silva, más bien una especie de cuarzo amarillo, pardo y verde que los nativos lo llaman jaspe que yo me inclino a decir que es el mineral verdadero de ese nombre. Yo no vi ejemplares de él, pero muy frecuentemente oí mencionarlo cuando conversé con los nativos sobre los recursos naturales de Olancho. El mármol azul y blanco, de una calidad muy fina, existe en las montañas de Yoro, en el departamento de este mismo nombre. Estas canteras nunca han sido trabajadas y, probablemente, permanecerán vírgenes por edades a menos que se desarrollen bajo los auspicios de una raza superior en diligencia e industria que la que ahora puebla Olancho. En Lepaguare hay, asimismo, indicios prometedores de la existencia de un mármol de magnífica calidad.

Mientras estuve en Juticalpa supe de un gran pedazo de piedra imán que se halló en las cercanas montañas de Jano en donde se aseveró podía obtenerse en cualquier cantidad. Supe que esta piedra imán tiene la sorprendente propiedad de repeler tanto como atraer el acero cuando está en su contacto; lo primero emana de un lado y lo segundo del otro. Una aguja suspendida por un hilo en un vaso de agua se aproxima o se retira mientras el imán se vuelve en las manos del operador. Muchas personas me aseguraron ser esto verdad y yo lo anoto para futuras referencias.

---

[1] Casa de fundición no hubo en la villa de Tegucigalpa hasta en el último cuarto del siglo XVIII. V. Durón, **La Provincia de Tegucigalpa**, p. 76.

Se dice que en Olancho se ha descubierto hierro y que el cinabrio existe en varios lugares. Tengo razones para creer esto por las descripciones que se me hicieron en largas conversaciones durante las cuales me empeñe en preguntar a mis informantes y las aseveraciones siempre fueron las mismas. Todavía me inclino más a creer en la indisputable autoridad del caballero de más ciencia en Honduras, don José María Cacho, ex ministro de Hacienda de la República. En una carta que él me envió desde los Llanos de Santa Rosa [1] el 23 de febrero de 1854, me pedía una descripción del método de trabajo que se usaba en la mina de azogue de New Almaden, California, porque él había localizado varias minas de cinabrio en el departamento de Comayagua.

La mina de Palo Verde está ahora soterrada con piedras y tierra. Grandes y añosos árboles rodean los viejos trabajos, y durante la época de las lluvias la tupida maleza posiblemente esconda a la vista todo el lugar.

De lo que pude saber en relación con la riqueza mineral de Olancho, gradualmente llegué al convencimiento de que, con el comienzo de una minería "legal", tal como se practica ahora en California, el país enviaría cantidades de oro en tal proporción que crearía una conmoción igual a la que despertó el furor minero en California durante los últimos diez años.

Los Zelaya me aseguraron que, para cuando yo regresara, ellos estarían listos para escuchar mis propuestas.

El cura había hecho ya sus arreglos y con mi viejo criado, Víctor, tomamos el camino de Catacamas. Se trajeron los caballos y dejando el patio salimos al trote, recibiendo los corteses saludos de don Francisco cuando pasamos frente a su casa. Hicimos una parada en el camino para tomar un poco de chocolate ricamente preparado y, por último, viramos hacia el pequeño poblado de Telica, situado bajo las faldas norteñas de las montañas de Jutiquile.

Entre las plantas silvestres que me mostró mi acucioso acompañante estaba la "rubia" cuyos tallos, como vi después, atraviesan el camino en muchos lugares. Los indios del Bajo Guayape, venden esta planta y la de xiquilite para fines tintóreos. Esta "rubia", creo es igual a la de Holanda y Nueva Zelandia, de la que se importa anualmente en los Estados Unidos un valor cercano a los

---

[1] Así se llamó antiguamente la actual ciudad de Santa Rosa de Copán.

$2,000,000 de dólares. Cantidades ilimitadas podrían cultivarse en Honduras con gastos ridículos. La raíz, que es larga, trepadora, de un color rojo obscuro, y con ramas laterales, sirve a veces como alimento de los cerdos monteses; las hojas son de forma oblonga o lanceolada.

Del llano subimos por las faldas engramadas de la cordillera y al alcanzar la cima, al mediodía, llegamos a un tranquilo bosque de pinos que se extiende por una gran meseta por la cual corre un río de aguas mansas. Aquí acampamos por espacio de una hora mientras los muchachos se ocuparon en preparar café. La perspectiva desde estos cerros de Juticalpa era muy extensa y acogedora. Solamente las torres de la iglesia atisbaban por encima de la arboleda. El padre había agotado el tema del catolicismo y, volviéndose sibarítico, colgó su hamaca entre dos árboles y por ciertos inconfundibles sonidos pronto me di cuenta de que estaba dormido.

Mientras Víctor se hallaba inclinado recogiendo agua para hacer el café, me recliné en una piedra musgosa que forma parte de una pequeña represa que recibe las aguas del arroyo. Era profundo, con fondo de grava y transparente como un cristal. Quieta, en el lado opuesto, entre la superficie y el fondo como si estuviera suspendida en el aire, se hallaba una hermosa trucha moteada. Por varios minutos estuve sentado sin moverme, en la roca, fumando y contemplando a este tirano de los arroyos. Por fin sus aletas se movieron hacia adelante y atrás y con premeditación se deslizó hacia el lado del estanque donde yo estaba, y desapareció en el hueco de una piedra para aparecer de nuevo ya en compañía de la señora Trucha y, juntos, circularon por sus pequeños dominios. Mi sombra, extraña a esas horas del día, seguramente había provocado sus sospechas y se hallaban ahora conferenciando sobre su causa. Un pequeño movimiento de mi mano hizo que ambos salieron veloces a esconderse en una depresión de la roca, de donde no volvieron a salir más.

Este pequeño incidente me hizo pensar en la soledad y condición desértica de la región. Escasamente había un objeto, dentro del extenso radio que alcanzaba nuestra vista, que indicara laboriosidad o civilización. No se escuchaba la voz del hombre o el ladrido distante del perro, sino que imperaba un silencio total que me hizo recordar las escenas de una vida febril allá a lo lejos como se recuerda un sueño confuso y vago. Hasta los comunes signos de la soledad: el suspiro del viento entre las frondas, el zumbido de los insectos, el chillido de las ardillas, hacían falta. Un ermitaño podría encontrar aquí un lugar ideal para vivir. Roberto y su acompañante disiparon la ilusión al quebrar ruidosamente una rama seca para avivar el fuego.

El padre se despertó al sentir el fragante olor del café y proseguimos nuestra jornada hacia el noroeste. De manera conspicua, cuando serpenteábamos por un camino, apareció el árbol de hule (Siphonia elástica), de extraño aspecto. Se le reconoce por su tronco redondo y liso, protegido por una corteza de color pálido, y que a veces alcanza una altura de cincuenta pies. Las hojas se agrupan de tres en tres, de una delgada y delicada textura y de forma oval, generalmente de un pie de largo, siendo la hoja central un poco más largo que las otras. El fruto es una cosa extraña, algo que se parece a un melocotón y es comido ansiosamente por varios animales y pájaros. No tiene sabor y se divide en tres lóbulos, cada uno conteniendo una pequeña nuez de color negro.

A los árboles –que se les llama "caucho"– se les hace una incisión exactamente en la misma forma en que el campesino de Vermont obtiene la savia del arce. La incisión exuda un líquido amarillento que parece nata (goma elástica) y que en Honduras se deja que caiga en huecos hechos en la arena formando una substancia sucia y floja muy diferente a la que se beneficia en Pará. Un papel burdo se obtiene de la corteza del árbol. Que yo sepa, no se ha hecho un uso práctico del hule en el país, pero algunos pequeños lotes de inferior calidad fueron despachados de Trujillo por el Sr. Prudot para la Casa Nickerson, de Boston, donde aún permanecen sin venderse. Este artículo, tratado apropiadamente, podría rendir utilidades, pero hacen falta la técnica y la industria necesarias.

Debo mencionar un curioso pájaro cuyo extraño canto oímos pasando por una espesura de jicarales. Un riachuelo cruzaba el camino y mientras nos parábamos a aguar nuestros caballos, nos llamó la atención la música de un alado compositor que se posaba en una rama baja, a la derecha del camino. Por su forma se parece a la paloma silvestre del oeste de los Estados Unidos. Sus movimientos son vivos y graciosos mientras se yergue sobre su percha como lo hace el palomo en el corral. Su color es café claro y el pecho, al parecer, color de azafrán o anaranjado. Solo se le encuentra en Olancho y en la Segovia, donde se le conoce con el nombre de jipa. Las notas de este pájaro se repiten con gran distinción a intervalos regulares y casi recorren la escala de cinco a siete notas. El canto, que es admirablemente nítido, lo emite fuertemente y al hacerlo el pájaro dilata su garganta de manera notable. No tuve pormenores de sus hábitos y debo agregar que no era esta la primera vez que había oído el canto peculiar del jipa.

Este puede ser el pájaro que Byam describe la página 168 de su obra como "el pájaro clarinete" que emite una serie de notas como las de octava baja de un clarinete, descendiendo la escala de la tónica a la tercera, quinta y octava, despacio, pero rica y poderosamente. Estas están correctas en los semitonos, y aquel autor las representa así:

También describe él otro pájaro y da enseguida una ilustración de su anto, que es tan notable que dio las notas en una guitarra al regresar a su choza en un bosque de la Segovia y las escribió asi:

La rareza de este último canto es su propia recomendación. El primero, sin embargo y duda algunos, es del jipa, cuyo nombre él no menciona. Varios viajeros centroamericanos atestiguan la existencia de este pájaro, algunos de los cuales me han asegurado verbalmente que han oído las notas en el silencio del bosque, pero nunca han tenido la fortuna de poder ver al pájaro músico. Creo que ningún ornitólogo lo ha descrito, como no ha sido descrito un sin número más, de los peculiares de Centroamérica.

Al llegar al pie de las serranías de la cordillera de Jutiquile encontramos un laberinto de trillos de ganado, siendo difícil distinguir el camino real. Arribamos por último a una espesa montaña y perdimos el camino. Nos abrimos paso a través de una maraña de bejucos que colgaban como estalactitas desde las ramas musgosas. Teníamos que agacharnos sobre el cuello de los caballos para poder esquivar las ramas que nos estorbaban en la ruta. Despúes de saltar varios troncones nudosos, ramas podridas y palos, salimos a un camino en mejores condiciones y oímos el ladrido de un perro distante. Siguiendo el sonido salimos de la montaña a los aledaños del aislado caserío de Telica.

La primera casa era la de la señora Méndez, quien, con sus niños, estaba acuclillada en derredor de un fuego, tomando su cena de tortillas, miel silvestre y crema. Se levantaron de un salto y parecían asustados por nuestra súbita presencia, pero el padre, que había andado a medio galope por ahí, salió en esos momentos de un claro en el lado opuesto, con su cara bonachona y fue inmediatamente reconocido dándonos todos una ruidosa bienvenida. Se abrió la puerta y un tullido, arrastrándose sobre sus cuatro extremidades, salió para vernos; él, también, dio su bienvenido al cura, quien se la retornó cordialmente.

Mientras conversábamos con estas personas y compartíamos su cena vi en un árbol cercano unas grandes flores color carmesí, como de catorce pulgadas de circunferencia y le pregunté al inválido cómo se llamaban, contestándome que eran: "flores de La Concepción, señor". Recibe este nombre por el hecho de que florece durante el tiempo en que se celebra la fiesta en honor de la Virgen de la Concepción. De lejos, el árbol, cubierto con estas flores tan vistosas y en forma de escudos, es una de las vistas más bellas que se pueda imaginar; su olor es más bien repulsivo.

Dejamos esta casa y nos fuimos hacia la pequeña casa cural del padre de Telica, señor Fiallos, quien nos brindó hospedaje como se lo permitían sus medios, hasta la mañana siguiente cuando salimos para la hacienda de San Roque, como a dos leguas hacia el noroeste. San Roque es propiedad de la rica familia de los Bustillo y tiene varios miles de cabezas de ganado, mulas y caballos. Sentado en la puerta y cerca del fuego se hallaba un vaquero, con una antorcha encendida chamuscando en sus sobrebotas cientos de unos pequeños animalitos, llamados garrapatas, que se le habían prendido cuando andaba montado por los matorrales. Estos animalitos son más pequeños que los ácaros del norte, pero irritan la piel con su picada y son, en verdad, una seria amenaza en ciertas épocas cuando uno anda de viaje. Parecía que aquí nos hallábamos fuera de la región aurífera. Las mismas leyendas y los mismos cuentos de maravilla estaban listos para quien quisiera oírlos, pero el escenario de las excavaciones auríferas se hallaba hacia el suroeste, en los grandes dominios de los Zelaya.

Algunas de las más finas mulas de Olancho se encuentran en las haciendas de estas cercanías. Las mulas de Olancho, por lo general, y aunque de cascos suaves por sus continuas caminatas en las planicies son los mejores animales que se producen en Centroamérica. Las mulas peludas y pequeñas, de montaña, son más fuertes y sufridas y por estas razones se las prefiere a las de las tierras bajas.

No hay estadísticas de las mulas y los caballos de Olancho. Hay varias haciendas de ganado que tienen de trescientas a mil cabezas cada una, y otras exceden en mucho ese número. Los animales, por lo común, son pequeños, delgados, briosos y de gran resistencia. Grandes patachos se envían anualmente a El Salvador y Guatemala. El precio de un caballo, tomado ad-libitum del corral, es de diez a catorce pesos; si está domado para paso y trote vale de cuarenta a ochenta pesos. A las yeguas raramente se las doma o monta. Las mulas tienen un valor más alto que el de los caballos debido a su mayor resistencia y su capacidad como bestias de carga. El valor de una mula corriente es de cuarenta pesos, pero ha habido andadoras por las que no se han aceptado doscientos ni trescientos pesos. A algunas de estas últimas se las almohaza según la costumbre del país y durante la época lluviosa se las guarda en caballeriza.

El método para amansar una mula y hacerla coger el paso es atándole las dos patas derechas y las dos izquierdas con correas de cuero, lo que obliga al animal a hacer un movimiento torpe, a limitar los pasos hasta cierta longitud y a levantar las patas dos veces más alto que lo corriente. Después de un mes de adiestramiento, si el proceso ha sido a una edad temprana, el animal adquiere un paso delicioso y libre, que se considera como la perfección del movimiento ecuestre.

En Honduras el hacendado rico aspira a tener la reputación de ser un completo veterinario, y en un lugar apartado tiene una vieja caja con varios instrumentos rústicos con los que le encanta operar sus animales cuando estos lo precisan.

Mientras estábamos en San Roque [1], una manada de potros cimarrones, siguiendo a sus yeguas, fueron reunidos en el corral principal. El objeto era coger y domar estos animales jóvenes, que indicaba el mayordomo mientras el grupo de caballos saltaba por las trancas bajas y corría alrededor del corral con miradas salvajes y

---

[1] La hacienda de San Roque fue heredada por doña Amelia Zelaya de Suárez, y hoy es de Clementina, Rosa, Lola y Graciela Suárez.

malignas. Se apartaron primero los potros que iban a ser domados y rápidamente se les aseguró con un lazo. De aquí, asustados y temblando, se condujeron al patio como cebras cerriles. Se les echó al suelo, se les vendó con las orejas recogidas debajo de las vendas para impedirles la vista y el oído lo más posible, y con un joven candidato a los honores de la equitación sentado en la cabeza del animal para evitar su forcejeo. Habiéndole sido puesta firmemente la jáquima, el muchacho saltó de un solo, y el caballo con un resoplido terrible se levantó pero, sintiendo la tensión de la reata apretada en su nariz, saltó ciego por el patio, algunas veces golpeándose fuertemente contra el cerco o saltando súbitamente entre el grupo de espectadores.

Por último, cansado de sus esfuerzos, se paró jadeante y tembloroso; entonces el mozo, agarrando cuidadosamente la soga, extendida fue poco a poco aproximándose al animal para acostumbrarlo al toque de su mano. La operación de la ensillada comenzó luego; requiere mucho mayor cuidado. Arranques convulsivos y coces acompañaron el acto hasta que la silla fue colocada firmemente y uno de los muchachos se subió a ella. Una vez allí, toda resistencia era inútil. Poniendo sus pies descalzos firmemente en los estribos, el jinete se inclinó hacia adelante y con cuidado quitó la venda, y el caballo, llevado por la desesperación, con miedo y rabia salió precipitadamente por la puerta "de golpe" y se lanzó en carrera loca por el llano. Cada contorsión de su cuerpo, saltos y embestidas solo parecían dar la más grande alegría al monito broncíneo que lo jineteaba. Su ¡Hoo-pah! [1] seguido de un grito sereno se entremezcló con el salvaje resoplido de la noble bestia que montaba, pero ni él ni el grupo indiferente de los espectadores manifestaron la mayor ansiedad.

Después de media hora de corcovear, el caballo mostró síntomas de fatiga y entonces su jinete, teniéndolo más en mano, lo corrió a galope tendido en círculos de media milla, sobre el césped, y no regresó a la casa sino cuando el animal, completamente exhausto y con los flancos llenos de espuma, se había rendido a la destreza del chalán. Media docena de estos ejercicios y el caballo queda amansado.

Varios días permanecimos en San Roque, en donde tuve la oportunidad de observar muchas de las plantas y árboles raros que

---

[1] ¡Upa! o ¡Epa!

había examinado en otras partes. También aquí se cultivaba el camote. Las palmeras, del follaje más exuberante, se erguían por sobre el llano. Se necesita un botánico profesional para que pueda clasificar la variedad de palmeras que hay en Centroamérica. Además de las que comúnmente se ven aquí, hay muchas otras variedades que son desconocidas más allá de la tierra aislada que las nutre, excepto con el nombre local que les dan los habitantes ignorantes, tal vez derivado de los usados por los indios aborígenes. Sus usos son numerosos. De acuerdo con Humboldt y Van Martens, el nativo obtiene de las numerosas variedades de palmeras: azúcar, harina, sal, aceite, vino, armas, fibras, cera, utensilios, alimento y morada. El árbol es el rasgo característico del paisaje tropical y en Olancho su exuberancia excede, según supe, a la de otras partes de Centroamérica.

De la lista de los productos de estas plantas ya mencionadas, a menudo probé el vino que se obtiene de la especie llamada coyol y que se conoce en honduras como vino de coyol. La palmera del corozo, que produce una nuez gustosa, que no difiere en sabor del pistacho, se parece a la del coyol en tamaño y en follaje, pero no produce nueces, mientras que la savia conocida como vino de palmera producida por el último, causa náuseas y erupciones cutáneas.

El coyol se aprecia principalmente por el vino delicioso que de él se obtiene, célebre en los trópicos por su dulzura y por la cantidad que da cada árbol. Entre los indígenas es costumbre treparse a esta palmera y horadando inmediatamente debajo de las hojas del ápice, insertan un pequeño tubo de caña hueca o una hoja acarrizada a través de la cual la savia fluye dentro de una calabaza suspendida en el extremo.

En las haciendas, el árbol se corta y después de ser removida su copa se le arrastra a la casa y se le practica una incisión, tal vez de un pie cuadrado, hacia el extremo. Esta se cubre y a los pocos días está llena de vino o jugo del árbol. Como tres botellas a la semana se obtienen regularmente de la fuente. Tiene una apariencia blancuzca, viscoso cuando nuevo y es muy refrescante. Después de dos días empieza la fermentación, cuando adquiere poder intoxicante y se vuelve una bebida fuerte y sabrosa. Una botella de vino de coyol nuevo que se tape herméticamente con un corcho reventará al segundo día de haber sido extraído del árbol. La mayor parte de las familias olanchanas tienen su coyol cerca de la casa. El gasto del corte y de la preparación no va más allá de un real. Un árbol, por lo general, da cinco a seis galones antes de agotarse. A veces se le combina con miel silvestre y se obsequia al visitante como una gran golosina. A diferencia del vino de corozo, el que se obtiene de esta palmera es benéfico para varias enfermedades y se le considera, en particular, eficaz para las fiebres. En San Roque siempre fuimos obsequiados con esta bebida.

Al siguiente día, a mediodía, dejamos la hacienda y atravesamos una región ondulante y muy arbolada. Muertos de sed llegamos por la noche a la hacienda de La Herradura. Esta hacienda difiere poco de las otras principales de la región. Los edificios son pequeños y de mal aspecto. Aquí residen algunas treinta personas y su dueño don Ignacio Meza, un joven olanchano que hacía poco se había casado, salió y nos recibió, apresurando su paso al reconocer al padre Buenaventura.

Entramos a la casa y fuimos presentados a su señora, una muchacha que se ruborizó cuando la saludamos y nos recibió cordialmente y con gracia natural. El pequeño Arroyo de los Zopilotes corre cerca de la hacienda y desagua, según se nos dijo, en el Guayape, a unas diez millas al este. Durante buena parte del año este arroyo permanece seco.

Entre las leyendas de Olancho está la del origen del nombre de esta hacienda. En cuanto a que sea verdad eso lo dejamos al lector. Don Ignacio relató que en tiempos de sus antepasados el oro quizás era más abundante que el hierro, y prueba de ello es que se halló una herradura de oro en la hacienda "y, en consecuencia", dijo él, "ha de haber sido más barato en aquellos días usar oro que hierro".

"Y, ¿qué hubo de la herradura, señor?", le dije, "¿por qué fue esa la única que se encontró? Me parece que más de un caballo debió haber botado una herradura".

"¡Ah! Es que nuestros libertinos antepasados probablemente hicieron que se fundieran las herraduras de oro para monedas después de la destrucción de Olancho Viejo. Pero eso no es todo. Usted sabe que el oro es muy pesado".

"Si señor, ¿qué hay de ello?".

"Bien; en los primeros días de Olancho, los pescadores ponían pepitas de oro en sus redes para que se hundieran mejor en los ríos. Estas piezas han sido encontradas en los lechos de los ríos con agujeros a propósito para insertar en ellos las redes".

"¿En dónde se encontraron esas piezas, señor?".

"En Alemán, en El Murciélago y en otros lugares arriba del río, cerca de las propiedades de los Zelaya".

El padre corroboró esta declaración y dijo que él recordaba bien cuando circulaban esas historias de tales descubrimientos. Temeroso de poner yo un punto final a estos detalles al exponer una duda, continué:

"¿Qué más recuerda usted, don Ignacio, de las viejas crónicas?".

"¿Ha oído usted sobre el testamento de la señora...de Manto?".

Yo había sabido de este documento en Juticalpa, pero deseaba que mi anfitrión me repitiera la narración, que era, en síntesis, la siguiente:

"Hace más de doscientos años, el oro fue descubierto en Olancho y todo el mundo tenía acaparado el metal hasta donde podía cuidarlo. Era tanto, que con una vara se podía extraer hasta "una libra" al día".

"¿Una libra, señor?", le dije, incrédulo.

"Sí, señor, y más de una libra. El antepasado del señor Ayala, en Juticalpa, tuvo una vez cincuenta libras de oro en su poder, que obtuvo por compra que de ellas hizo a los indios".

"Es verdad, don Guillermo", agregó el padre. "El fue uno de los hombres más ricos. Pero eso no sorprende a nadie. Si usted examina los escritos de los viejos autores españoles, podrá leer en ellos, sobre las célebres montañas de oro de San Andrés [1] en el departamento de Comayagua; allí encontraron ellos iguales cantidades".

"Bien", continuó don Ignacio, "en aquellos tiempos, señor, había demasiado oro. Buques cargados de oro –millones– iban a España a engrosar el tesoro del rey; él tenía derecho al quinto de todo lo que se extrajera. En aquellos tiempos una señora anciana, que por mucho tiempo había estado ausente de Olancho, murió y dejó por testamento siete cabezas de ganado y cinco caballos, medio "celemine" (un gran montón) de "chispas", pepitas y oro en polvo, pero con la condición de que, aunque los herederos podrían disponer como mejor les

---

[1] Dice el P. Juarros que "entre las minas que se han descubierto en la jurisdicción de Gracias a Dios, son sin duda las más famosas las del Real de minas de S. Andrés de la Nueva Zaragoza: hállanse estas en un monte situado en el valle de Sensenti, al O. de Gracias a Dios y al E. del valle de Copán, 60 leguas al NE de la ciudad de Guatemala". Después de citar al cronista Fuentes y Guzmán, agrega que comprueba la riqueza de aquel mineral el hecho de "que para promover las labores de sus minas, y cobrar los reales quintos, se crió un Alcalde Mayor, que se intitulaba del Real de Minas de S. Andrés de la Nueva Zaragoza". **Historia de Guatemala**, pp. 126 y 127.

pluguiera del oro, deberían en cambio conservar el ganado y los caballos en la familia".

"¿Y por qué eso?".

"Sencillamente porque en aquellos días apenas había comenzado la crianza de ganado; era por consiguiente muy escaso y de mucho valor, pero el oro cualquiera podía obtenerlo con solo tener la intención de extraerlo".

"Pero cuénteme de Olancho Viejo, señor, que se lo oí mencionar".

Aquí el padre Buenaventura recogió la hebra del discurso y me dijo:

"Usted me ha oído hablar de aquella ciudad maldita antes de ahora, mi amigo. Ese es un tema que a los olanchanos no les gusta tocar, pero le diré a usted, no obstante, que fue designio de Dios el destruirla para castigo de las gentes perversas y sacrílegas".

Era evidente que el padre no tenía deseos de hablar de Olancho Viejo en presencia de nuestro anfitrión, pero ya había oído lo suficiente para excitar mi curiosidad y me hice el propósito de visitar las ruinas en mi trayecto.

El testamento arriba mencionado, se dijo, había sido depositado en el viejo archivo parroquial de Manto, poco más o menos a cuarenta millas de Juticalpa y antiguamente la capital del departamento, después de la destrucción de Olancho Viejo. Juticalpa la reemplazó debido a su localización más conveniente.

Temprano en la mañana siguiente, don Ignacio había preparado para nosotros un suculento desayuno, y después de repetidos "adioses" y del requerimiento de que pasáramos otra vez la noche allí contestó con una inclinación mi saludo a la Niña Benita, y nuestra pequeña cabalgata salió rápidamente de la hacienda.

A una distancia de diez o doce millas del camino aparecía en la cordillera de montañas el pico más elevado de la misma conocido como "El Boquerón" que, de acuerdo con la tradición, había hecho erupción destruyendo la antigua capital. Era visible una grieta, parecida al lugar donde ha ocurrido un derrumbe, y cuando un claro del bosque espeso lo permitía podían verse las inmensas rocas arrojadas en horrenda confusión como por una gran convulsión de la naturaleza. El misterio que siempre había acompañado al lugar y la superstición de los nativos de ser esta la causa probable de su destrucción despertaron mi curiosidad cuando nos aproximábamos y, por primera vez, le confié íntimamente al padre mi intención de visitar Olancho Viejo.

"Es ese un lugar del cual huyen las personas virtuosas y de ánimo recto, mi amigo", me dijo, "y yo no tengo el menor deseo de sufrir la suerte de numerosas personas que, según se dice, han perecido llevadas por una curiosidad malsana. Permítame, 'hijo', informarle que seguiremos directamente a Catacamas y que no molestaremos nuestra mente al pensar en ese lugar maldito. Además, los criados no le acompañarán a usted por ningún motivo".

Todas mis súplicas fueron en vano y como ya habíamos llegado a un punto del cual seguir hacia el este implicaría alejarnos mucho de las ruinas, paré mi caballo y de nuevo rogué al padre que me acompañara; pero, sea por superstición o por aversión a apartarse del camino, lo cierto es que él rehusó terminantemente.

Al ver que yo insistía, él le aseguró a Víctor que no había peligro y que debía acompañarme en la excursión. Alentado con esto mi muchacho, de mala gana, se preparó para acompañarme.

"Mientras tanto", concluyó el padre, "yo seguiré para El Real, que está como a veinte millas por camino plano, y usted me alcanzará mañana. La hacienda de Punuare está apenas a unas pocas millas al este de la falda de las colinas y la encontrará fácilmente por el rastro que dejan los ganados. Puesto que Ud. ha decidido ver las ruinas anote toda cosa de importancia y me la hace saber. Adiós, amigo". Y el buen cura arrendó su caballo y siguió con su sirviente por el camino hacia El Real hasta que ambos se perdieron de vista.

CAPÍTULO IV: EL QUEBRANTAHUESOS

La leyenda de Olancho viejo. – La corona de cuero. – Una estatua de oro. – Destrucción de la ciudad. – Desolación. – Las ruinas. – La hacienda de Punuare. – La Chachalaca. – Abejas y miel. – El Real. – El Padre Murillo. – Esqueletos de ganado. – Un olanchano en su hogar. – El toque de la calentura. – La Higadera. – Empresas inglesas. – Historia de un matrimonio. – Cocodrilos. – El camino a Catacamas. – Panorama al amanecer. – Aventura con un jaguar. – Fieras de Olancho. – Catacamas. – Aspecto de la ciudad. – Comercio. – Indígenas. – Un paseo al Guayape. – Convención de guacamayas. – Mantos de plumas. – Escena en el río. – Santa Clara. – Caza del venado. – El Quebrantahuesos. – Marfil vegetal. – Escena de muerte.

Víctor cargó mis mantas sobre su caballo y me precedió en la ruta hacia las ruinas. De su relato, obtenido de otras personas, aparece que, exceptuando los vaqueros que algunas veces se aventuran por ahí cerca en busca de ganado o mulas extraviados, pocas personas han tenido la audacia de aproximarse al sitio de la ciudad que fue destruida por algún cataclismo de la naturaleza. La historia que me relató era la misma que yo había oído antes y estaba acorde con la natural superstición de un pueblo católico, aislado y primitivo.

La gran riqueza de Olancho en la antigüedad se había concentrado en la vieja población que otrora fue una especie de emporio local de la moda y del lujo. Los dueños de las haciendas de ganado residían en ella y acapararon un inmenso tesoro en el laboreo de las minas del alto Guayape y de la compra del oro a los indios. Los habitantes, sin embargo, eran avaros y aunque tenían grandes cantidades de oro, tanto que las mujeres usaban polvo de él en sus cabellos, retenían sus tesoros escondidos hasta de la Iglesia y, en consecuencia, fueron castigados por la cólera divina. La autoridad eclesiástica encargó una estatua en oro de la Virgen para una de las iglesias, pero el pueblo estuvo remiso a dar las contribuciones necesarias. El cuerpo de la estatua estaba ya terminado, pero faltaba el aporte requerido para la corona, y las sienes santas fueron adornadas con una corona de cuero. El cura de la iglesia elevó su protesta, pero los miserables enfatuados, haciendo caso omiso de la riqueza de que gozaban por el favor especial de la Santa Madre de Dios, chasquearon sus dedos en pleno rostro del santo sacerdote.

La infame profanación de la Santa Virgen fue rápidamente vengada. Mientras el pueblo se congregaba en la iglesia, la montaña se hizo pedazos por un terrible cataclismo y en una hora toda la población fue destruida con una lluvia de rocas, piedras y cenizas. Muchos perecieron y el resto refugio, aterrorizado, fuera del lugar. Después de la destrucción, varias personas se aventuraron a regresar, pero fueron víctimas de enfermedades súbitas y al punto murieron. Los que pudieron escapar tomaron rumbo hacia el norte y viajaron a la costa en busca de otro sitio, pero llevando consigo la corona de cuero, que fue lo único que pudo salvarse de la destrucción total. Acamparon en el lugar llamado hoy Olanchito, la principal ciudad del departamento de Yoro, después de Trujillo. Aquí erigieron una iglesia, en donde (dice la leyenda) aún puede verse la auténtica corona de cuero descansando a los pies de la Virgen, como un símbolo de la cólera del Todopoderoso y de cómo él castiga la impiedad.

Esta narración, no obstante tan católica, no concuerda con Juarros, que dice que el fundador de San Jorge de Olanchito fue Diego de Alvarado, en 1630 [1]. Pero los propósitos de la iglesia se cumplieron, y como es el caso con algunas de las viejas crónicas, la verdad de la historia es de importancia secundaria frente al empuje de la fe.

Comparando todas las aseveraciones, tradicionales y no tradicionales, estaba yo en la duda de si en realidad Olancho Viejo había sido abrumado por un volcán o por un derrumbe. Y aunque no hay pruebas de erupciones volcánicas en el litoral atlántico de Honduras, yo me inclino por lo primero en razón de haber observado desde las colinas cercanas de Juticalpa los arrecifes de la montaña que dan inmediatamente a ese lugar, y en los días claros percibí distintamente una grieta que posiblemente pudiera indicar un cráter antiguo por donde ocurriera la erupción.

A la distancia de una milla de las ruinas llegamos a una maraña, interrumpida con huecos profundos, árboles caídos y parásitas trepadoras, cruzando la cual con cuidado y esfuerzos llegamos al objetivo de mi búsqueda. La ciudad nunca pudo haber sido de gran tamaño; probablemente no contenía más de unos tres o cuatro mil habitantes. No puedo imaginarme un punto más desolado que este.

---

[1] Que Diego de Alvarado fundara una población en 1630, en Yoro, no descarta que los de San Jorge de Olancho fueran a Olanchito.

Allí no había ruinas, imponentes o notables, tampoco columnas derribadas, ni estatuas destrozadas, ni fragmentos de construcciones arquitectónicas rotas, ni monumento alguno de arte o de lujo. El viento soplaba ominosamente entre las hojas y parecía cuchichear sobre leyendas añejas y sobre proezas de los antiguos aventureros. El ambiente era todo agreste, solemne y propicio para imponer un miedo reverente en las mentes supersticiosas.

Solo puede percibir trazas, de cuando en cuando, de casas de adobe, otrora agrupadas en una vecindad fraternal, pero los vientos esparcieron a lo largo y a lo ancho el polvo de lo que antes fuera su material de construcción. Unas pocas piedras cuadradas, parecidas a las que se usan en los hogares, sugerían pensamientos tristes sobre deudos dispersados y los rotos lazos de un hogar común. Una vegetación escasa crecía entre estas ruinas desoladas. Víctor las atravesó haciendo la señal de la cruz y profiriendo la universal exclamación de: ¡Caramba!

Atamos los animales a un árbol y penetramos a pie a lo que parecía haber sido la plaza; un montón de adobes acumulados mostraban el sitio donde estuvo la iglesia.

"Bueno, Víctor", le dije, "aquí tenemos el castigo para los sacrílegos, pero como nosotros somos buenos cristianos, no hay por qué temer que seamos castigados".

"Yo no sé, don Guillermo", me repuso, "pero a mí no me gusta mucho ver estas cosas. Vámonos ya a la casa del señor Ordóñez, que está al otro lado del río".

Pero yo no estaba satisfecho todavía, y proseguimos con cuidado hacia el pie de la montaña. Así que avanzábamos la escena aumentaba en misterio. Aquí y allá crecían aún los jicarales ofreciendo en vano los vasos familiares y la más desarrollada calabacera brindando sus huacales, o tinas de lavar, donde la voz de la lavadora hacía tiempo había sido silenciada. Una arrogante ceiba, a la cual subían las lianas trepadoras mostrando sus flores blancas y rojas, permanecía como una reina orgullosa y compungida en el campo en donde su raza había caído. Los otros árboles, enclenques y feos, parecían atisbarse descolladamente y allá en una rama deshojada y saliente se veía sentado un viejo mono, nativo errante de la montaña y solitario viajero como nosotros. Una expresión de dolorosa soledad arrugaba sus facciones seniles mientras quieto, alternativamente se rascaba y miraba nuestros movimientos con cómica insistencia.

No había evidencias de escoria o de substancias volcánicas, o si existían, estaban cubiertas con la arcilla formada por la acumulación de hojas y los deslaves de arriba. Las faldas empinadas de la montaña ante nosotros, en donde no había rastros de camino entre la maleza acolchonada, impedían nuestro ascenso a la cumbre, pero desde abajo pareciera haber habido un derrumbe repentino y terrible (conjetura que apoya la vista de la superficie desnuda de la roca en la grieta) o que un viejo cráter existió en la cima. Las cenizas mencionadas en la narración tantas veces repetida, consistían probablemente en el polvo levantado por el desmenuzamiento de los adobes secos de las casas destruidas.

Cómo fue la destrucción de Olancho Viejo es materia de conjeturas, pero que una vez existió aquí una ciudad bien localizada y activa, de eso no hay duda. Se cree, generalmente, que hay mucho oro enterrado bajo las ruinas, pero nadie tiene el valor suficiente para ir a buscarlo. El olvido ha tendido su manto sobre este lugar y solo quedan exageradas leyendas monásticas que hablan de su existencia.

El sol se hallaba en el oeste cuando volvimos a montar y dejamos los precintos prohibidos de Olancho Viejo. La hacienda más cercana era la de Punuare, y para llegar allá nos vimos obligados a cruzar el río de Olancho (nombrado así, supongo, por la vieja ciudad) y recorrer unas diez millas por montes tupidos, por un camino incierto y con la probabilidad de pasar la noche teniendo como techo el cielo. Entonces agradecí a Víctor la precaución que tuvo de empacarme las mantas. El río de Olancho, que serpentea románticamente alrededor de la base de El Boquerón, nace allá por Manto y desemboca en el Guayape a medio camino entre Catacamas y Juticalpa. Los vadeamos sin dificultad y entramos por la montaña, siguiendo lo que parecía un trillo de ganado hasta que toda luz, excepto por la de los intersticios del follaje arriba, quedó completamente velada.

Imaginé que esto era una guardia conveniente para el tigre merodeador, y después que llegamos a la hacienda supimos que en estos bosques habían sido destruidas recientemente varias cabezas de ganado. Antes de nuestro regreso tuvimos una demostración ocular de la existencia del tigre. Era de noche cuando el brillo de una lejana antorcha y el ladrido de un perro nos anunciaron que habíamos seguido el camino apropiado.

Punuare es propiedad de los herederos del señor Jesús Ordóñez, de Santa María del Real, o El Real, como se dice abreviadamente, cabecera del municipio de ese mismo nombre. Los tres hermanos residían en la hacienda y nos dieron la acogida de costumbre. Yo era el primer norteamericano que habían visto y me observaban con gran interés y curiosidad. Aquí encontramos al padre Buenaventura, que había abandonado su propósito de hacer una jornada hasta El Real y se deleitaba con una buena taza de café y un cigarro.

Después de relatar nuestras aventuras en Olancho Viejo, a la sola mención de cuyo nombre los hermanos se persignaban, nos metimos en nuestra hamaca y despertamos al canto de los hermosos gallos de lidia que, para protegerlos contra los gatos monteses, se guardan adentro, en una esquina, en sendas perchas.

En el patio de la hacienda de Punuare vi una ave montés, curiosa y domesticada, llamada chachalaca o nodriza de pollos por el empleo que de ella hacen los nativos, en su doble capacidad de nodriza y protectora de los pollitos. Se dice que cuida la nidada mejor que las propias gallinas, tanto que a menudo se las separa después de haber incubado los huevos, para dar el lugar a la entrometida chachalaca.

Lionel Wafer describe este animal en 1699 como lo vio en el Darién. Dice: "Es una ave imponente que los indios llaman "Chicaly-chicaly". Su grito es algo parecido al del cuclillo, pero más agudo y más rápido. Es una ave grande, con una larga cola que la pone hacia arriba como hace el gallo Dung-hill. Sus plumas son de una gran variedad de finos y vivos colores: rojo, azul, etc." Su descripción, aunque hecha hace más de siglo y medio, presenta a esta ave de manera muy apropiada. La chachalaca pelea con bravura en defensa de los polluelos, con gavilanes y otros animales pequeños.

Los acostumbrados pariales o colmenas se ven colgando en los corredores de las haciendas. Entre los muchos productos de valor de Olancho, se encuentran la miel de abejas y la cera, y en estos dos renglones el departamento excede a cualquier otra sección de Centroamérica. La colmena consiste en un tronco (generalmente un pedazo de la rama donde el enjambre inició sus labores en estado silvestre). Este tronco se cuelga, sostenido por tiras de cuero crudo, bajo el alero y hay en él un pequeño agujero que sirve de entrada y salida para sus ocupantes. Punuare produce una gran cantidad de miel de abeja y de cera, que envía a la costa norte por varias rutas. La miel se deposita en pequeñas celdas, de dos pulgadas de longitud, que se ven alineadas dentro de la colmena. Las celdas para las larvas ocupan el centro del panal.

Para formarse una somera idea de lo próspero que podría ser este negocio, basta conocer clases de abejas meleras que existen en Olancho. Sus nombres locales son los que siguen: El Prieto, o abeja negra; el Blanco o abeja blanca; el Aluva (casi la misma); el Jimerito; el Chichigua (cuya picada causa escozor como el zancudo); el Zopilote; el Talnete; el Suculile; el Panta; el Panal; el Quema; el Sunteco Blanco; el Sunteco Prieto; el Joverito y el Mirís. Este último deposita un pequeño nido de cápsulas con una cubierta cerosa como el pez. Estas cápsulas se llenan de un líquido delicioso que se emplea, principalmente, con propósitos medicinales. La miel de abejas se vende en casi toda tienda de Olancho, y aun en Tegucigalpa yo pagué solo diez centavos por una botella. Las abejas son pequeñitas y la mayor parte sin aguijón. Durante el día, cuando uno viaja por el país, se pueden ver enjambres de ellas revoloteando en los troncos podridos, y poco trabajo cuesta llevar toda la colmena a la hacienda más cercana. Uno de los dueños dijo que desde que adquirió su predio, él había vendido suficiente miel y cera para comprar todos los géneros, mantas y artículos de esa clase que se necesitaban en su hacienda.

Dejamos Punuare temprano de la mañana siguiente. Arribamos a El Real a eso del mediodía. Teníamos cartas de presentación para el señor Francisco Mencía, alcalde primero; para el señor Marcelino Urbina y para don Nazario Vega, este último síndico municipal de la población. Proseguimos, sin embargo, directamente hacia la casa del padre Murillo, viejo amigo del padre Buenaventura, en donde nos sentimos tan confortables como las numerosas pulgas de la casa de adobe y el piso de tierra lo podían permitir.

La población se halla no lejos de la unión de los ríos Real y Guayape, que aquí tiene una corriente formidable capaz de permitir el paso de grandes barcos de río. No vi obstáculo alguno para la navegación en esta vecindad. El Real tiene unos doscientos habitantes, la mayoría descendiente de los indios xicaques, que los historiadores españoles mencionan como ocupantes de esta parte de Taguzgalpa en la época de la conquista. La tribu de los Payas es quizás la más numerosa de todas. Esta, como las demás poblaciones de Olancho, tiene su iglesia, su cabildo y su plaza, todo bajo la guía espiritual del buen padre Murillo. Es el centro de un pequeño comercio de pieles de venado, bálsamo, zarzaparrilla y cueros de res. Aquí residen varios de los ricos indios hacendados.

Nuestro anfitrión era una mezcla de indio y español, hermoso ejemplar de la tribu industriosa y agrícola de las payas. Vestía un par de pantalones de dril de algodón y una camisa del mismo material. Encendimos nuestros cigarros y comenzamos a intercambiar noticias. Él estuvo de acuerdo con el informe general de que este era un año de gran escasez y encogió los hombros ante mis insinuaciones de que habría durante el siguiente año un probable cambio en la política, en los asuntos nacionales.

"Tenemos más que suficiente, señor, con el pastoreo de nuestros ganados y con la preparación del rodeo o arreo a Guatemala para meternos con la política. Estamos al margen de las luchas electorales, y apenas nos importa emitir nuestro voto. Aquí todo está siempre quieto".

"¿Cuánto ganado", le pregunté, "sale de Olancho anualmente hacia Guatemala?".

"¡Quién sabe, señor! Debemos enviar varios miles, sin embargo, porque cuando las grandes partidas salen de las vecindades de Juticalpa, nosotros mandamos de aquí y de Catacamas, cada año, dos mil cabezas con nuestros fierros, amén de los Garay, Zelaya, Bustillo, Gardela y de otras familias ricas que envían más que nosotros. Deben ser unas cien mil cabezas al año las que van a Guatemala, señor".

"¡Cien mil cabezas!", exclamé, "no; me parece, señor, que usted está equivocado. ¿En cuántas cabezas estima usted todo el ganado de Olancho?".

"¡En algunos millones, señor!".

Vi que la información estadística del viejo era apenas más digna de confianza que las leyendas sobre la edad de oro de Olancho, y decidí desde entonces renunciar a las estimaciones numéricas de las gentes.

Se puede, sin embargo, establecer que el número de ganado vacuno en Olancho solamente, es arriba de cien mil cabezas y que el número del que se exporta a El Salvador y Guatemala no es menos de dos a tres mil cabezas. El crecimiento es muy grande, pero debido a la desidia de las gentes, cientos de terneros tanto como de ganado ya desarrollado perecen de sed o resultan atascados en el fango al querer vadear los ríos en épocas de sequía. Se encuentran los esqueletos del ganado a todo lo largo de las orillas de los ríos, donde con la construcción de un camino que solo costaría una semana de trabajo, los animales se acostumbrarían a transitar por él salvándose gran número de ellos. Una de las vistas más patéticas en las riberas del Guayape es la de los cueros de ganado muerto, aplastados o arrugados, colgando como pergaminos en los esqueletos y un parsimonioso zopilote posado arriba, jactándose deliberadamente al calor del sol o emitiendo su grito peculiar antes de dormir en la noche silenciosa alumbrada por la luna. Solo las pérdidas de la familia Bustillo, por ignorancia y haraganería, llegan a varios centenares de dólares cada año.

Los hábitos desidiosos del olanchano han pasado a ser proverbio muy conocido en Honduras. Imagínese un nativo echado en su hamaca, que cuelga de las vigas de una choza, a través de cuyos espacios se cuela el viento fresco de esas regiones paradisíacas. Arriba y a su alcance cuelga un exuberante racimo de plátanos o bananos maduros. Él se mece despaciosamente de un lado a otro, contemplando las espirales del humo de su cigarro ensortijándose en figuras fantásticas que tienen por fondo los picos azules de las montañas que forman el verde valle de su lar nativo. Frente a las grandes decisiones y los resonantes eventos del ruidoso mundo más allá de su país, él ha permanecido toda su vida en una ignorancia feliz. Cuando el apetito le viene, desprende un plátano, lo ensarta en una vara e, inclinándose un poco desde su lujoso nido, pausadamente lo asa en el rescoldo que arde cerca de la puerta. Cuando esta sencilla operación ha terminado, don Fulano atrae la fruta hacia su hamaca y la come estirado a todo lo largo en su atalaya.

Este relato me lo dio, como lo he consignado, un amigo en Tegucigalpa, como una ilustración de las costumbres perezosas de los olanchanos. "¡Es tan haragán como un olanchano!" "¡Qué Olanchano!" son frases corrientes en Honduras cuando se regaña a un sirviente que es indolente. Pero, como he dicho, el cuidado de las haciendas de ganado mantiene una especie de actividad pastoril, y las gentes, en general, son más bien industriosas.

En El Real tuve el segundo ataque de calentura, a la cual los llanos bajos de esta vecindad no escapan. Los síntomas los dejé descritos en las páginas relativas a la isla del Tigre. Mi sirviente Víctor montó guardia por dos días a fin de defenderme de los asaltos de varias viejas curanderas que querían que yo siguiera sus prescripciones, no obstante mi inevitable reputación de gran médico.

Uno de los remedios que se emplean para combatir las fiebres y las enfermedades del hígado, en Olancho, es tan extraordinario en su clase, que su descripción será leída como un hecho entomológico curioso. Consiste en una bebida que se hace con caldo de caña mezclado con un polvo que se obtiene de insectos quemados, y que se conoce como la higadera, debido a su aplicación particular para los males del hígado. Al animalito que con su vida contribuye a la preparación de esta medicina se le describe como un descendiente de la especie de la langosta que, debido a los varios cambios naturales que sufre, se le llama el variable. Durante la primavera, este insecto se introduce a una profundidad de varias pulgadas dentro de la tierra, donde muere después de haber depositado varios huevos en una cápsula. Al reventar esta, los hijos nacen alados y, a su vez, dejan una cantidad considerable de huevos como los de las hormigas, bajo la corteza de los árboles. De esta pequeña producción los nativos recogen innumerables pequeños insectos blancos que se tuestan vivos para los propósitos arriba indicados. Del nuevo cambio en la vida eventual de la higadera no pude obtener una descripción definitiva. La bebida que probé en El Real la encontré más bien agradable.

Unas pocas dosis de quinina me permitieron levantarme otra vez para gozar de la luz del sol y del aire, y del uso del agua para lavarme, la que, a pesar de mis amenazas de venganza, no podía inducir a mi fiel Víctor a que me la trajera. ¡Los dos curas le habían prohibido que me permitiera cometer el suicidio de lavarme la cara con agua fría mientras estuviera enfermo!

El Real tiene su leyenda relativa a los días cuando el oro era tan abundante en Olancho que no tenerlo almacenado era una excepción a la regla. Pero estas, sin embargo, no son sino variaciones, sin mayor interés, de las que ya mencioné anteriormente.

El padre Murillo también refirió el tiempo, según su propia memoria, cuando el rey Mosco subió por el Patuca con varios ciudadanos ingleses e intentó ejercer su autoridad en todas las poblaciones a lo largo del Guayape, inclusive Juticalpa [1]. El protectorado en aquel tiempo (1847) era reclamado por la Gran Bretaña y comprendía todo Olancho y dos terceras partes de Nicaragua y de Costa Rica. Entre los que entonces tenían en mente

---

[1] Por el Tratado Clayton-Bulwer, suscrito en Washington el 19 de abril de 1850 entre los Estados Unidos y la Gran Bretaña, se estipuló, entre otras cosas, que los Gobiernos de los países contratantes "no ejercerán dominio alguno sobre Nicaragua, Costa Rica, la Costa Mosquitia o parte alguna de Centroamérica". V. Montúfar, Reseña histórica, t. VII, p. 87.

establecer una colonia británica en la unión de los ríos Guayape y Guayambre, estaba un Mr. B., quién, con el tiempo, figuró mucho en Juticalpa con el consiguiente escándalo de los Garay y los Zelaya.

El padre, que fue testigo ocular, dijo que dos de estas notabilidades estuvieron en Juticalpa en 1847. Uno de ellos puso sitio para conquista la mano de la señorita Teresa, hija del señor Garay, bajo la impresión de que la muerte próxima del viejo lo dejaría dueño de la propiedad de la familia, que se dividiría entre dos. La petición tuvo éxito. Una noche, bajo la influencia inspiradora del aguardiente, el galán se jactó en claro inglés de su próxima fortuna y confesó ciertos planes deshonestos en cuanto a la dote de la novia, frases que, desafortunadamente para él, fueron escuchadas por un negro de Jamaica que había sufrido las brutalidades del "Mister". El negro divulgó todo el plan a la muchacha, quien despidió al pérfido pretendiente. Por la noche los dos aventureros hicieron un asalto a la casa del señor Garay. Siguiendo el plan de los bucaneros, desafiaron a la ciudad a medianoche, armados de pistolas y de sables. Injuriar en aquellos tiempos a un inglés, justa o injustamente, bajo la famosa política de Mr. Chatfield, era equivalente a exponer cualquier lugar al bombardeo de la flota inglesa; y aunque el pueblo estaba bastante exasperado, se abstuvo de matar o de herir a los agresores.

Casi a la medianoche, el comandante militar don Francisco Zelaya llegó a la ciudad desde una de sus haciendas. Al saber el alboroto, se presentó en el lugar y sin vacilación alguna desmontó y desarmó a la pareja jactanciosa; en vista de sus amenazas, y por encontrarles armas, los enceró en el cuartel hasta por la mañana. Al siguiente día fueron echados de la ciudad y la linda Niña Teresa casó pocos meses después con un caballero de Tegucigalpa, donde es una de las damas más atractivas. Las marcas de los sables de los asaltantes están todavía visibles en las ventanas de la casa del señor Garay. El hecho produjo una gran conmoción en Juticalpa y tuvo trascendencia porque rompió las negociaciones a fin de establecer en el Llano de las Flores una colonia inglesa.

Nuestra visita de tres días a El Real era más que suficiente para ver todo lo que ofrecía, inclusive un enorme cocodrilo en el Guayape que había sido muerto por un nativo en el momento en que trataba de arrastrar un cerdo vagabundo desde la orilla donde estaba hociqueando. Estos animales llamados lagartos en Olancho, abundan en el río Guayape desde este lugar hasta el mar. En el Lago de

Mezcales, al sur de Catacamas, también se les encuentra, lo mismo que en las ciénegas de aquella vecindad. Este de El Real fue el único cocodrilo que vi en Honduras.

No tuve pesar, en la mañana del cuarto día, después de tomar café y de oír el adormecido adiós de mis amigos, de montar y trotar fuera de este sucio lugar de El Real. El padre Buenaventura me había acompañado en el viaje, parte para atender asuntos de negocios allí y prefirió quedarse un día o dos más. Yo tuve temor de prolongar mi viaje más allá del tiempo que me había propuesto para verme con el general Zelaya en Lepaguare y resolví salir hacia Catacamas inmediatamente.

El camino lleva una dirección casi hacia el este y va sobre dos o tres serranías sucesivas, de cerros altos –casi montañas– cuyos nombres descuidé anotar. Salimos antes del amanecer para pasar el extenso llano que bordea el Guayape, al otro lado de las montañas, antes del calor del mediodía, que aquí se siente con una intensidad casi igual al de la misma costa. Después de galopar por media hora a través de silenciosas ciénegas llegamos al pie de las colinas de la cordillera, las que subimos a trote con el objeto de presenciar desde la cumbre la salida del sol, que prometía ser magnífica.

El sol estaba dorando el horizonte, hacia el este, justamente cuando llegamos a la meseta que habíamos estado tratando de alcanzar desde hacía una hora. Le vista era un océano de bosques –un vasto llano interceptado por serranías regulares– en el cual serpenteaban el Guayape y sus tributarios como hilos de plata. Una mancha de nubes rutilantes colgaba sobre el arco de montañas, pero momentos después se había derretido, así que el día irrumpió en el paisaje.

El cielo estaba tan puro que los ojos casi dolían buscando en la bóveda una nube para romper la monotonía. Un aire fresco que bajaba de las faltas de Santa Cruz del Oro movía suavemente las hojas en derredor nuestro; pero más allá todo estaba quieto y en silencio. Desmonté y desde una roca contemplé las luces vivas subiendo ligeras por las colinas hasta que el sol salió y produjo un efecto mágico que todo viajero en los trópicos recordará, tiñendo las cumbres con un esplendor que ningún artista puede imitar, y dando vida al mar de esmeralda.

Ante nosotros había una hondonada por la cual una pequeña quebrada vaciaba sus tesoros gorgoteantes. Una barba venerable de musgo verde y gris colgaba allá abajo, chorreando el líquido elemento y moviéndose ligeramente al impulso del torrente, de tal manera, que daba la idea de un alegre viejo báquico entregado a un rapto de alegre humor, solo que el puro elemento que él echaba a chorros de su boca borraba la sonrisa.

El panorama era tan vasto y encantador que yo me había abstraído en su contemplación y pensaba si estas grandes sabanas algún día estarían pobladas, cuando Víctor dio un grito y señaló la presencia de un animal de presa, sentado en un alto peñasco cercano y que, como si estuviera inconsciente de los intrusos en sus dominios, se hallaba, como nosotros, viendo hacia el este y quizás pensando en las oportunidades de un desayuno.

Me llevé el rifle a la cara, pero Víctor, patentemente alarmado, me pidió que no disparara, consejo que acaté felicitándome de ello. Dijo que era un jaguar, y recogiendo apresuradamente su manta se retiró a la falda opuesta, en donde los caballos pacían tranquilamente. El susto de Víctor fue contagioso y yo me preparaba a seguirlo cuando el animal, después de lamerse la piel aterciopelada, se puso en pie y volviéndose hacia nosotros caminó como veinte yardas hacia donde estábamos, y con sus orejas erguidas y moviendo su cola nerviosamente sobre sus ancas nos hizo el honor de echarnos una mirada en extremo aristocrática.

"¡Caramba!", musitó Víctor, "de veras que es el jaguar; se está paseando temprano, y ¡mire!, camina hacia acá otra vez!". El animal, al ver que nos retirábamos hacia donde se hallaban los caballos, se movía despaciosamente hacia nosotros y a muy corta distancia, mostrando claramente su disgusto por nuestra presencia con un arrugamiento de su labio y con una exhibición de su sistema muscular que satisfizo ampliamente mi curiosidad en tal respecto.

Víctor llevó las manos a su boca y profirió un grito que hizo al animal detenerse un momento y examinarnos más atentamente. Aprovechamos este intervalo para montar nuestros caballos, que ahora miraban al jaguar con las narices dilatadas y con las orejas erectas. Nuestro nuevo conocido emitió un sonido largo entre gruñido y rugido, y sea por desagradarle el brillo de mi rifle, o influenciado por aquel misterioso instinto que a veces disuade al bruto de asaltar al hombre, se fue despaciosamente y desapareció en la espesura que bordeaba la colina.

El jaguar es cobarde por naturaleza y muy rara vez se le ve, excepto en lugares no frecuentados, de donde hace incursiones nocturnas a las haciendas causando daños a los ganaderos. Media docena de balas no siempre bastan para matarlo.

Una de estas fieras, que tenía la reputación de haber sacrificado un centenar de ganado durante su vida, fue muerta hace algunos años cerca de la Hacienda del Ulúa. Su piel estaba colgada en la sala del señor Garay, quien me la obsequió cuando dejé Olancho. Esta, como otros muchos artículos, me fueron robados de mi albarda, en Nicaragua.

Víctor atribuyó la feliz escapada de esta aventura a la invocación que él hizo a su santo patrón y a la Virgen, quienes, dijo, nunca permiten que un jaguar destruya a los cristianos o buenos católicos.

Este animal está provisto de uñas formidables que usa con una rapidez y fuerza sorprendentes. El ágil salto del jaguar es lo que da terrible poder a su ataque. Como el leopardo, se agarra de un brinco al lomo de sus víctimas y con su impacto quiebra la columna vertebral de una vaca. Dunn cree que hay poca duda de que el tigre y el jaguar, que se parece tanto a la onza, son el mismo animal en Centroamérica. Está, sin embargo, muy equivocado en esta opinión. La onza es un animal mucho más pequeño. El tigre centroamericano, como lo asegura Byam, quien vivió dos años en los bosques más despoblados de ese país, es la pantera y el jaguar es el puma o león de sur y Centroamérica [1]. El capitán Henderson divide las fieras de Honduras en el felis onza o tigre del Brasil, y el felis discolor o tigre negro. El Sr. Squier describe al tigre negro, al jaguar (felis onza), al puma y al ocelote, como cuatro distintos animales. Estos, creo, son las dos únicas autoridades que hacen mención del tigre negro como un habitante de Honduras. "Ningún animal", continúa Byam, "salta más rápidamente y ninguna bestia salvaje ataca al hombre de manera más audaz que la pantera o el tigre, pero no tiene la peculiaridad o vicio que distingue al puma, que es el de que ni sigue ni esquiva las pisadas del hombre". Frecuenta las montañas más solitarias y los bosques de la costa del Pacífico. Honduras está llena de historias espeluznantes sobre el tigre".

El jaguar es una criatura que obra con bajeza, igualmente fiero en sus hábitos, pero menos valiente que el tigre. Cuando se viaja a través

---

[1] Parece que en esto no acierta Wells; el puma es el león americano; el jaguar es distinto.

de los pasos solitarios, el rugido de este merodeador de medianoche llega con una distinción que espanta y previene al viajero rezagado a buscar las viviendas del hombre. No conozco un grito sino el del mono colorado o mono barba roja, como a veces se le llama, que produzca tan aterrador efecto, como el prolongado grito del jaguar. La huella de este animal se puede reconocer por un montoncito de arena o tierra que deja donde ha puesto la pata. Es más pequeño que la pantera y no tan atrevido, pero sigue el rastro del hombre a la caída del sol y hay relatos de personas que han sido muertas por ellos en el bosque. Byam describe el rugido del jaguar como "lo que una persona pueda concebir que salga de un enorme gato macho, pero con varios pares de pulmones adicionales".

En Olancho abunda una variedad de tigres, algunos bellamente adornados con franjas y manchas. El autor mencionado arriba describe uno que él mató en la Segovia, diciendo que tenía el vientre y el fondo de la piel de un color amarillo pálido, el lomo casi negro y una serie de manchas negras de distintas formas desde la espalda hasta el vientre, pero las manchas disminuyen en tamaño cuando se aproximan al abdomen. Esta fiera tenía el tamaño de un perro de muestra.

Los abundantes coyotes y lobos pequeños son incansables cazadores de venados. A veces llegan a asediar en manadas al tigre obligándolo a subir a algún árbol y le ponen sitio hasta que, hambriento, le compelen a bajar al suelo, donde es hecho pedazos no sin antes haber destruido a varios de sus enemigos.

En Olancho nunca falta la caza, desde el tigre hasta la ardilla, y entre tanta variedad, la joven América, en sus generaciones futuras, hallará oportunidad para su rifle, y la caza del tigre en Olancho podrá ser tema para algún colaborador del "Knickerborcker" o del "Spirit of the Times".

Después de esta aventura con el puma o jaguar, proseguimos nuestro viaje a lo largo de una cadena de cerros y descendimos al llano y de ahí en adelante seguimos por un camino firme.

La ciudad indígena de Catacamas tiene poco más o menos mil habitantes y está ubicada en la margen oriental del río de ese nombre y no lejos de la unión de este con el Guayape. Posee una iglesia que es casi una copia de la de Juticalpa, y un gobierno municipal del cual un indio venerable, el señor Vicente Sánchez, es el alcalde primero. La mayoría de las casas tienen techos de teja y varias de ellas están sólidamente construidas. Su población consiste principalmente de indios conversos y civilizados, quienes, desde tiempo inmemorial, gozan de la reputación de ser ciudadanos industriosos y frugales. Ocupando una parte de uno de los lados de la plaza se halla el pequeño cuartel, con un cañoncito de balas de cuatro libras y un centinela de aspecto desgarbado. Unos doce soldados al mando del capitán Pedro Muñoz integraban la guarnición. Yo llevaba una carta de presentación del padre Buenaventura para el señor Vicente Salgado, uno de los regidores del pueblo, quien me recibió en su casa, cercana a la plaza, con la tradicional hospitalidad. Es este último establecimiento que se halla hacia la boca del Patuca. Las aldeas del Dulce Nombre, Río Tinto y La Conquista son meros villorrios, como los que acabamos de describir.

La casa del señor Salgado, que era la más grande del lugar, había sido recientemente entejada y se estaba blanqueando con esmero. Entramos a un patio empedrado y desmontamos recibiéndonos una india de grave aspecto, esposa del regidor, quien me ofreció una merienda de queso y chocolate y daba órdenes a Víctor con toda la verbosidad con que lo hiciera una ama de casa del norte. La noche pasó en la discusión sobre temas del día con mi anfitrión, que era un ejemplar de indio casi puro. Se rio de buena gana cuando le conté la aventura con el puma y dijo que con una piedra o un leño yo fácilmente hubiera podido hacer que el animal peleara, tarea que, como yo le observé, preferí dejarla para otros. El viejo me ofreció una cama de cuero brillante, y con un "pase buenas noches" y un saludo cortés, me dejó para que yo pudiera descansar.

Durante el día me fui de paseo por la ciudad, que los indios consideran mejor en todos respectos que Juticalpa. Yo no estaba preparado para una escena de tanta prosperidad. En el mercado había expuesta una gran variedad de legumbres y de frutas, y todas las operaciones comerciales necesarias al sostenimiento de la población se conducían activamente.

Aquí y allá aparecía uno de los miembros de las tribus menos civilizadas, que emplean su tiempo en el gran río pescando o navegando en sus frágiles pipantes hasta el mar Caribe. Varios senderos conducen al Guayape y a los puntos donde ello ocurre se les llama "embarcaderos". Pequeñas plantaciones de yuca, maíz, tabaco, arroz, plátanos y frijoles se ven diseminadas en profusión por varias millas alrededor de la ciudad, que es el centro de un comercio considerable.

Hay quizás seis mil habitantes en el círculo de veinte millas alrededor de la ciudad de Catacamas, que en Juticalpa adquieren la mayor parte de sus artículos extranjeros, pero ahora están estableciendo un comercio creciente con el mar, vía río Patuca. Pocos descendientes de los españoles viven aquí. Las autoridades, en su mayoría, son indios que ejercen y aparentemente mantienen una supervisión de los asuntos locales, siguiendo en cierto modo las primitivas formas empleadas por las tribus más civilizadas pero, en realidad, fundándose en la Ley Municipal del Departamento. El pueblo de Catacamas abrazó el cristianismo hace muchos años y tiene decorado el interior de la pequeña iglesia con estampas y esculturas de santos bastante burdas.

Difícil es imaginar una raza más pacífica y más hospitalaria. El rumor de que un americano del norte se hallaba en el pueblo indujo a varios de los más inquisitivos a entrar en la casa, en donde pasé varias horas meciéndome en una hamaca de cabuya, fumando cigarros y platicando con estas gentes sencillas. Ninguno tenía la más remota idea de los Estados Unidos, excepto de que estaba en el norte, y que sus gentes eran muy bravas. Mi rifle les despertó gran curiosidad, y cuando hice varios disparos a un blanco, a petición suya, dieron gritos de aprobación, aunque la puntería no fue de lo mejor. Muy pocos habían visto antes a un americano del norte.

Por la noche, el padre Buenaventura llegó de El Real por haber terminado el asunto que lo llevó allá más pronto de lo que él esperaba. Me trajo una carta de L., que permanecía en Juticalpa, en que me daba pormenores de una revolución que había estallado en Yoro, y de la invasión de Honduras por los guatemaltecos al mando de Guardiola. Los rumores, exagerados, me indujeron a renunciar mi propuesta visita a la confluencia del Guayape con el Guayambre.

A la mañana siguiente nos dirigimos al Guayape. Después de ir a medio galope, durante pocas horas, sobre un llano muy arbolado llegamos al río, que aquí sigue las curvas de una cadena de montañas en lado norte. El Guayape, ahora enriquecido por las aguas del Jalán y varios otros tributarios, sigue su curso hacia el mar con la quieta majestad de un cauce profundo y navegable. En el denso follaje de una islita, que aquí lo divide en dos brazos, estaban posados centenares de pericos en ruidoso concejo, sin perturbarse lo más mínimo por nuestra súbita salida de la maleza a la orilla del río. Les di un sonoro saludo y entonces todo el grupo levantó vuelo gritando coléricamente por la interrupción, y varias guacamayas agregaron sus roncas voces a la confusión. Las bandadas de pericos luego dejaron rezagadas a estas espléndidas criaturas que, flotando en el azul del cielo, parecían cometas.

El nombre regional del macao en Honduras es guacamaya; en Nicaragua lapa. Esta ave no difiere de la de México, excepto en que tiene un pico más pequeño y más agudo. Sus colores son espléndidos y bellamente distribuidos; el pecho, la cabeza y el lomo son de un rojo brillante, las alas con plumas amarillas, azules y rojas, seis de las cuales son fuertes y cortas y las cinco restantes débiles pero anchas, y cuando están en pleno crecimiento, tienen catorce pulgadas de largo. Cuando vuelan las juntan apretadamente. Una gran convención de guacamayas, que a veces se ve en los bosques, imparte un singular aspecto al follaje de los grandes guanacastes, en cuyas ramas llevan a cabo sus reuniones generalmente. Pasan gritando incesantemente subiendo de un lado a otro, colgándose de su pico ganchudo hasta que el árbol parece adornado con gallardetes vivísimos con en un día de gala. En la osta existe la especie de un hermoso color verde, según supe; son más elegantes que sus sobrinas irisadas, pero ambas son pálidas ante la magnífica guacamaya azul, una de las aves más raras en el país. Supe que en Manto había varias domesticadas, pero nunca pude ver una. Se sabe que estas evitan contacto con los demás miembros de la familia de las guacamayas y que les encanta vivir en la vecindad costera del río Lean, que se encuentra entre Trujillo y Omoa.

De las plumas de las diferentes variedades de guacamayas, del soberbio quetzal (pájaro de una extrema rareza), del verderón, del pavo real, del papagayo, de la urraca, del pájaro colorado, del ruiseñor, de la oropéndola y de varias otras aves, entre las que debo mencionar las varias clases de los colibríes, los indios de Olancho, especialmente los de la tribu de los Payas, hacen artículos de vestir, tales como birretes, capas, fajas y chales para los hombros y el cuello, además de adornar con ellas sus carcajes y otros artículos hechos de pieles. El único ejemplar que pude obtener de este trabajo fue el que compré a un indio en Juticalpa durante la función. En otras épocas estos artículos se traían a Juticalpa para su venta, pero últimamente ya no se observa esta costumbre.

El Guayape, en la vuelta donde estábamos, presentaba la apariencia de no tener rocas en su lecho. El fondo, hasta donde podíamos alcanzar a verlo, era de arena totalmente. Se habían acumulado varios leños y ramas de árboles, dando vueltas y balanceándose por su propio peso contra la fuerza de la corriente. El padre Buenaventura los empujó con el pie y todo el montón se fue despacio flotando en la corriente del río. Los lugares tranquilos del río abundan en ricos peces. El panorama era de soledad selvática y de tranquilidad. Desde la cumbre de las montañas hasta las profundidades umbrosas de los bosques vecinos no oímos más sonido que el borboteo del río o el grito lejano de los pájaros en la orilla opuesta. Como a cien yardas arriba de nosotros, vimos una bandada de patos nadando cerca de la orilla y contra la corriente para estar quizás a distancia segura de nuestro grupo. Varias espátulas (Platalea Ajaja) y garzas azules y blancas permanecían silenciosamente contemplando las aguas y, a veces, emitiendo un grito ronco, aislado, como si estuvieran furiosas por nuestra intromisión. Un remolino, circulando por un momento en la corriente profunda, nos mostró un gran barbo, o quizás un cocodrilo, que exploraba su camino río arriba.

Estuve en contemplación hasta que las sombras alargadas nos advirtieron que debíamos partir. Regresamos por un camino que cruzaba el bonito valle de Santa Clara, hacia Lepaguare, igual a los antes descritos. Su alfombra verde era ahora un horizonte obscuro con las formas del ganado apenas discernibles a la luz mortecina de occidente.

El estado turbulento de las cosas en Tegucigalpa hizo que apresuráramos nuestra partida de Catacamas. Tuve tiempo, sin embargo, para hacer un viaje a las fuentes de un pequeño arroyo que desagua en el río de Catacamas, donde hice varios disparos a unos venados, hiriendo a uno y llevando a casa los cuartos traseros de otro. El método de cazar venados en esta sección de Olancho es "acechándolos" por medio de un buey amaestrado. El cazador camina hacia la manada de venados yendo al lado opuesto del buey, y así se aproxima este a los animales hasta que están a distancia de tiro. En el camino, de regreso a Catacamas, cuando dimos vuelta a un ángulo del camino, hallé mi camino interceptado por una bandada de grandes y pesadas aves, parecidas un poco a los pavos silvestres, con los que las confundí al principio. Se levantaron y volaron lentamente cuando nos acercamos y, si no hubiera sido por un fulminante defectuoso, hubiera agregado a mi colección algo de su plumaje. Los nativos las llaman quebrantahuesos por la fortaleza de sus alas que, como las del cisne, según se dice, tienen potencia suficiente para quebrar el brazo de un hombre.

En este viaje observé, también por primera vez, el marfil vegetal que, sin embargo, crece en todo Olancho. El fruto del árbol es un montón de substancia áspera y dura, cubierta con cientos de pirámides puntuadas, de la cual las nueces de marfil vegetal salen como las ciruelas de un budín. Estas nueces son de color y de la consistencia del marfil. Nunca supe que se las recogiera en Honduras.

A media milla fuera de la población fui parado por un muchacho que salió de una cabaña hecha de cañas y corrió a toda velocidad detrás de mí, rogándome en el nombre de Dios que regresara y le curara a su madre. Yo casi había terminado con mi pequeña provisión de medicinas, pero, sabiendo de la pertinencia de tales súplicas, regresé al punto y desmonté. La mujer estaba ya en la agonía cuando entré y, tanto, que pocos minutos después expiró. Jamás olvidaré los frenéticos ademanes y las miradas suplicantes del muchachito que me había pedido regresar; y cuando vio que hasta el americano del norte nada podía hacer ya para salvarla, corrió gritando por el padre y se internó en el platanar cercano, donde su llanto y sus gemidos eran dolorosamente lastimeros. Inútil era tratar de consolarlo.

CAPÍTULO V: LLEGADA A CATACAMAS

El Platanar. – Plátanos y su cultivo. – Viejas ideas al respecto. – Ruta hacia el hogar. – Pita. – Pieles de venado. – Quema del Bolpochi. – Serpientes venenosas. – Antídotos. – Después de las ceremonias. – Merodeador nocturno. – Corteza del Perú. – Arroz. – El rifle de aire. – Tabaco. – Regreso a Juticalpa. – Leyendas del oro. – Una reunión musical. – Comisiones. – Partida. – Otra vez Lepaguare. – Una visita a El Espumoso. – Aventuras en minas. – Suscribiendo un contrato. – "Besando a la viuda". – Temperatura fría. – Granizo. – Guatajiagua. – El oro del Panal. – El Retiro. – Oro en Alajagua. – Río de España. – Un nuevo método de pesca. – De nuevo Juticalpa. – Malas noticias. – Documentos mohosos. – Primeros pobladores. – Una caminata matinal. – Adiós a Olancho.

Una de las plantas más bellas de los valles de Olancho y de todos los de Centroamérica es el plátano, que adorna cada predio. El plátano, como la palmera, es peculiar del país. Forma un seto cerrado y protector alrededor de toda hacienda. Sus anchas hojas ondean y saludan en la brisa a lo largo del camino real en muchos lugares del país. En las tierras bajas de Nicaragua y El Salvador crece con una exuberancia digna de admirarse y lejos, en los picos áridos de las sierras de Honduras, a miles de pies sobre el mar puede verse el pequeño platanar, apiñado, verde y floreciente en algún vallecito, junto a la rústica cabaña campesina asomando entre sus hojas. En Amapala, las olas del Pacífico lamen las raíces de las plantas cargadas con dorados racimos, y muy lejos, en las corrientes aguas del solitario Patuca o Tinto, estas plantas se hallan en medio de las soledades más agrestes donde las semillas, llevadas por la corriente hacia el caribe desde el interior de Honduras, se han depositado en el rico aluvión, ofrendando anualmente sus racimos a la vera de los ríos.

Un viejo botánico asegura que es originaria de las Indias Orientales y de otras partes del continente asiático y, probablemente, de África. Originalmente fue transportada a las Indias Occidentales desde las Islas Canarias a las que, se cree, fue llevada hace muchos siglos desde Guinea. Parece que emigró con la humanidad, del Asia a las numerosas islas del Pacífico Sur en donde, como en

Centroamérica, ha originado diversas variedades. No era conocida en América antes de la llegada de los españoles.

Se le cultiva sin esmero alguno. Logra su más grande desarrollo en los suelos ricos y húmedos. En las grandes plantaciones se le siembra en filas de ocho pies de separación. Se reproduce por vástagos, que maduran y producen fruta poco después del primer año. Pero como la raíz primaria da nuevos vástagos cada año, se deja suficiente espacio para su crecimiento. El tallo se pudre gradualmente después de haber madurado el fruto, cuando los nuevos vástagos empiezan a salir. Así el plátano se reproduce hasta el infinito; la flor y los racimos a medio madurar y los maduros, todo combinado con el rico verdor de las hojas forman un bonito contraste. No hay época especial para ellos; están en perpetua producción y cada semana del año sus racimos tentadores se inclinan hacia abajo al alcance de quien quiera recogerlos.

En otras épocas mucho misterio rodeaba al plátano y muchas personas inteligentes de Europa lo ignoraban totalmente. Hasta mediados del presente siglo, cuando los medios de comunicación pusieron hasta los países más remotos al alcance de todo el mundo, muy poco se sabía de esta como de muchas otras frutas tropicales, excepto a través de las narraciones de los antiguos viajeros.

En 1633 un racimo de plátanos fue enviado desde Bermuda al Sr. Argent, presidente del Colegio de Médicos de Londres. Lo colgó en su casa donde maduró a principios de mayo y duró hasta junio. La pulpa era muy suave y delicada y su sabor parecido al del melón. Gerarde y otros viejos autores creen que el plátano es el manzano de Adán, bajo la impresión de que era esta la fruta prohibida del Edén. Otros suponen fueron las uvas traídas de la tierra prometida a Moisés. Esta última idea es una espléndida representación de un gigante racimo de uvas que requiere dos hombres para ser llevado colgante en una vara. Dampier, el viejo explorador, lo llama "el rey de todas las frutas". Dice: "la fruta no es más dura que la mantequilla en el invierno y es del mismo color. Tiene un gusto delicado y se deshace en la boca como mermelada". Los plátanos y los bananos no han sido artículos de exportación y se les cultiva no más que para llenar las necesidades del país. Desde un cerro en las vecindades de Catacamas pueden verse cientos de pequeños platanares que requieren poco o ningún cuidado para su mantenimiento.

Mi corta permanencia en Catacamas no me permitió recoger sino pocos datos de valor, verbales o documentales. Con la excepción de los rostros broncíneos de sus habitantes indígenas, un poquito menos de comodidad y forma de vida, no hay sino una pequeña diferencia entre esta ciudad y Juticalpa. Salimos de regreso, como de costumbre, muy temprano de la mañana y arribamos al mediodía a El Real, yendo al trote por casi todo el camino.

A mitad de la ruta desmontamos para examinar la planta de la cual se beneficia la pita que sirve para manufactura de hamacas, tan comunes en todos los trópicos. La planta es probablemente el sosquil, del cual se hace el sisal. Es un cactus, no diferente del maguey o agave de México que produce el pulque de aquel país. No es la misma planta, sin embargo, pues no tiene las flores del "pulque" [1] y solo se parece en las grandes hojas que terminan en punta de lanza y están llenas con un jugo que fácilmente fluye. La pita crece silvestre en todas partes; de ella se hacen: el cordel del país, cordelería para barcos, mecates, hilo para zapateros, toda la jarcia, lazos y la universal hamaca. Las pencas se cortan cerca de la raíz, se las colora en una piedra plana y se machucan con un pedazo de madera que tiene la forma de rodillo de panadero. Extraída así la pulpa de las fibras, estas se secan en hilachos llamadas pita y queda ya lista para manufacturarse. El procedimiento de frotación no se continúa después de la salida del sol debido al efecto de este en la planta, cuyo polvillo actúa sobre la piel produciendo irritación.

Cuando entrábamos a El Real, un cazador con una mula cargada de pieles de venado se nos unió en un encuentro del camino que conducía a las montañas. Estas pieles valen de 10 a 12 ½ centavos cada una y es uno de los artículos de exportación de esta sección del país. En lugar de enviarlas por el Guayape, que es la ruta más directa hacia el mar, los llevan en mulas a Trujillo o, más a menudo, a Juticalpa, de donde se llevan en mulas a la costa, anualmente.

Al cruzar la pequeña plaza vi arios muchachos cargando una cantidad de gavillas de leña para encender una hoguera. Uno de ellos se paró a conversar con Víctor y, contestando a sus preguntas, le dijo que un Bolpochi o tamagás sería quemado durante la noche. El tamagás, pronto supe, es una de las víboras más venenosas del país y objeto de una venganza especial cada vez que se la captura viva. En

---

[1] Aquí parece haber una equivocación del autor; no hay flores de pulque. N. del E.

este rito reconocí una continuación de las costumbres idólatras atribuidas a estos indios por los historiadores españoles y cuya conversión al catolicismo no ha arraigado enteramente.

Cerca de las ocho de la noche vi que las gentes de los alrededores de la población se pusieron en movimiento hacia el lugar y uniéndome a ellos vi una procesión de diez o quince muchachos y una vieja cantando en una jerga aborigen, lo que, con los vestidos fantásticos que llevaban puestos para la ocasión y el baile de la vieja legañosa, me trajo a la mente una horrible escena de encantamiento, de trágica meditación. La palabra "bolpochi", otro nombre para el tamagás, se reconocía en el canto. La víbora, cuya mordida se cree es necesariamente mortal y más terrible que la del coral, se encuentra en esta sección del país. Quien ha sido "mordido de bolpochi" es colocado de espaldas instantáneamente y se le dan copiosos tragos de aguardiente o de otro estimulante a fin de que conserve la vida hasta tanto pueda llegar el sacerdote, quien deja cualquier otra ocupación, de día o de noche, para correr al lugar, pues el veneno, inexorablemente, da escaso tiempo a la víctima para poder confesarse.

Se me dijo que el cuerpo de la víctima de bolpochi se inflama rápidamente y le aparece una gran mancha que se le riega por las partes afectadas, que gradualmente se tornan rígidas. El paciente se vuelve insensible y expira en un espectáculo horrendo. No hay remedio, ni siquiera el cedrón o el guaco que se suponen infalibles contra el veneno de los reptiles ponzoñosos, que evite en estos casos una muerte segura.

Tales fueron los datos que me dio el señor Mencía quien, con los pies descalzos y su bastón de mando, condescendió a acompañarme a la plaza para observar el desarrollo de la ceremonia.

Fue encendida la fogata a que antes aludí, en la cual el bolpochi tenía que ser quemado vivo, y que merecía tal fin. En la procesión iban dos muchachos cargando una vara sobre los hombros, en mitad de la cual, atada firmemente de la cola y con la boca cosida para impedir que abriera sus terribles quijadas, colgaba la víbora. No tenía más de tres pies de largo, cerca de tres pulgadas de grueso en la parte más larga y era de un color negro con manchas amarillas. Con los gestos exaltados de la multitud, los relatos espeluznantes sobre los efectos venenosos del animal y las rabiosas ondulaciones y colazos del bolpochi mismo, estaba yo igual que los olanchanos: ¡lleno de miedo!

El padre Murillo se aproximó y después de pronunciar una imprecación contra su majestad la víbora, en el nombre de la Virgen y de todos los santos del cielo, el objeto de la cólera general fue lanzado a las llamas y si algún veneno todavía le quedaba, fue puesto a prueba de tal calor que solo una salamandra podría resistir.

Dos nativos habían capturado la víbora; uno de ellos le tiró su poncho mientras aquella se hallaba calentándose al sol y el otro la sujetó de la cabeza con un palo de horqueta hasta que se le cosió bien la boca. Ambos recibieron la bendición del cura y después de la ordalía de fuego se hizo una colecta para premiarles. Aseguré la amistad eterna del señor cura al echar yo un peso de plata en la bolsa. Sospeché, y con buena razón, que su reverencia retuvo, conforme convenio privado con los indios, buena parte de lo recolectado.

Uno de estos nativos se había hecho famoso por capturar y matar bolpochis, corales, tigres y otros bichos, y era para Olancho lo que San Patricio para Irlanda. El bolpochi es conocido en Yucatán donde mora en las ruinas aborígenes. El "barber's pole" que menciona Henderson entre las culebras venenosas de Belice es, probablemente, el coral con otro nombre.

Del coral dice Byam que, si un hombre sufre su mordida, cae inmediatamente, su sangre se coagula en una masa espesa y cuando muere se pudre en muy corto tiempo. El coral es de color rojo cobrizo, con anillos amarillos, blancos y negros alrededor del cuerpo. Es diferente a las otras víboras y, a menudo, alcanza tres pies de longitud. El tamagás es apenas menos terrible. Se le reconoce por su cabeza achatada y porque lleva una prominencia, no muy visible, debajo de su nuca. El saikán se supone es el coral con el nombre indígena; este, no obstante, es una víbora distinta y su mordida es a menudo fatal. La toboba es otra culebra venenosa, tenida por muchos como más peligrosa todavía que las antes mencionadas. Su picada es necesariamente mortal. Es común en Nicaragua y Honduras. Tengo entre mis notas cinco historias auténticas de muertes súbitas que ocurrieron por la mordedura de este animal. No es sino de dieciocho pulgadas de largo, pero muy gruesa para su longitud, de un color negro brillante, y muy traicionera. Tiene la cabeza grande y emite un sonido como el chirrido de un grillo; esta es la señal que hace huir a cualquiera. La toboba, se me dijo, es muy perezosa y casi torpe durante el día, y se le pinta como muy solapada, ya que solamente se arrastra entre la caída y la salida del sol y luego se posa en inactividad temporal. Un dedo mordido, en el campo o en la selva, es instantáneamente amputado por los compañeros de la víctima.

Con tan aterradora lista de culebras venenosas, para no mencionar la tamaulipas, la tarántula, el escorpión y el ciempiés, se inferiría que Olancho es el nido universal de reptiles venenosos; sin embargo, aunque todos estos animales existen, como en la mayoría de los países intertropicales, no se les encuentra en tal número como para constituir un serio peligroso. Existen la boa, y otras grandes pero inofensivas serpientes, pero para mi conocimiento solo pude ver una en la hacienda de Santa Úrsula, en Nicaragua.

El espacio que he dado a las serpientes venenosas merece terminar con la descripción del antídoto más conocido, con el cual me familiaricé, y que tiene la forma de un bejuco que se adhiere a los árboles con sus delicados zarcillos. Thompson (pág. 66) refiérese al maravilloso poder antitóxico de los polvos de guaco. Prueba ser, dice, una cura rápida para el veneno de víboras cuya mordedura asegura la muerte en veinte minutos. La víctima muerde un pequeño trozo de guaco, del cual la raíz o las ramas son igualmente eficaces y se aplica la saliva a la herida, y también traga la saliva que ha producido por la masticación de varias horas, cuando todos los efectos deletéreos desaparecen. Las aves que se sabe se alimentan de reptiles y culebras, y los animales que han sufrido su mordedura, se dice, para salvarse buscan el bejuco del guaco. El cedrón es descubrimiento más reciente. Es una nuez de corte parecido al del pino suave y, se dice, es igual al guaco. Las semillas de okro, o almizcle vegetal, hechas una pasta y aplicada como cataplasma o tragadas, y la planta conocida como "eryngo", se tienen también como eficaces antídotos para la mordedura de serpientes.

Me temo que los padres Buenaventura y Murillo no siempre fueron ejemplos brillantes para sus feligreses; a lo menos en la noche del bolpochi en El Real ambos dieron lugar a que surgiera tal sospecha. Un gran jarro de aguardiente fue llevado a la casa después de las ceremonias, supongo que comprado con el dinero de la colecta, y amanecía ya cuando los dos santos hombres se retiraron a descansar, lo que hicieron con aparente descuido enrollándose cada uno, en una postura nada clerical, en una esquina de la casa de adobe. Cerca del mediodía se despertaron y comieron en silencio una pirámide de tortillas que una indita sucia les llevó.

Después de este tardío desayuno, Víctor y el muchacho del cura ensillaron los animales y salimos hacia Punuare. Cuando dejábamos el poblado nos alcanzó un indio que, desde luego, en el nombre del Santísimo Sacramento del Altar nos pidió una limosna. El padre me detuvo la mano cuando iba a sacar una moneda y le dio al individuo un poco de menudo diciéndole: "Hijo, aquí van dos reales". El indio apretó el regalo en su puño y prosiguió su camino. Íbamos subiendo una empinada cuesta, cuando fuimos de nuevo saludados desde lejos con dos escandalosos gritos de nuestro amigo el indio. Casi sin respiración, se acercó al padre y le dijo: "Oh, señor padre, usted solo me dio un real". "Déjeme ver" replicó tranquilamente el padre contando el cambio y, como si nada, se lo echó en el bolsillo, diciéndole: "Hijo, a caballo regalado no hay que buscarle colmillo".

Llegamos a la hacienda después de una muda caminata porque el padre aparecía meditabundo, con un aire de decaimiento, después de la pasada noche de alegría. Al llegar desmontamos, tomamos una taza de café, nos fumamos un cigarro y nos echamos a dormir. Temprano del siguiente día despertó él, contento como una alondra y más hablador que nunca. Continuamos nuestra jornada hasta La Herradura, donde arribamos a la caída de la noche.

De nuevo fuimos recibidos por el señor Meza y la niña Benita, y después de una plática amena y una pipa, me retiré a dormir con la mira de madrugar hacia Telica. Cerca de la medianoche, un bullicio tremendo en el gallinero nos despertó y don Ignacio con sus dos indios salió presto con hachones encendidos a ver qué pasaba, y desde ahí comenzó vigorosa gritería, contestada a intervalos con los alaridos de la niña Benita que estaba sentada como un fantasma en su cama. La noche estaba fría y la demora en encontrar mi sarape y mi rifle apenas me dio lugar a ver de soslayo un animal de presa que iba despacio subiendo una colina con un gallo en la boca. Era un ocelote que se había abierto paso bajo la choza. Un disparo nada logró para detenerlo y pronto desapareció de visa. Mientras don Ignacio pasaba el resto de las gallinas al interior de la casa, me dijo que esta era la tercera visita de este animal y que al deslizarse por el boquete le había dado dos tremendos golpes en el lomo, por lo que su marcha era lenta al escapar.

En la mañana salimos para Telica, y al pasar por San Roque, paramos u poco para que descansaran nuestros caballos, y llegamos a la aldea a tiempo de acompañar al padre Fiallos en su comida. Un niño a la puerta tiraba flechas con una cerbatana, que averigüé era el instrumento común para matar pájaros que usan los indios, costumbre que viene de sus antepasados. La caña hueca es generalmente como de cuatro pies de longitud y se pule por dentro mediante un curioso proceso. Se la carga con una flecha envenenada, lo que asegura la muerte instantánea del pájaro que hiere.

En Telica había un pequeño campo cultivado de arroz, que en Olancho crece sin irrigación alguna. Apenas hay máquinas para su beneficio; y así, con todo y la forma empírica de su cultivo, es uno de los principales artículos alimenticios. Los granos son blancos y pequeños y, según creo, de la mejor calidad. Se cree que el arroz fue introducido por primera vez y cultivado en Olancho por el señor Garay en 1829. Una especie de la corteza del Perú (copalchí) es también abundante en todas partes, y en Juticalpa, donde se la conoce como "quina", se la mastica por sus supuestas virtudes como febrífugo. Es probablemente la misma droga que se exporta de otros países tropicales bajo el nombre de "Kino" y del cual se fabrica el sulfato de quinina.

El tabaco se cultiva tanto en Telica como en los principales fundados de Olancho. Se le siembra solo para el consumo local, estando confinado su uso al fumado de cigarrillos. Es indígena de Centroamérica y crece en algunos lugares casi rivalizando con la planta cultivada. El tabaco silvestre, que recogen los indios más allá de Catacamas, probablemente se usó por un periodo inmemorial antes del descubrimiento de América. Colón halló que su uso era común entre los indios de Cuba en 1492, y en 1565 Hernández de Toledo envió una planta de tabaco a España, como "una planta del Nuevo Mundo que posee extraordinarios virtudes". Las semillas se siembran, por lo general, bajo la sombra de un árbol y se las trasplanta cuando ya están un poco fuertes. El cultivo comienza en noviembre. El método del corte y de la cura de la hoja es una burda imitación del que se emplea en las Indias Occidentales.

El tabaco de Santa Rosa, en el departamento de Gracias, es el más apreciado en Centroamérica, excepto el del Sonsonate, El Salvador. Es fuente de ingresos para el Gobierno, que tiene el derecho de venderlo al mejor postor y, por supuesto, goza del monopolio de su comercio. Con un cultivo apropiado, el tabaco de Honduras podría alcanzar una reputación que nunca logrará bajo el presente orden de casas. De aquí que ha permanecido casi desconocido para el mundo, pero a últimas fechas los puros de Santa Rosa ya son célebres en toda la costa de Centroamérica. En la Ruta del Tránsito se impone a un alto precio, y un cargamento fue embarcado a San Francisco desde la bahía de Fonseca. Desde la invasión del departamento de Gracias por los guatemaltecos, el cultivo del tabaco, como el de otros productos, ha decaído grandemente.

Entramos en Juticalpa la tarde siguiente, algo cansados del trajín, pero encantados por las nuevas facetas de la vida centroamericana, costumbres y panoramas que se revelaron en nuestra inspección.

Y estuve otra semana en Juticalpa. Es innecesario dar detalles de la rutina de las pequeñas fiestas a que fui invitado cuando se supo mi determinación de partir, y de las visitas de cortesía que se me hicieron por tantos buenos amigos. Uno de estos me rogó que vinieran los americanos del norte a ocupar Olancho antes de que lo tomaran los ingleses; otro prometió revelar los placeres más ricos del departamento cuando yo regresara con una colonia; otro expresó sus deseos de que me quedara por unas pocas semanas más para examinar una veta de oro cerca de la aldea de Agalta a unas cuarenta millas al noroeste de Juticalpa, en donde el oro podía verse al romper los pedazos de cuarzo; y uno más a quien, por haberle prestado ayuda médica en las serranías de El Salto, una vieja mujer en compensación le había ofrecido indicarle un lugar en donde el oro podía "rasparse", lo averiguaría y me escribiría al norte sobre el particular. Innecesario es decir que jamás volví a saber del empresario o de su mina.

En la noche previa a mi partida, un gran baile y cena fueron dados en el hogar del señor Garay, en honor de mi visita. A las ocho de la noche no menos de cincuenta juticalpenses se habían reunido. La casa estaba alumbrada con candelas de sebo. Un conjunto de guitarras e instrumentos de viento ocupaba la esquina del salón; rompió el baile la niña Teresa (la heroína de la historia de amor a que antes me he referido) con un joven calavera de Juticalpa llamado Alejo Urmeneta. Siguieron canciones y solos de guitarra. Después de cada canto, la alegre esposa de don Santiago Zelaya venía hacia mí, se inclinaba y me decía:

"Ahora, ¿cómo le parece a Ud. la música?", a lo cual, desde luego, replicaba siempre con mi mayor encomio.

Una reunión con gentes de corazón sano y de sencillos deseos fácilmente anima a reír, y así lo hacía el oír las cómicas canciones de

Urmeneta. Un vivo aprecio por lo humorístico y el amor a la alegría es ciertamente un distintivo de los olanchanos.

Después del baile se quedaron varios amigos y, seriamente, se pusieron a discutir las perspectivas de Olancho; y al partir recibí la especial comisión de traer, a mi regreso del norte, varias figuras esculpidas y cuadros para la iglesia, un reloj para el templo, una bomba, varios relojes de plata, un paquete de píldoras y otras medicinas, semillas, fuegos artificiales para la próxima función, varias casacas azules, armas de fuego, cuchillería, unos diez candelabros para colocar velas en la iglesia, y una infinidad de abanicos, cintas, moldes, y miriñaques para las damas, con todo lo cual, se me aseguró, haría un gran negocio conviniendo que desde ahora comenzarían a comprar cueros, zarzaparrilla, cuernos, sebo, vainilla, oro en polvo y productos valiosos de toda clase.

"Esperaremos", dijeron todos, "la llegada del buque de vapor que venga por el Guayape, don Guillermo, y cuando usted llegue demostraremos a todos sus amigos como se les recibe en Olancho".

A la mañana siguiente cabalgué por las calles y después de cambiar calurosamente el "¡Adiós!" con todos, nuestra comitiva salió hacia Lepaguare. Roberto estaba loco de contento de volver a su querida Tegucigalpa, y cuando a la vuelta de Zacate Verde se perdió de vista la ciudad, dirigió apóstrofes a las bellezas de su ciudad nativa con un canto bien conocido, del cual son estas dos estrofas:

"Si me muero, que me entierren
Junto al sol del mediodía,
Donde nacen las morenas
De la hermosa Andalucía
Si me pierdo que me busquen
Junto al sol del mediodía,
Donde nacen las morenas
De la hermosa Andalucía".

La letra cantada con el lloriqueo nasal tan peculiar en los cantantes hispanos, era coreada por Víctor, cuya alegría por el regreso era exactamente igual a la de Roberto. Antes de recuperarse de su entusiasmo musical, varias veces cantaron una canción muy conocida y casi nacional llamada "Mañanita, Mañanita".

En Lepaguare, el general esperaba nuestro regreso. Aquí permanecimos por unas semanas. La señora estaba mejorando poco a poco y, para mi satisfacción, atribuyó su convalecencia a los remedios que le había dejado en mi última visita. Yo tenía mi criterio sobre este asunto, pero por razones obvias no lo manifesté. Otra vez, acompañado por el general o sus hermanos, anduve visitando todas las propiedades de los Zelaya y todos los placeres de oro más conocidos, y tomando notas al finalizar cada viaje. Me falta espacio para describir cada lugar, con oro, que visitamos. Exploramos Almacigueras, San Nicolás, Barros y otros, todos famosos lugares en Olancho. Dar relatos de estos lugares sería repetir lo que ya he escrito sobre otros. Lo más interesante de estas excursiones fue la visita que hicimos a El Espumoso, un rápido y remolino de El Guayape, que está a medio camino entre El Murciélago y la aldea Alemán. En os viejos tiempos se vieron las excavaciones más ricas de todo Olancho. Todavía existen señas de viejos trabajos y aún se puede extraer oro fino de la tierra y de la arena en cada pie cuadrado. Sin maquinaria, o con los métodos que ahora se emplean en California y Australia, este oro no puede recogerse con ganancia, al menos que, como supongo, existan vastos depósitos debajo de donde se han hecho varios intentos últimamente. Los viejos han sido agotados con estas excavaciones.

El señor Cacho, ministro de Hacienda de Honduras, organizó una vez una compañía para que trabajara en El Espumoso, que suponía ser el depósito más rico del mundo. Se cree que el oro arrastrado desde arriba en finas partículas se ha depositado debajo de la caída de agua por el hecho de que, aunque se han encontrado considerables cantidades en las márgenes de arriba, nada se ha obtenido más abajo. La empresa del señor Cacho, lo mismo que las de otros cuya atención se ha enfocado hacia este lugar, se han disuelto, como siempre, debido a las revoluciones. En 1849 se le otorgó una concesión al Sr. A. J. Marié, cuyo plazo para comenzar había expirado mientras intentaba organizar una compañía en los Estados Unidos; el general juró que no habría inconveniente en lo futuro. No obstante, posteriormente encontró razones para cambiar su opinión.

Las vías de acceso a El Espumoso desde Alemán o desde la barra de El Murciélago, arriba, sin pintorescas y variadas. La soledad es completa. No hay señales de actividad humana o de habitaciones, ni siquiera el humo de algún campamento que indique la presencia de un ser humano. Marchamos sobre cerros que me recordaron las sierras de Massachusetts, pobladas con una gran variedad de árboles y de arbustos, separados por faldas y llanos engramados. Un escollo bajo, coronado de cedros, caobas, hule y robles impide el curso del Guayape, que corre aquí entre muros de roca, doscientos pies arrojándose dentro de una profunda hoya, que pareciera excavada por el mismo torrente, a semejanza del Merrimac, en las vecindades de Franconia.

Nos paramos cerca de la orilla a contemplar en silencio la caída de las aguas espumosas. Para un californiano no era difícil imaginarse una compañía de hombres barbados y fuertes construyendo, como lo están haciendo ahora, un canal para desviar las aguas del Guayape muy arriba de El Espumoso y dejar en seco y accesible el tesoro de abajo. "Estancar el río" se llama en California el procedimiento que a menudo se aplica el río y todo lo que con él se relaciona después de una temporada infructuosa, pero que, si la tradición dice verdad, no sería el caso de aplicar a El Espumoso. Las dificultades de desviar el río o de conducir las aguas por canales de descarga arriba de la caída, son muy grandes y probablemente jamás se intentarán. Las riquezas de El Espumoso, pueden ser materia solo de conjeturas, y se podría hacer la prueba con buceadores experimentados y de manera más económica que por una desviación.

Después de varios días por la acostumbrada demora española, una mañana, después del desayuno nos sentamos alrededor de la gran mesa de cedro de la sala, y comenzamos a estructurar nuestro tan discutido contrato. En la cabecera de la mesa se sentó don Francisco, bien rasurado, con sus grises y buclosos cabellos peinados para la ocasión. También se puso su mejor traje. Sus hermanos José Manuel, Santiago y José María ocuparon dos lados de la mesa, L. y yo el otro lado. Era evidente que los términos del contrato habían sido pacientemente discutidos durante mi ausencia en Catacamas, porque no era una consideración trivial sino grave la de disponer de las propiedades de los Zelaya, que venían desde tiempos inmemoriales. Las cosas marcharon lentamente.

Mostrar el más pequeño apresuramiento sobre algún punto importante era provocar la sospecha y de ahí resultaba una demora adicional. Se pesaba el valor de cada palabra. Entre las cualidades que deben tenerse para entrar en un arreglo con los hispanoamericanos, está antes que todo, la paciencia. Luego no mostrar ansiedad o apresuramiento; dejar el asunto, reclinarse en el asiento, encender el cigarro y platicar sobre temas generales; tomar un traguito de cuando en cuando, contar una anécdota que ilustre el rápido ritmo de la vida y del comercio en el norte, y entonces los asuntos marcharán bien; pero nunca trate de apresurar a un centroamericano.

Allá por las dos de la tarde, después de frecuentes intervalos, habíamos discutido tres artículos, que habían sido releídos y rescritos, al punto que con las alteraciones en español e inglés las letras bailaban frente a nuestros ojos. Aquella noche me acosté pensando en el progreso que habíamos hecho durante el día, y en las revisiones que haría a la mañana siguiente. Recordé varias botellas de coñac enviadas desde Belice, que había el señor Ocampo colocado en las alforjas la mañana en que salí de Juticalpa.

La mañana siguiente, muy temprano, saque una de las botellas y, descorchándola, invité al general a que probara su contenido. Siendo de aguardiente del país sus tragos diarios, pronto descubrió la superior calidad del coñac. Antes del almuerzo por tres veces más había vuelto a presentar sus respetos a la botella obscura.

Apenas habíamos recomenzado la revisión del contrato cuando a la mitad del cuarto artículo, el general se paró y, dirigiéndose a mí con una sonrisa dulce, me dijo: "¡Vamos a besar la viuda!". El resto del grupo deseaba saber a que viuda se refería el general, en eso la viuda fue introducida y colocada en el centro de la mesa. No pasó mucho tiempo sin que todos los presentes le rindieran sus respetos a la viuda, que quedó exhausta de tanto otorgar sus favores.

De aquí en adelante, la viuda fue el árbitro en todos los puntos de discusión, y fue tal su calmante influencia que en tres días el contrato había sido escrito, copiado y remitido a Juticalpa para su registro. L. salió para Tegucigalpa con Víctor porque los rumores de revolución le pusieron nervioso. No obstante, la famosa viuda no limitó su influencia a la terminación del contrato, sino que la extendió a poner de buen humor a todos los hermanos hasta que el regalo de don Apolonio se agotó por completo.

Durante estas pocas semanas en Lepaguare, que fueron en los meses de diciembre y enero (meses que se suponen que quedan en medio de la época seca en Centroamérica) tuvimos aguaceros frecuentes, noche y día, con truenos y relámpagos. Los vaqueros llegaban temblando alrededor de las fogatas hechas en el patio, quejándose de lo cortante del frío. Con los vientos del norte, era indispensable el fuego para la comodidad. Se me aseguró que hacía poco en las montañas habían caído piedras de granizo, y que era raro que pasara un año sin que cayeran granizos en las altas serranías.

El general hacía compras anuales, en Trujillo y Omoa, de paños y driles, los cuales traía en sus trenes de mulas desde la costa y con los que suplía a todas las haciendas de los alrededores. Los días domingos el patio se llenaba de gente de todos rumbos que, por turno, entraban a la casa y cuidadosamente examinaban las mercaderías. De estos visitantes obtuve numerosas noticias sobre las minas de oro y muchos de ellos hablaban de su propia experiencia, por lo que parecían merecer crédito.

Cerro Gordo está en el valle de Lepaguare frente a la hacienda y aquí una mujer, que fue lavadora, me señaló desde donde estábamos un cerro de roca de cuarzo que, dijo, contenía oro. En la quebrada que pasa por su base, grandes cantidades de oro, agregó, han sido lavadas. Otra sabía de veinte lugares en donde ha sido encontrado oro seco. El mayordomo de Ulúa, que fue un buscador de oro en sus tiempos, me aseguró que los depósitos de oro en el Guayape eran nada en comparación con los de Mangulile y Mirajoco, en las cabeceras del río Aguán o Romano. Allá, me dijo, se han hallado cerca de la superficie de pedazos de oro que pesan más de una libra. Estas minas, dijo, pueden ser alcanzadas por la vía del río Aguán. A lo largo de las lomas se han hallado masas de barro con pedazos de oro que pesan de dos a tres libras y en la misma masa más de media de puro oro". Los descubrimientos recientes en la costa norte de Honduras, en el río Papaloteca, corroboran parcialmente las historias sobre el oro en aquella región.

El señor Bustillo, de Juticalpa, había recibido del presidente Cabañas el nombramiento de superintendente de las tribus indias de Olancho, siendo el objeto de esa oficina el de protegerlos, tanto como fuera posible, en sus relaciones con las otras razas. Este caballero, para quien tenía una carta de presentación de Cabañas, en una larga conversación que con él tuve sobre el tema del oro me aseguró que tenía averiguado muchos hechos espeluznantes en relación con la producción rendida por las minas de oro. Libras de oro puro se traían en los viejos tiempos y se vendían por los indios de Olancho Viejo y especialmente de la población de Culmí, hacia el norte. Los curas en aquellos días sabían de los escondites de oro. Todavía, me dijo, tienen minas de oro escondidas que ningún ruego los hará descubrir. Hay una mina de oro cerca de Juticalpa, continuó mi informante, con su nombre aborigen de Jotejiagua, en la montaña de Zapote Verde. Esta mina, como los datos más veraces lo aseguran, fue antes inmensamente productiva. Ha sido objeto de búsqueda por muchos años y se han encontrado evidencias de viejos trabajos e implementos, pero no la mina.

No omitiré dar cuenta aquí de lo que me dijo mi viejo amigo el señor Garay, en Juticalpa, sobre los depósitos auríferos de su hacienda El Panal, al norte de Lepaguare y cerca de la frontera con Yoro. En 1836, estaba mi informante ocupado en herrar ganado en su hacienda y allí se encontró con el señor Leveri, un médico español que, habiendo fracasado en unas empresas de explotación de minas de plata en México, había venido a Honduras a resarcirse de sus pérdidas. El doctor estaba ocupado en trabajar una mina de oro no lejos de la hacienda. Por mina de oro se quería decir que en uno de los arroyos de aquella vecindad se había descubierto un depósito del metal precioso y él tenía unas pocas máquinas rudimentarias trabajando para separar el oro de la tierra y la arena.

El señor Garay visitó los trabajos y al hallar que el empresario era un hombre sincero, le ofreció los fondos necesarios por adelantado, y también ubicarlo donde, si él tenía más interés por el trabajo en las minas que por el de la ganadería, podría hacerse rico en una temporada. Lo llevó a la Quebrada de El Panal y un día de lavado con bateas produjo dos onzas de oro. Después el doctor pasó toda su maquinaria a este lugar y aprovechó los servicios de otro español llamado Butanzos, que era su capataz. Pasados muchos días se logró completar las instalaciones y el resultado de pocas horas de molienda, filtrado o lo que hacía la máquina, fueron dos onzas de oro fino.

Pero este éxito tan halagüeño estaba destinado a terminar porque la maquinaria se había colocado en un lecho de arenas movedizas y a la semana se habían hundido. Las operaciones gradualmente cesaron y el doctor Lavari se fue al río Mangulile en donde, después de trabajar por dos años, regresó a España llevando consigo muchas libras de oro. Pero en la semana antes mencionada se había sacado cerca de una libra de oro fino de la maquinaria, oro que el narrador afirma ayudó a pesar. Los restos de la maquinaria todavía pueden verse en El Panal, en donde como lo asevera el viejo don Francisco hay una fortuna en oro y a quien vaya allá y reanude los trabajos le ofrece adelantarle el capital necesario.

El Retiro, ya descrito como situado en el Guayape, se dice había sido antiguamente trabajado por un hondureño nativo llamado Pedro Herrera. Para impedir que los trabajadores le defraudaran, además de pagar sus salarios les permitió el uso de sus instrumentos y el privilegio de trabajar por sí mismos dos días por semana. Los cuatro días restantes se los reservaba para él para sí mismo, y se asegura que él había recibido de dieciséis a veinte onzas de oro cada sábado por la noche. Pero, agregó mi informante, por su lavado negligente, ellos siempre perdían cantidades en la arena.

Otro lugar del Guayape, llamado Alajagua, fue una vez propiedad de una anciana viuda, quien empleaba muchos trabajadores en el lavado de oro. Se dice que se sacó de este lugar una libra de oro por hombre por muchos días sucesivos; pero un día, siguiendo el filón de debajo de un risco de rocas y tierra, este se hundió pereciendo cinco hombres. Vino el cura y después de la exhumación de los cadáveres maldijo el lugar, que se distingue por dos rocas picudas, y desde entonces nadie se atrevió a trabajar allí.

Se informa que hay muchas y muy ricas minas en las márgenes del río España, que vacía sus aguas en el Guayape. Estos lugares fueron trabajados antiguamente por los españoles, de lo cual deriva su nombre el río. El oro está muy profundo, razón por la que no se trabaja ese sitio excepto en las antiguas excavaciones.

Todo un volumen de narraciones similares podría escribirse para ilustrar la antigua y la presente riqueza mineral de Olancho. Las aquí apuntadas son exageradas y las he repetido al pie de la letra para que el lector pueda formar su propia opinión sobre su veracidad. Las mejores vetas de Olancho se agotaron hace siglos, pero no puede dudarse de que existen depósitos que explotados convenientemente darían gran lucro.

Pocos días después de mi arribo a Lepaguare, con don Toribio fuimos a un lugar que queda cerca de la junta de los ríos Almendares y Guayape, donde tenía lugar una pesca con chilpate. Al llegar al río hallamos un pequeño grupo de nativos reunidos en las márgenes del pequeño arroyo, ocupados en extender juncos y una red de ramas en una serie de caídas y rápidos arriba de los cuales se sabía que existía gran cantidad de peces, especialmente cuyamel, que pesan hasta quince libras cuando están completamente desarrollados.

Terminados los preparativos, unas pocas mujeres entraron en el río como a cincuenta yardas arriba de los rápidos, llevando consigo una batea corriente conteniendo una infusión de un bejuco machacado hasta hacerlo pulpa y conocido como "chilpate", (posiblemente el Sapindus saponaria), y el cual puede recogerse en la cantidad que se quiera en los llanos y a lo largo de las márgenes de los arroyos. Este bejuco tiene la singular cualidad de atolondrar los peces cuando se le mezcla machacado con las aguas corriente de un río, haciendo que aquellos floten impotentes en la superficie. Cuando son llevados hacia debajo de la corriente se les recoge con la mano de las redes colocadas abajo. A la señal dada, este nuevo aparato de pesca fue dirigido contra los habitantes del Almendares.

Así que la infusión extendía su efecto en la corriente, mi compañero me gritó que observara los resultados. Todas las miradas se concentraron en el agua. A los pocos minutos hubo una conmoción bajo la superficie con frecuentes colazos de los peces intoxicados bajo la influencia de la droga.

Los nativos ahora corrían a las caídas para coger las víctimas que venían flotando hacia abajo, algunos sacudiendo las aletas o las colas por sobre del agua, otros de medio lado, otros boca arriba y otros como si estuvieran borrachos, luchando contra los efectos del enervante y aparentemente determinados a permanecer firmes hasta el último aliento. Había pescados de todos tamaños, desde el cuyamel hasta olominas. Fue las más risible y al mismo tiempo la más extraña escena que yo había presenciado en Olancho, y me pareció una corrupción imperdonable en los pobres peces, que normalmente son abstemios.

Debajo de los rápidos las maniobras no eran menos curiosas. Con la rápida acumulación de peces, todos nos metimos al agua a tirarlos fuera, a las orillas. Hubo como cinco docenas en total, entre las cuales, además de los ya mencionados, había guapotes, machacas y unos pescados bonitos como la trucha moteada. A los más pequeños de los prisioneros se les tiraba de nuevo a las aguas y después de flotar un poco gradualmente volvían en sí y empezaban a nadar de nuevo.

El deportista genuino llamaría a esto un crimen y los discípulos de Sir Isaac harían un gesto de desprecio a tal profanación de los regalos de la naturaleza; pero es que ellos no han vivido por unos pocos meses en Honduras porque si tal hicieran sus escrúpulos se echarían a un lado frente al apetito que se adquiere en Olancho. Al menos yo me consolé de esta manera, paladeando a la mañana siguiente una gloriosa fritanga de nuestras víctimas.

Estaba felicitándome de haber suscrito al fin mi contrato con los Zelaya cuando un correo llegó de Juticalpa con la noticia de que los hermanos que estaban allá no quisieron firmar bajo condición alguna. Los guatemaltecos habían invadido Gracias con Guardiola, enemigo jurado de todos los americanos. Temían su venganza y como consecuencia una guerra entre Olancho y el resto de Honduras. La famosa expedición Kinney, con sus pretensiones sobre la costa de La Mosquitia (que posiblemente podría extenderse a Olancho mismo) había llegado ya a San Juan del Sur. La noticia acababa de recibirse de Trujillo y había un cese en las negociaciones. En Lepaguare los hermanos rehusaron firmar el contrato, a menos que todos lo hicieran y ahora veía todo mi castillo de sueños derrumbarse por los sueños, sin gloria.

No gasté mucho tiempo para convencer al general que fuéramos a Juticalpa, a donde llegamos ya de noche, siendo recibidos con la cordialidad de siempre. Otra semana más hube de pasar aquí alegando, persuadiendo y arreglando, por último logré que los hermanos disidentes convinieran en dar su asentimiento al contrato. Este fue firmado, sellado y autenticado por las autoridades respectivas.

En la última noche mi viejo amigo, el señor Francisco Ayala, jefe político, me permitió examinar los registros del departamento de Olancho. No llegan hasta los primeros establecimientos de los españoles. En Manto, la antigua capital después de la destrucción de Olancho Viejo, están depositados los registros anteriores a 1671, que fue probablemente el año en que el asiento del gobierno departamental fue trasladado a Juticalpa.

El papel era áspero, pero fuerte, mostrando el sello del Gobierno. Los documentos estaban escritos en español antiguo y abreviado y casi borrados por el tiempo y las incursiones de los insectos. Varios de ellos eran ininteligibles. Los títulos de la corona española, cediendo las tierras actuales de los Zelaya al señor Jerónimo Zelaya en 1540, se dice, se hallan bien preservados en Manto. Este caballero, como don Santiago, su descendiente afirma, vino con don Pedro de Alvarado y fue el primer colonizador que hubo en el valle del Guayape. Como la historia de los primeros colonos en Centroamérica está detalladamente descrita por los historiadores españoles, el hecho, si es verdadero, bien puede ser verificado. Don Santiago me dio un detallado recuento de la expedición de su valeroso ancestro en

Olancho, los ataques y el robo de ganado por los salvajes, el descubrimiento del oro y la rápida población de estos valles ubérrimos por los extasiados españoles, que por lo menos hicieron de Olancho lo que es ahora, el sector ganadero más grande de Centroamérica.

Otro adiós caluroso y salí definitivamente de Juticalpa y de Lepaguare dos días después; toda la familia me encaminó a través de las llanuras hasta el cerro Gordo, donde desmontamos y, a mi vez, les di un abrazo a la manera acostumbrada en el país. El grupo, exceptuando a don Toribio, regresó entonces agitando sus pañuelos hasta que un monte cercano los ocultó de mi vista. Mi compañero me dio un encargo particular para Tegucigalpa y luego, estrechando mi mano por la última vez, volvió su caballo hacia la hacienda y lo espoleó rumbo a su hogar.

Confieso que un sentimiento de profunda nostalgia me invadió, así que desde el cerro contemple por vez postrera el valle encantador extendiéndose a lo lejos como un mar y resplandeciendo con su belleza en la fresca mañana. Los rayos oblicuos del sol se mezclaban con el rocío de las nieblas de los llanos. Allá lejos apareció una porción del aún más bello valle de Galeras, lleno de ganado y verde como la esmeralda. Vi a don Toribio siguiendo su camino hacia la hacienda y las mandas de ganado y de caballos corriendo mientras los osados vaqueros las encaminaban. Era un panorama peculiar de Olancho. Me paré precisamente en el propio lugar desde donde, hacía algunos meses después de un viaje cansado a lomo de mula entre montañas, tuve de pronto el primer vistazo de este paisaje florido y de montañas azules y purpúreas. La misma ruta tenía de nuevo que recorrer, pero la perspectiva del viaje solitario estaba ahora desnuda del encanto y de la novedad, y en mi fantasía vi más allá de las playas de Centroamérica, donde la agitación y la vida civilizada invitaban con un encanto más poderosos que los climas suaves y el escenario fantástico de los trópicos. El americano, para apreciar de lleno su tierra natal, debe primero aprender, por amargas privaciones y contraste, sus bendiciones incomparables. Regresé con tales reflexiones hacia la empinada cuesta, para subir la cual Roberto había acicateado ya las mulas; yo, mientras, daba vueltas en la senda y contemplaba Olancho por última vez.

CAPÍTULO VI: EL GRAN NEGOCIO DE LAS MINAS

Guaimaca. – La niña Albina. – Talanga. – Una noche en la casa de don Gregorio Moncada. – Cofradía. – Doña Tomasa. – Tegucigalpa. – Hospitalaria recepción. – Los minerales de Tegucigalpa. – Un viaje a Santa Lucía. – Mina Grande. – Un molino de plata. – El camino. – Descenso a la mina de San Martín. – Método para extraer brozas. – Mina de Gatal. – Falta de conocimiento y de maquinaria. – Antigua productividad. – Rendimiento actual. – Especulaciones sobre el origen de la plata. – Un taladro. – Campana. – Mineros ambulantes. – Ascenso al monte de Santa Lucía. – Villanueva. – Mina de la Peña. – Mina de El Zopilote. – Primitivo procedimiento de fundición. – El cerro de cobre del Chimbo. – El capitán Moore. – Leyendas sobre minas. – Mina de Guayabillas. – Historia de su descubrimiento. – La familia Argeñal. – Empresa inglesa. – "La fatalidad del país". – Últimos días de la mina de Guayabillas. – Salida para los Estados Unidos. – Otra vez Amapala. – La guerra. – El "Contrato de Walker". – La bahía de Fonseca a la luz de la luna. – En el mar sobre una lancha. – El Realejo. – San Juan del Sur. – Un vapor norteamericano. – ¡De nuevo en la patria!

La ruta a través de las montañas de Campamento ha sido descrita antes. Habiendo pasado la noche allí, emprendimos nuestro viaje muy temprano de la mañana y al atardecer renovamos nuestra amistad con la señora Hipólita y su bonita hija, en Guaimaca. Esta última desapareció por unos pocos minutos después de mi arribo para regresar pronto con el obsequio que le hiciera en mi viaje de ida, convertido en un vestido que le sentaba muy bien. Como siempre había poco que comer en Guaimaca, mas, el proverbio bíblico quedó demostrado una vez más ya que la niña Albina regresó después de hacer una expedición exploratoria por la aldea, con una gallina viva, algunos frijolitos y huevos. Después de la cena la joven tuvo la fineza de picar un excelente tabaco para mi pipa y por la mañana estaba preparando un sólido desayuno para antes de que emprendiéramos la jornada.

De Guaimaca a Talanga hay un día de camino. Llegamos a esta última aldea a la caída del sol y nos fuimos directamente a la casa de nuestro anterior anfitrión, don Gregorio. Lo hallamos en medio de sus gallos de pelea, ocho en total, cada uno amarrado de la pata a un trozo de madera cuadrado, y varios de ellos cantando retadores a pesar de lo avanzado de la tarde.

Se excusó de que su señora no venía a darnos la bienvenida porque, insinuó con aire de importancia, pronto le daría a la familia Moncada un nuevo retoño. Cuando vino la noche las campanas de la iglesia tocaron a oración. Las mujeres de la casa –había cinco– se hincaron a rezar con tal devoción que imaginé que el importante evento estaba ya muy próximo.

A las ocho de la noche se apagó la vela y la familia se retiró a dormir, menos yo que me acosté sobre un banco, del que tomé posesión a falta de un cuarto donde colgar mi hamaca. Dormir era imposible. Varios "chanchos", víctimas del frío, se habían arrimado cerca de la puerta, y sus continuas reyertas por un espacio donde echarse o por alcanzar el puesto interior, acompañadas de un quejumbroso chillido, persistieron hasta después de la medianoche, hora en que tuve que levantarme, abrir la puerta y darles de golpes con un garrote, haciéndolos ir a gruñir a la plaza. La noche estaba helada y nebulosa y la aldea quieta como una tumba. Habiendo cerrado la puerta, probé dormir otra vez, pero ahí no más, los cerdos en mayor número regresaron al mismo punto. Una cabra que estaba encerrada en la cocina comenzó a balar desesperadamente a intervalos regulares por el resto de la noche, mientras las llamadas frecuentes de la progenie de don Gregorio, de vez en cuando, daban pábulo a interesantes debates de familia, ocurriendo todo en la más negra obscuridad.

En la madrugada, la fatiga de la jornada del día anterior por cerros escabrosos, se impuso sobre todas las demás sensaciones y, a pesar del asalto de las pulgas, que hervían en la choza, había caído ya en un adormecimiento, cuando los gallos amarrados dentro de la casa para su seguridad, comenzaron sus cantos matinales hasta clarear el día; y entonces febril, agotado y medio loco, salí a la calle y ordené a Roberto que buscara los animales para salir inmediatamente de Talanga.

A pesar de las pulgas y del ruido infernal, don Gregorio dormitaba tranquilamente en su esquina y refunfuñó somnoliento cuando las mujeres invadieron la casa para sacarlo a la calle con todo y sus gallos. Roberto tardó dos horas en buscar las mulas; y cuando yo había renunciado a esperarlo y resuelto a comprar una para proseguir solo, apareció de repente con ellas desde un punto insospechado. En otra media hora más ensillamos, cargamos y, desde mi bestia, dije adiós a San Diego.

Desde entonces he pensado que mi apresuramiento para salir que el haber omitido los corrientes cumplidos al despedirme, dejaron en el ánimo de don Gregorio la duda sobre si yo era agradecido y bien nacido. Sea lo que fuere, creí que otra hora más en Talanga (cuyos horrores apenas he descrito) me haría de seguro un candidato para el asilo. ¡Qué las nuevas responsabilidades de don Gregorio Moncada perduren, son mis deseos para su orgullo y honor! Aunque lo dudo mucho, si como padre se limita a su ocupación de fumar cigarrillos de papel y jugar gallos.

Impaciente por terminar mi viaje, máxime por sufrir un intenso dolor en un pie que me herí y sin poder usar bota, dejé atrás a Roberto y seguí solo mi camino. El sol deslumbraba tanto al reflejarse en las montañas de caliza que tuve que proteger mis ojos con un pañuelo.

Al anochecer, las chozas de Cofradía aparecieron inesperadamente y era tal el dolor que me obligó a desmontar en la primera cabaña. La buena suerte hizo que me dirigiera a la casa de la principal persona del poblado, una señora ya de edad, sorda, que hacía poco había llegado de Tegucigalpa. Al solicitarle hospedaje me contestó moviendo la cabeza y diciéndome: ¡Sor sorda, señor! Al mismo tiempo se ponía una mano en la oreja. Levanté mi voz, pero sin resultado, hasta que llegó una muchacha morena a la puerta y con sus señas le tradujo mis deseos.

Después de varias preguntas sobre el lugar adonde yo iba y de sentirse satisfecha de que yo no tuviera nexo alguno con la revolución, me otorgó el permiso, aunque la vieja abrigaba sospechas por mi traje y por mi aspecto extranjero, y más que todo, porque no andaba con criado, sin el cual ningún caballero viaja en Honduras. Pero sus temores pronto se desvanecieron con mis explicaciones, y al ofrecerle varias monedas de cobre me preparó una comida con carne salada y tortillas.

Al saber que yo era americano, la señora empezó a ponerme sitio a fin de que le diera remedios para su sordera, y no deseando defraudarla y, al mismo tiempo sabiendo lo innocuo de mis recetas, le recomendé baños diarios de agua caliente (que mucho lo necesitaba) y abluciones de aguardiente con sal aplicadas a los pies. Estoy seguro de que, si ella hubiera recobrado su oído, lo hubiera atribuido a mi receta, y si no, ¡a que hasta los más célebres doctores no siempre son infalibles! Pero doña Tomasa –que así se llamaba– ya no necesitaba de remedios. El tiempo, ese infalible destructor de todas nuestras facultades, la habrá alcanzado inexorablemente.

En la madrugada un viento del norte soplaba acompañado de lluvia. Roberto aún no había llegado. En Río Abajo, sin embargo, me alcanzó y me dio la terrible noticia de que se extravió del camino y cayó en un barranco en la tremenda oscuridad de la noche. El caballo estaba tan malherido que hubo necesidad de matarlo, y las abundantes manchas de sangre en el cuerpo de Roberto demostraban que había escapado por milagro. Los demás animales fueron sueltos para que pacieran libremente y, entonces montando en nuevas mulas, salimos hacia Tegucigalpa, en donde mi viejo amigo el señor Lozano, me dio la bienvenida con su acostumbrada cordialidad.

En relato de mis impresiones sobre Olancho ocupó toda la tarde. El viejo señor examinó mi contrato, y con verdadero entusiasmo hispano, ya veía él la restauración de los buenos tiempos de la colonia, tal como él alcanzó a verlos cuando era niño. Empleó todo el siguiente día en circular la noticia sobre el brillante futuro de Olancho bajo los auspicios de los americanos del norte, y antes de una semana se formaron dos grupos en Tegucigalpa, uno opuesto a la entrada de los americanos en Olancho y otro, con expresiones entusiastas, en favor de la "regeneración futura del país".

La invasión de los guatemaltecos había hecho que el Gobierno se trasladara al Departamento de Gracias, donde el presidente Cabañas estaba preparándose para atacar al enemigo. La firma del secretario de Relaciones Exteriores, que era necesaria para la validez de mi contrato con las autoridades de Olancho, fue solicitada, enviándose el documento a los Llanos de Santa Rosa, en donde, habiendo sido puesto a la consideración del Ejecutivo por varias semanas, al fin se le pusieron las firmas con el sello oficial.

Durante este lapso hice varias excursiones a los lugares vecinos, tanto como mi derrengadura lo permitía, a fin de continuar el examen de las minas de plata del Departamento. En un capítulo separado doy todos los datos a este respecto tal como pude recogerlos, los cuales, aunque incompletos y presentando solo una consideración superficial de su valor, pueden servir para demostrar la inmensa riqueza que se oculta en las montañas de Honduras y que está en espera de una empresa de trabajo y de inteligencia que la explote.

Los modernos descubrimientos de oro han ampliado la esfera de nuestro comercio y, como objeto de una industria productiva, ha dado nacimiento a dos nuevos centros comerciales, que se dividirán entre ellos la riqueza del Pacífico. Estos acontecimientos son más importantes que las revoluciones.

Pero si el oro ha establecido de por sí una nueva dignidad y poder como causa instigadora del progreso, no menos lo puede la plata, cuando su producción, como metal hermano, caiga una vez para siempre en manos de la industria anglosajona y bajo la férula de su inteligencia profética.

La región de Honduras, al oeste del departamento de Olancho, está cruzada por vetas de plata que, en las dos últimas centurias, han vertido millones sobre Europa y hasta han competido con el Perú y México. Su posición aislada, apartada de las rutas del comercio, hasta hace poco ha impedido que reciba la atención de los capitalistas para que se dé un impulso poderoso a sus minas, como a las de otras repúblicas hispanoamericanas. En los departamentos de Gracias, Comayagua, Choluteca y Tegucigalpa existen cientos de vetas de plata que, trabajadas económicamente y con aparatos científicos, seguramente enriquecerían a quienes llevaran a cabo esa empresa. Mis propias observaciones se limitaron a las minas del último de los departamentos nombrados, en donde se me dieron todas las facilidades para su inspección.

Tegucigalpa cuenta dentro de sus límites con diez minerales, o distritos mineros, teniendo cada uno su grupo de minas importantes, muchas de ellas abiertas hace largo tiempo y muchas en magníficas condiciones de trabajo. En compañía del señor José Ferrari visité el mineral de Santa Lucía, cerca de Tegucigalpa. Después de unas horas a caballo alcanzamos la cima de la serranía montañosa de Santa Lucía, aunque a nuestra derecha se alzaba un pico verde, cerca de mil pies más arriba de nosotros. Desde nuestro puesto tuvimos una espléndida vista de Santa Lucía, aldea pequeña pero graciosamente construida, emparrada con arboledas y adornada con una iglesia nítidamente blanca. Las milpas y trigales se destacaban en las faltas de esta serranía, y el señor me mencionó un molino harinero que trabajaba con fuerza animal en una de las aldeas de más abajo.

Al descender al Valle nos desviamos para examinar la Mina Grande, célebre por la anchura de sus vetas. Es propiedad conjunta del señor Ferrari y de los herederos de don Francisco Lozano. La veta principal tiene once varas (33 pies) de espesor y produce un buen porcentaje de metal por tonelada de broza. Hasta ahora, solo se han hecho cuatro escaleras, aunque la mina fue antes propiedad de los Rosas, una familia rica española. Ellos emprendieron los trabajos durante dos años hasta que, por la Independencia en 1821, se cortaron todas las relaciones políticas con España; por esa y otras causas, abandonaron la mina, como también las de Gatal y San Martín, dejándolas perderse. La entrada a la veta principal se halla en una meseta arbolada de pinos, cerca de la cumbre de la montaña de piedra caliza en la ruta hacia Santa Lucía y a más de 4,100 pies sobre el nivel del mar.

Cuando llegamos, dos indios viejos trituraban la rica broza entre grandes piedras; y hasta con este procedimiento primitivo e ineficaz lograban su sustento y obtenían una ganancia para su propietario. Los trabajos mejor organizados emplean una maquinaria sencilla de trituración, que consiste en dos piedras de molino rastreadas alrededor de una piedra circular, movidas por mulas o bueyes, que tiran de una larga viga que da vueltas en un poste central, lo mismo que un antiguo molino de sidra. A esto se le llama a veces trapiche, pero más a menudo rastra. Las que vi en otras partes se movían muy despacio e imperfectamente. La broza molida se trata con fuego o con azogue, o con ambos, de acuerdo con el tipo de mineral. Una buena máquina moderna para triturar, como las que usan los mineros del cuarzo en California y Australia, haría veinte veces el trabajo de estos molinos destartalados y con un costo casi igual. Un solo molino prepararía broza suficiente en la mina Grande como para producir inmensas sumas, si uno juzga por los beneficios que se consiguen con el presente método tan rústico.

El mayordomo me dijo con una emoción muy hispana, que ellos perdían la mitad de la plata debido a la mala maquinaria y a la mala administración. Como prueba de la extensión de los viejos trabajos y de los métodos tan ineficaces que se empleaban, noté muchos montones de broza desperdiciada y roca (respalde) los cuales serían una fortuna para un minero yankee, con sus modernos trituradores y su experiencia.

De la mina Grande descendimos, teniendo un magnífico panorama frente a nosotros, a través de arbustos y de pinos muy resinosos. Un mar de colinas, arboladas hasta la cima se extendía en nuestro derredor. Llegamos al pie de estas eminencias y empezamos a subir por otra, cerca de cuya cima se asienta la aldea minera de Santa Lucía.

Supe que en el invierno esta aldea es abandonada por la gente muy pobre, debido a su clima inclemente y a sus frecuentes granizadas. Durante el verano es lugar de recreo de los tegucigalpenses que van allá por las cualidades curativas atribuidas a su atmósfera y por los millares de rosas [1] que crecen en las faldas de sus montañas.

Nuestras fuertes mulitas se esforzaban subiendo la cuesta y a las once de la mañana llegamos al punto más elevado, a 4,320 pies sobre el nivel del mar. La temperatura no subió de 72° Fahr. a mediodía. Hicimos alto en una pequeña propiedad de adobe del señor Fiallos, y el sirviente, que llevaba las provisiones, pronto sirvió una excelente comida, que compartimos después de la fatiga de la mañana. Después de comer y de saborear mi pipa, proseguimos nuestro viaje por varias millas sobre un camino fragoso, en una densa floresta y llegamos a eso de las dos de la tarde a un pequeño caserío de chozas de adobe, propiedad del señor Ferrari, una de las cuales protegía la entrada de la gran mina de San Martín, que, según supe, es la más rica de todo el distrito.

La cabaña más grande del pequeño grupo, según nos dijo nuestro conductor, estaba destinada a la bodega, en donde guardaban la broza de más valor hasta que pudiera ser conducida al molino, a tres millas de distancia. Otra de las chozas servía de residencia al mayordomo y una tercera a los trabajadores. La entrada de la mina está en una cresta de la montaña, que mira hacia el noroeste, frente a una cadena de cordilleras llamada montañas de Lepaterique, divisoria entre los departamentos de Comayagua y Tegucigalpa. Algunos de sus picos se cuentan entre los más elevados del país. A través de un portillo de esta estribación vimos el distante pico de Comayagua, cercano a la ciudad del mismo nombre, que se yergue como una pirámide azul en aire claro de la tarde. El follaje de los grandes valles y laderas que nos circundaban reflejaban varios tintes: los tonos suaves de los robles y los arbustos, contrastando con el verde obscuro de los pinos.

---

[1] Los claveles también han dado fama a Santa Lucía.

Nos preparamos para descender a la mina de San Martín, tomando cada quien un buen trago de aguardiente para protegernos contra el frío subterráneo. Luego procediéndonos un indio desnudo con una vela de sebo y yendo otro, en igual traje, a la retaguardia, comenzamos el descenso dentro de la "Cueva".

Antes de entrar a la mina anoté el vocabulario que usan los mineros, el que incluye muchas expresiones técnicas. La veta misma la llaman ellos broza, que es una mezcla de minerales cristalizados: piedra caliza, cuarzo, sulfuro de plomo, antimonio, hierro y cobre, que llenan las grietas irregulares o entran en la masa de respalde o roca viva. Una vena de broza o veta puede yacer entre dos estratos de roca plana como una sábana entre dos colchas y penetrar dentro de la montaña; o puede ser simplemente el contenido de una grieta o hendidura, que desciende hacia las regiones más bajas de la tierra a una profundidad incalculable.

El metal a veces descubre hilo de plata pura y penetra las hendiduras de las rocas como las raíces fibrosas de una planta; pero la cantidad de este nunca es grande, y las mejores minas son las que dan una producción estable de broza. Es probable que los sulfuros de plata, antimonio, cobre, mercurio, plomo y hierro, que se hallan en estas hendiduras, hayan subido, ya en forma de vapor o de lava (roca líquida) desde el horno volcánico de las cámaras profundas de la tierra.

Entramos primeramente por lo que se llama un frontón, cámara horizontal, o socavón, que terminaba en la boca de una cavidad perpendicular que la jerga es conocida como pozo. Precedidos por nuestro guía descendimos por un tronco de roble colocado verticalmente al cual se había hecho incisiones para poner en ellas las manos y los pies. A esto se les llama escaleras y, por lo general, son de cuatro varas de largo cada una. Son exactamente iguales al llamado "Sanson post" que en los barcos conducen de la escotilla a las bodegas de abajo.

Al pie de cada escalera hay una pequeña plataforma de tierra, apenas lo suficiente para servir como lugar de descanso; desde allí el socavón sigue horizontalmente por unos pocos pies y luego comienza una segunda escalera. El descenso en la silenciosa lobreguez de una de estas minas no es nada agradable. La reflexión de que otros las han bajado antes y las recorren todos los días sin peligro, no es lo suficiente como para que uno se sienta seguro. Al pie de la segunda escalera la obscuridad se había hecho impenetrable y aquí fue el comienzo de un frontón, con galerías divergentes y con techo sostenido en ambos lados con muros sólidos de respalde, cortados con gran regularidad y apuntalado, además, con pillares gruesos de madera de roble, en los cuales brillaba la broza cristalizada. El aire de esta caverna tenía la humedad pegajosa de un calabozo descuidado. A medio camino hacia abajo, oímos un tenue y continuo sonido, como el eco de pisadas en una bóveda vacía. Este surgía de los golpes de los mineros abajo, lejos de nosotros.

Después de un fatigoso descenso, nos encontramos en el fondo de la mina, a una profundidad de 164 pies; la temperatura en este punto era de 68° Fahr. De la base de la escalera más baja, la veta había tomado una dirección más horizontal y la excavación se hacía en forma de cavernas de techos arqueados, que volvían a hacer eco a los golpes que los mineros daban contra la roca con puntiagudas barras de hierro, rompiendo porciones de broza y emitiendo cada golpe un quejido hueco, molesto para uno no acostumbrado a ese sonido, pero como me lo aseguró un individuo de complexión hercúlea, necesario para el barreteo porque materialmente facilita su labor.

La fría humedad, la expresión macilenta que comunicaba a nuestros rostros la luz de la vela reflejada en las brozas brillantes, el aspecto bárbaro y antinatural de estos trabajadores subterráneos, las brechas obscuras que conducían a profundidades y distancias desconocidas en el sólido corazón de la tierra, la idea de que la montaña colgante sobre nuestras cabezas pudiera en cualquier momento desplomarse para privarnos de la luz del día –accidente para el cual en la jerigonza minera existe la palabra campana– era suficiente para esta mi primera exploración de una mina de plata en Honduras.

Uno de los trabajadores introdujo su barra en el saliente de una veta y, después de hincarla y de darle un tirón, sacó una especie de arcilla suave, que caía en pedazos como de diez a treinta libras de peso. Tomé de ella cuanto podía aguantar en la subida. Después de trepar por abismos abiertos, que parecían pozos de noche líquida, llegamos jadeantes y sudorosos a la luz del día.

Cada quien repitió su dosis de aguardiente, que el viejo patrón parecía considerar como una panacea a la cual echar mano en toda ocasión. Mientras estábamos descansando, el cortés e inteligente mayordomo me dio cuenta y razón clara de los métodos que se usan en la extracción de la plata y cuya descripción doy en otra parte. Las muestras de broza de Santa Lucía y de las otras minas del departamento, en total siete lotes, promediaron cuando fueron examinadas por los químicos norteamericanos $72.00 por tonelada; el más bajo de $17.97 y el más alto de $218.58 por tonelada, pero los trabajadores del señor Ferrari no se dan cuenta, ni aproximada, de tales cifras.

El mayordomo se quejaba amargamente de la falta de maquinaria y de técnica en el laboreo de la mina, con lo cual su dueño estuvo de acuerdo y me ofreció la cuarta parte de la producción si yo, con mis propios conocimientos en la materia o con la asistencia de un buen químico, salvaba las grandes pérdidas de plata y de azogue con la introducción de un buen procedimiento moderno.

La naturaleza ha hecho todo en Honduras; el nombre, al menos el de la época actual, no ha hecho casi nada. Una mina de plata en Connecticut o en Delaware, que rinda $20.00 de plata por tonelada, sería una propiedad valiosa. Los alemanes trabajan brozas de galena argentífera que rinden solamente de $5.00 a $10.00 por tonelada y a pesar de este valor tan bajo no son improductivas. En los Estados Unidos se hacen grandes inversiones de capital en minas de una calidad inferior y se construyen caminos para llegar a ellas que cuestan el doble de lo que probablemente se requeriría para controlar el acceso a la mina de Santa Lucía. Nuestra ignorancia sobre Honduras es la que nos ha privado de explotar sus tesoros escondidos e inútiles. No pueden trascurrir muchos años sin que esta ignorancia sea disipada por los relatos de los exploradores y que una nueva fuente de riqueza se abra para el mundo.

Aunque bajo el dominio español salieron millones de la riqueza de las minas de Honduras, no debemos suponer que los métodos de trabajo en aquellos días eran mejores o que las artes de la metalurgia estaban más avanzadas. El secreto de la gran producción se hallaba en el número de trabajadores que se emplean para sacar y moler las brozas. Ha hecho falta desde un principio, maquinaria para extraer y pericia para amalgamar y refinar, como se tiene ahora en Alemania. Las ganancias de la minería de la plata en Honduras bajo el sistema colonial de España aparecen en un informe rendido por el director del Cuño de Tegucigalpa y publicado en 1828 por Henry Dunn en su obra sobre Guatemala, en la página 223. Este informe supone presentar la cantidad de plata y de oro amonedada en el Cuño en los quince años inmediatamente antes y después de 1810. Niega que todo esto sea lo que las minas han producido en ese periodo ya que grandes cantidades fueron exportadas, así que de acuerdo con los cálculos de personas entendidas, apenas si una décima parte de los metales obtenidos durante los anteriores seis años habrán pasado por el Cuño. La cantidad de plata acuñada en treinta años se fija en 677,441 marcos; y la cantidad de oro amonedada en 1,808 marcos. El valor total del oro y de la plata acuñada de 1795 a 1825, es de $6,004,214.00. Mr. Dunn, sin embargo, no le da crédito a este informe. El admirable sistema de los viejos españoles en la compilación y registro de estadísticas de las producciones y asuntos políticos de las colonias, parece que desapareció con la cesación del dominio hispano en América y que una falta total de datos dignos de confianza impide hoy que se obtenga una información veraz en cada ramo de la industria y, particularmente, en el de la minería.

El método para extraer la broza de las minas es el de los tanateros, trabajadores cuya labor de toda la vida ha desarrollado maravillosamente su sistema muscular. Estos hombres, por lo general, son indios de bellas formas, apacibles, industriosos y sumisos. La misma labor sería mucho más económica si se realizara con una pequeña máquina de vapor. Más de dos millones, se afirma, se obtuvieron de la mina de San Martín, mucho tiempo antes de la revolución, lo que corresponde a más de treinta mil toneladas de buena broza, tomando en cuenta las pérdidas corrientes, y de una mina que apenas si tiene ciento setenta pies de profundidad. Este es solo uno de los centenares de informes que se les da a los extranjeros que visitan las minas argentíferas de Honduras. El Sr. Squier describe la nueva mina Coloal, en el Departamento de Gracias, como productora "¡de la sorprendente proporción del 23.63%, u 8,475 onzas por tonelada de 2,000 libras!". Una descripción oral de la misma mina se me dio en Tegucigalpa estableciendo la producción de Coloal mucho mayor que aquella. Tales informes aparecen casi fabulosos, pero realmente son verosímiles en Honduras, si a los asertos de cientos de testigos presenciales debe dárseles crédito.

De San Martín nos fuimos el mismo día a El Gatal, que apenas si queda a una milla de distancia, mina célebre que también es propiedad del señor Ferrari. A lo largo del camino vimos pinos de dieciséis a dieciocho pulgadas de diámetro y enteramente rectos. Parecían ser inmejorables para el maderamen de las minas, pero no se les usa para ese fin, siendo preferible l roble, que se puede obtener fácilmente. A pesar de mi previa resolución de no hacer un segundo descenso dentro de la tierra, bajé y hallé en la mina del Gatal que las excavaciones eran las más extensas y más imponentes que las comparativamente modernas de San Martín. En un gran trecho se apartan ramales de galerías hacia la derecha y hacia la izquierda siguiendo el curso de un lecho secundario de broza, el que atraviesa la vena más grande o perpendicular. Una de estas, llamada veta azul, está aparentemente conformada con la estratificación, como un lecho interpuesto entre dos capas de arenisca, mientras la otra, la veta principal es perpendicular. Todas las grietas de las montañas y, en consecuencia, los mantos de broza en este mineral, corren de norte a sur, excepto la veta azul.

Explicar las causas de estas grietas, a través de las cuales los metales preciosos se han escurrido hacia la superficie desde los lagos de lava metálica del interior de la tierra, es labor para los geólogos profesionales. ¿Se elevaron en forma de vapor para condensarse luego en las paredes de las grietas? ¿Se disolvieron en agua hirviente más allá de la temperatura del calor-blanco del hierro y que la presión de las sólidas millas de rocas encima impidió que se evaporara? ¿Fueron hechas las grietas por antiguos terremotos causados por la comba de la tierra mientras esta se enfriaba? ¿Se elevaron los metales derretidos en forma de lava? Una cosa está fuera de duda y es que las causas, cualesquiera que hayan sido, penetraron en una ancha extensión de territorio y quedaron profundamente asentadas en la tierra. En esta región es muy raro que las minas de plata se agoten. El trabajo en ellas se suspende por largos periodos, por razones políticas o por otras; pero las vetas, cuando se vuelven a explorar, rinden en proporción a la energía y a los medios pecuniarios del dueño. Varían de anchura, pero continúan indefinidamente. Su producto es inextinguible.

Mientras examinaba el interior de la mina del Gatal, observé más cuidadosamente cómo se apuntala el techo de las excavaciones. Dondequiera que la superficie superior es movediza o de piedra suelta, se ponen gruesas piezas de madera sin desbastar –se prefiere el roble– como soportes. Estos no se colocan con la regularidad ni con la precisión con que se hace en las minas europeas donde este trabajo es científico. Ciertas regulaciones, sin embargo, se establecieron en las Ordenanzas de Minería, observadas durante el predominio de España en toda Hispanoamérica, y que todavía se observan rígidamente en Honduras, en los cuales hay provisiones sobre el amaderamiento para los socavones y las galerías anchas y altas.

El peso del techo, presionando insensible y lentamente hacia abajo, algunas veces dobla estas columnas como si fueran cañas. Continuamente caen fragmentos de los techos de las galerías, pero los mineros están acostumbrados a estos peligros. Mientras me hallaba parado en una de las cuevas que dejan las excavaciones, vi sobre mi cabeza un montón de varias toneladas de peso colgando en la grieta y listo para caer de un momento a otro. Aparentemente, la vibración de la voz o el sonido de un martillazo puede hacerlo caer. Uno de los mineros me tocó en el hombro sin hablar y me señaló la roca. Salí calladamente de donde estaba con una sensación de vértigo.

Una campana no es asunto de tanto peligro como pueda imaginarse. Antes de venirse abajo el techo, más particularmente cuando los estragos de arriba son horizontales, o moderadamente inclinados, la mina emite un sonido tremulante y quejumbroso; cada puntal de madera se acerca a su compañero y empieza a quejarse y a luchar contra el techo como un hércules fatigado. El derrumbe ocurre lentamente. Un viento sale de la mina; los mineros corren a refugiarse a la galería principal, que siempre es segura, y el sonido se oye por unos pocos minutos, no fuerte, pero si pregonando claramente la magnitud de las fuerzas puestas en juego.

Después de la salida de la familia de los Rosas en 1823, el Gatal fue descuidado y las galerías decayeron; pero recientemente han sido limpiadas y se está trabajando con bastante buenos resultados. La boca de la mina está a varios cientos de pies sobre la meseta de la región. Mucho más abajo y penetrando en el flanco de la montaña hay un conducto subterráneo o desagüe, llamado taladro. Por él escurren las aguas propias de la mina y las que han caído durante la estación de las lluvias. El desagüe penetra horizontalmente y hacia arriba hasta las galerías, con las cuales se comunica por medio de pozos perforados en el remoto interior. Se estima este taladro costó a los Rosas $30.000.00 cuando la mano de obra, bajo un gobierno arbitrario, era mucho menos costosa que al presente. Los mineros norteamericanos hubieran incurrido en un gasto mucho más grande para hacer este túnel, y sin él, el Gatal casi no tendría valor, pues el drenaje se efectuaría por el único medio conocido de los viejos españoles y por los del presente, es decir, llevando el agua en tanates de cuero lenta y laboriosamente hasta la superficie. Solo hay tres minas en el mineral de Santa Lucía que tienen taladros, que en los viejos tiempos eran el gasto mayor en la explotación de las minas de plata y, con vista a su construcción, después de descubrirse una veta se abrían en una altura, si es posible, para dar oportunidad al drenaje subterráneo. Más lejos al norte, en la cumbre de la colina está una lumbrera o agujero de ventilación, que ha de haber sido igualmente costosa, porque penetra hasta las más bajas galerías.

Mientras andábamos por la región, vi muchos lugares donde se habían descubierto vetas de plata; hay sin duda alguna una red de metal que penetra por todas las montañas de este distrito. Será siempre imposible estimar la cantidad de plata que existe en estas colinas, pero no es exagerar si se afirma que el desperdicio y descaste actuales de la plata en el arte y el comercio podría ser sacados de ellas.

Habiendo llenado un saco con la broza del Gatal, regresamos a casa. A los lados del camino y en un decline vi donde habían sido echadas no menos de mil toneladas de desperdicio de broza mezclada con respalde, considerada pobre para ser transportada a lomo de mula hasta el molino. Esta broza desperdiciada podría producir un ingreso remunerativo si se la beneficiara con buena maquinaria y puede conseguirse gratis con solo pedirla. El señor Ferrari me aseguró que él no levantaba del Gatal más de una tonelada de broza al día, empleando varios trabajadores. Esta tonelada diaria da empleo ocasional a su molino, y produce un promedio de doce y medio marcos, igual a cien onzas de plata. Un marco vale nueve dólares de la buena moneda acuñada en Tegucigalpa. Escasamente hay una mina en el distrito de Santa Lucía que no prometa un marco por quintal de cien libras, aún con el burdo método de trabajo que ahora se emplea.

Los mineros activos que no tienen empleo rondan las viejas minas, y con un procedimiento burdo de fundición en vasijas de barro, obtienen tejos de plata cruda, que valen intrínsecamente un poco menos de un dólar la onza. Estos tejos son traídos todos los días a Tegucigalpa donde se cambian con un gran descuento en las tiendas por artículos de primera necesidad. Esta es una de las fuentes de la plata que se exporta de Belice y de San Miguel hacia Londres. El mayordomo del Gatal me dijo que él estimaba el rendimiento de la broza de esta mina y la de San Martín en un promedio de diez onzas de plata por arroba. Esto creo que es una exageración porque equivaldría a una producción por tonelada que, aunque algunas pocas minas de Honduras la exceden, ni la de Santa Lucía ni las de cualquier otra sección de aquella vecindad se acercan a ella.

Después de cargar mis muestras en una mula que llevé para ese efecto, dijimos adiós al mayordomo y a su pequeña grey de desnudos trabajadores y regresamos a Santa Lucía. Poco más o menos a una milla hacia el sur se destacaban los dos picos de Santa Lucía sobre las serranías vecinas y, teniendo aún tiempo para una caminata, le propuse a don José que subiéramos y coronáramos las aventuras del día con un vistazo desde la cima. Rio de mi idea y dijo que nadie, a no ser los salvajes de los viejos tiempos habían ido allá, pero pronto lo convencí y aceptó, y volviendo nuestras mulas hacia la cuesta las aprontamos a subir.

El camino nos condujo entre pinares, pero pronto se perdió en una maraña de arbustos y malezas y tuvimos que mandar un hombre adelante para que con sus machetes hiciera una abra y, dejando al otro para que cuidara de las bestias, seguimos a pie. El viejo gruñía por este modo de proceder, pero luchando y a intervalos apelando a la botellita del estimulante usual en Centroamérica, pronto llegamos a la cumbre.

Difícil es describir el magnífico panorama que se ofreció ante nosotros. A una altura no menor de 5,000 pies y no muy por debajo del pico más alto de la cordillera de Lepaterique, permanecimos gozando de la más extensa perspectiva. La vista estaba limitada por el sur y oeste por la cordillera de Lepaterique, permanecimos gozando de la más extensa perspectiva. La vista estaba limitada por el sur y oeste por la cordillera de Lepaterique, que forma el lado este del valle de Comayagua. Más lejos aún, el horizonte aparecía tras una depresión en estas montañas, precisamente el pico de Comayagua antes mencionado. Al este, desde donde venía un viento fuerte y helado, había aparentemente un laberinto interminable de montañas que se perdían en la distancia y toda aparecía alfombrado de verde. Al norte, la vista todavía se encontraba con cerros y valles, como las olas de un mar agitado, pero bañado en la luz brillante del sol. Hacia Olancho se veían los conos del Guaimaca y de Teupasenti. Hasta don José cesó de quejarse de sus piernas y se divirtió haciendo vanos esfuerzos por distinguir su casa entre la masa de edificios de Tegucigalpa, que se miraba con sus iglesias blancas y con las verdes palmeras diseminadas como un mapa a miles de pies abajo.

El estampido de un trueno nos avisó que una tormenta se estaba formando en la serranía más cercana y nos apresuramos a volver a nuestras mulas. Estaba obscuro y llovía cuando volvimos a la ciudad y con mutuas "buenas noches", cada quien se despidió en la calle en busca de su casa.

En otra ocasión, con el señor Lardizábal visité el mineral de Villanueva, situado como a seis millas de Tegucigalpa. El objeto de este viaje era el de ver la Mina de la Peña, llamada así por la extrema dureza de su broza, que es una combinación de sulfuros y substancias ferruginosas que le da apariencia de una piedra de arenisca roja.

El propietario ha conservado la posesión de esta mina por varios años y después de hacer los primeros gastos se encontró con que le faltaron recursos para continuar trabajándola y, simplemente laboraba lo necesario para asegurar sus derechos de propiedad; desde entonces, como Mr. Micawber, ha estado esperando que "aparezca" alguien en la forma de un extranjero especulador, con recursos y voluntad suficiente para proseguir los trabajos.

Un pequeño río conocido con el nombre de Quebrada de Jacaleapa desemboca en otras más grandes y proporciona toda el agua necesaria para los trabajos. Una burda pieza de maquinaria, diseñada para ser movida por bueyes está cerca de la entrada de la mina. Todavía existen señales de viejos trabajos en gran escala que fueron llevados a una profundidad de cuarenta pies, por cinco o seis escaleras. La veta corre de norte a sur y ha sido abierta en tres direcciones: un túnel bien construido corre a treinta yardas bajo la colina y sirve el doble propósito de taladro y de camino. Cundo el señor Lardizábal reabrió y denunció la Mina de la Peña, estaba parcialmente llena de desperdicios y piedras desde hacía muchísimos años y muy dentro de las excavaciones se encontraron implementos de los trabajadores, como si hubieran sido dejados allí por personas que tuvieron que escapar con gran premura. El propietario estaba ansioso por suscribir un contrato conmigo, y finalmente lo hizo, bajo la creencia de que los americanos y también él harían fortuna al año de haber comenzado los trabajos. La broza que se ensayó en San Francisco dio una tasa de $32.75 por tonelada y el valor de la mina está más bien en el gran tamaño de la veta y en la abundancia de la broza, que en su intrínseca riqueza.

Cerca de esta mina están abandonadas dos o tres más antiguos. La de La Zopilota es punto de reunión de los que necesitan de dinero para jugarlo al monte y se afanan en los viejos trabajos teniendo siempre éxito en sacar algo de los muros de piedra como remuneración a su labor. Estos rebuscos son, por lo general, en los días domingos. Un grupo de indígenas estaba trabajando aquí cuando pasamos. Era una caverna lóbrega, abierta en la ladera de una colina poblada de añosos árboles. Una vieja, con un par de chiquillos desnudos, se hallaba hirviendo agua en una marmita sobre un fuego de ocote. El padre de la familia, con una barra de hierro en las manos, permanecía a la entrada esperando a que pasásemos y cerca vi varios montones de broza.

Deseando ver en acción a este primitivo metalurgista, desmonté y permanecí por un momento a la sombra, observando el procedimiento. Unos pocos pesos de cobre y una o dos palabras de estímulo le indujeron a recomenzar su labor. Entró en el socavón arrastrándose y pronto los golpes sordos de la barra anunciaban que estaba trabajando en la masa de broza, a la luz crepuscular de la mina. En media hora o menos salió arrastrando consigo un saco como con veinte libras de broza. El hombre y la mujer seleccionaron una piedra plana y poco a poco redujeron la broza a un polvo cascajoso. El fuego, mientras tanto, era avivado por los chicos. Una vasija más pequeña conteniendo un poco de broza fue colocada en un lecho de brasas. La madera fue amontonándose sobre ella, escapándose vapores sulfurosos, y cuando todo se había quemado y convertido en cenizas, nuestro hijo de Tubalcaín sacó la vasija, y volcó en la tierra su contenido, que era una masa de escoria gris, negra y roja, y cenizas, de la cual yo aparté con la punta de su palo, un tejo de plata caliente, que pesaba talvez una onza. Se la compré por un poco más de la mitad de su valor en el mercado de Tegucigalpa. Estos mineros ambulantes forman una parte considerable de la población campesina de los minerales, su ocupación les da una magra subsistencia. Solo ellos, se dice, conocen la ubicación de muchas minas ricas, a las que van en ciertas épocas, trasmitiendo su secreto de generación en generación. Por cierto que solo las mejores brozas son las que pueden tratarse con los procedimientos tan primitivos que usan, siendo, por consiguiente, considerables las pérdidas.

La riqueza de Tegucigalpa no se limita a sus metales preciosos. El plomo en forma de sulfuro es casi tan común que no atrae la atención, especialmente en el mineral de El Plomo, cuyas brozas son una combinación de plomo y plata y el primero es tan abundante en proporción que las hace incosteables por los métodos nativos de explotación.

La colina denominada "El Chimbo" a pocas leguas al suroeste de Tegucigalpa, es una curiosa mezcla de polvo de cobre y tierra. La superficie debió haber sido antaño una sólida roca de piritas cuprosas, ahora deterioradas y convertida en trípoli. Al revolver las masas de tierra cuprosa –parecida a la arcilla de los alfareros– se revela el cobre. De una cantidad de este barro, que había sido molido y extraído siguiéndose el método de lavar oro, quedó en el fondo un buen número de chispas brillantes de puro cobre. Miles de toneladas de este material pueden ser fácilmente obtenidas y la cercanía de un riachuelo permanente facilitaría, asimismo, los trabajos.

Unas pocas semanas antes de dejar Tegucigalpa, fui presentado al capitán Moore, quien mandó hace tiempo una fragata pero estaba ahora retirado a media paga, y por catorce años se había dedicado al trabajo de minas de plata en Centroamérica. Sus ojos azules y brillantes y sus facciones enérgicas, patentizaban una actividad y una salud que no podían esperarse de su edad avanzada y de sus cabellos y barba blancos. Recientemente había importado de Inglaterra una máquina a vapor bastante costosa, que compró con el producto de sus actividades mineras en la vecindad de Yuscarán, donde tenía empleados cincuenta hombres con un salario de un real por día, y, al fin, estaba realizando una rápida fortuna. Los nativos, entre quienes él es muy popular, le llaman El Capitán Morey. Me dijo que había gastado dos meses en procurarse los documentos necesarios para importar su maquinaria, y por algún error, corrió el riesgo inminente de que se la confiscara el Gobierno. El capitán Moore hablaba de Dunlop, el autor de "Travels in Central America", con quien tuvo agradables entrevistas en 1846. Dunlop se refiere a él como el único extranjero que había intentado trabajar modernamente las minas de plata en Centroamérica. Sobre las minas se cuentan las más maravillosas historias, algunas de las cuales forman la base de leyendas similares a las relacionadas con el famoso lago de Parima, "El Dorado", o sea la búsqueda de la ciudad de oro. Las más célebres minas del Estado, la mayor parte de las cuales han venido a menos, son las de Guayabillas, Malacate, Mairena, Coloal, Tabanco, Gatal, El Plomo, Opoteca, Cuyal, San Martín, Claridad y El Corpus. De la última mencionada que está situada en el Departamento de Tegucigalpa dice Juarros: "El Corpus era la mina más rica del reino.

Producía oro en tal cantidad que excitaba la sospecha en cuanto a que fuera realmente oro, y se nombró un tesorero en aquel lugar con el solo propósito de recibir el quinto del rey" [1]. Estas doce minas son brillantes ejemplos de la riqueza minera del Estado, y cada una de ellas es tema de relatos sin cuento para cuya transcripción se requeriría un volumen de gran tamaño.

De las viejas tradiciones mineras, la que menos participa de lo fabuloso es tal vez la célebre mina de Guayabillas, todavía considerada por las viejas gentes como la mina de plata más rica que se ha conocido en todo Centroamérica. Mi amigo, el señor Lozano, que tenía predilección por su confortable hamaca y por un buen oyente, se refirió a menudo a esta mina y de él oí relatos que corroboraban lo dicho por muchos otros.

Esta mina está situada dentro del área del mineral de Yuscarán y fue descubierta en 1771 por un vaquero Juan Calvo, quien, subiendo una pendiente rocosa, hizo desprenderse una gran peña que, rodando estrepitosamente montañosa abajo aró la tierra revelando, para su estupor, filamentos de plata regados entre los intersticios de las rocas, como delicadas raíces fibrosas. Tuvo el suficiente discernimiento para pensar que nada le aprovecharía el hacer público tal descubrimiento, aunque hubiera hecho un denuncio, e informándose del método usado entonces por los propietarios de minas de plata, en una olla de hierro derritió grandes cantidades del metal sin importarle seguir la veta dentro de la montaña. "Pero", dijo el narrador, "esta prosperidad súbita era demasiado para Juan Calvo". La vanidad pudo más que su prudencia y un día en una fiesta dejó ir ciertas palabras, provocando la atención de sus compañeros, que desde hacía algún tiempo estaban celosos al verle vistosamente trajeado, con aires enfatuados y con mucho dinero para jugar. Le siguieron y el secreto se descubrió. Pronto pasó la propiedad por compra o de otra manera a manos de la rica familia Argeñal, que inmediatamente comenzó a trabajarla. Que inmensas cantidades de plata se sacaron de esta mina por muchos años sucesivos, lo testifican la tradición y la rápida población de su vecindad inmediatamente después de su descubrimiento; pero que "$12,000,000.00 se sacaron en cuenta años" es difícil de creer. No obstante, la historia posterior y las vastas sumas que se saben han sido

---

[1] "El Corpus, mineral el más famoso que ha tenido el Reyno: produxo tanto oro, que se llegó a dudar si lo era, y solo para el cobro de los quintos se estableció caxa Real en este lugar". Juarros, **Historia de Guatemala**, p. 38.

extraídas después de que se trabajó la segunda voz, casi garantizan la veracidad del relato, aunque este sea prodigioso.

Se asegura que los Argeñal, después de la independencia regresaron con otras familias leales a España y que sus propiedades, una vez confiscadas, se dejaron perder. La revolución, no obstante, fue incruenta en Centroamérica y no había razón para que aquellas familias que eran leales a la corona temieran la violencia del pueblo. No fue sino hasta 1838 que el Sr. Bennett, capitalista inglés, tuvo éxito con sus socios al adquirir la posesión parcial de la mina de Guayabillas. En aquel tiempo las galerías y socavones estaban casi obstruidos con tierra y ripio, para remover los cuales fue necesario hacer grandes desembolsos. La empresa fue dirigida bajo un plan adecuado a la conocida riqueza de la mina.

De Cornwall se trajo un grupo de mineros, cuyos descendientes aún viven en Honduras; se aprovecharon los servicios de sabios y la mina se reabrió, después de un año de trabajo no remunerativo, bajo los auspicios de nativos y extranjeros. Difícil es estimar, desde aquel periodo, la extraordinaria producción de la mina. Cerca de veinte personas viven ahora en Tegucigalpa que son propietarias de pequeñas participaciones en la empresa y por ellos supe de los dividendos semanales de la producción. La broza de esta mina, que se dice ser la más rica en Honduras, se halló cubierta con plata virgen cuando fue descubierta hace más de medio siglo. La fundición se hacía en inmensos hornos construidos cerca de los trabajos. El Gobierno, parcialmente interesado en la empresa, favoreció las operaciones. Los socios, tanto nativos como foráneos, se hicieron ricos. Los relatos de "los buenos tiempos de Guayabillas" todavía circulan en Honduras y su antigua reputación, calificada como fabulosa, fue nuevamente ganada. Se exportaron, vía Belice, grandes cantidades a Inglaterra, donde la fama de la mina fue pronto conocida. A los trabajadores se les pagaba haciendo estos largas filas y se ocupaba del mediodía hasta la tarde todos los sábados para hacerlo. He aquí una ilustración de peso de lo que vale el capital, la labor y la técnica extranjeros en Honduras. "Pero", continuó mi informante, "la fatalidad del país no podía tolerar tal anomalía en la historia de Honduras. Ferrera, instrumento cruel del partido aristócrata, ascendió por fraude a la presidencia; la propiedad fue confiscada; los ricos fueran asesinados o extrañados, toda la gente respetable y honesta fue proscrita; y todos los negocios trastocados y arruinados.

Al morir en Guatemala uno de los más fuertes propietarios de Guayabillas, la propiedad cayó en manos de su hermano, un abogado marrullero de la más baja índole en el partido de Ferrera. Hasta aquí la mina de Guayabillas había estado relativamente exenta de los desafueros del partido servil, gracias a la influencia de los extranjeros, especialmente de los ingleses y de algunos miembros del citado partido interesados en la propiedad. El abogado de Guatemala, don Felipe Jáuregui, defraudó a los herederos de su hermano; y sabiendo que a la terminación de la administración de Ferrera sería compelido a devolver la propiedad, resolvió sacar mientras tanto las mayores ventajas.

Una de las secciones de las Ordenanzas de Minería prohibía la remoción de las columnas naturales de roca y broza que soportan los techos y arcos de las minas. En la de Guayabillas se encontraron y tal como las dejaron los viejos propietarios, formadas por sólida broza y de un inmenso valor. Un soborno del rico Jáuregui indujo a Ferrera y a la mayoría de las Cámaras a que se derogaran estas Ordenanzas, de tiempos inmemoriales. Otros dueños, convencidos por los argumentos aparentemente plausibles del astuto abogado, estuvieron de acuerdo; los pilares se echaron abajo y en cuatro meses, se me dijo, produjo medio millón en plata pura, pero en la siguiente época de lluvias los techos cayeron y la mina quedó arruinada. Las grandes galerías quedaron obstruidas con piedras, maderos y lodo; la maquinaria se destruyó y los propietarios extranjeros, después de disputar en vano con Ferrera, tuvieron que abandonar la empresa, desalentados. Para reabrir la mina de Guayabillas se hubiera requerido unos diez mil dólares y se juzga que la inversión hubiera sido buena ya que la mina estaba dando buena producción cuando fue destruida por el rapaz Jáuregui.

La llegada de mis documentos, largamente esperados, con lisonjeras cartas del presidente Cabaña y del señor Cacho, permitió ultimar mis preparativos. Después de un formal "Adiós" a mis amigos, que me encaminaron fuera de la ciudad hasta el pie de las montañas de Lepaterique, seguí el camino real que sobre las cordilleras va hacia el Pacífico y con las usuales demoras y las peculiares aventuras de un viaje en Centroamérica, llegué a Choluteca. De aquí, después de detenerme por cuatro días y diciéndole adiós a mi fiel Roberto, que me rogó encarecidamente que lo llevara conmigo al norte, arribé a Amapala donde renové una intimidad cordial con mi gentil amigo, el señor Dárdano.

El rumor de que Walker [1] pensaba alistarse con unos pocos partidarios en la causa de Castellón, había creado aquí cierta ansiedad. Mr. Byron Cole, mi compañero desde San Francisco hasta León, llegó al siguiente día y nos referimos mutuamente nuestras respectivas aventuras. Ninguno había sabido del otro desde que nos separamos en León, el año anterior. Todas las cartas se extraviaron y no estando acostumbrado mi enérgico amigo a la vida ociosa de Nicaragua, unió sus simpatías a los demócratas, regresó a San Francisco con sus contratos debidamente firmados y sellados por el Gobierno a fin de que consiguiera la cooperación del segundo Miranda; había regresado a Nicaragua y se hallaba ahora tranquilamente esperando que estallara lo que tan diestramente había proyectado.

Mientras tanto Chamorro, sólidamente sitiado en Granada, todavía se sostenía frente a las fuerzas de Castellón, al mismo tiempo que el pueblo, cansado con la prolongación de la guerra, estaba listo a tomar el bando de cualquier partido que pareciera poder darle fin. Masaya, Managua y Rivas y todo el sur de Nicaragua habían vuelto a ser tomadas por los Legitimistas o partidarios de Chamorro. Honduras, atacada por Guatemala, había retirado sus tropas de Nicaragua para proteger su frontera oeste. El Salvador y Costa Rica actuaban temporalmente como pacificadores; y Guatemala, simpatizadora de la causa de Chamorro, ocupada con sus usuales invasiones a Honduras, se había contentado con tener espías en León, otorgándole secretamente toda ayuda a los serviles. Tal era el panorama político de Centroamérica en el verano de 1855.

El único medio de comunicación entre la bahía de Fonseca y la costa sur eran unas pocas lanchas anticuadas dignificadas con el nombre de goletas y que solo ofrecían la oportunidad de ir por mar de puerto a puerto dos veces al mes. Se anunció al fin que un bote descubierto y con una vela en estado lamentable y muy usada, saldría hacia San Juan del Sur, pidiendo su dueño la "moderada" suma de $50.00 adelantados por pasaje. Levamos ancla a la caída del sol aprovechando la nueva marea, nos deslizamos velozmente del puerto, pasamos por Meanguera y los grandes promontorios de Conchagua y

---

[1] Wells no esconde su franca simpatía y su entusiasmo por las empresas nefandas de Walker en Nicaragua, al grado que paree que pretende compararlo con el precursor de la independencia suramericana, general Francisco Miranda.

Cosigüina que, como las Columnas de Hércules, guardan la entrada del mejor puerto en la costa del Pacífico norte. Una luna brillante iluminaba los picos distantes, y plateaba la marea que se rompía en los farallones solitarios. El viento de la tierra nos empujó lejos hacia el sur y al amanecer solo los picos de los volcanes más altos estaban a la vista. El Tigre, por cuyas inclinadas faldas subimos hasta la propia cima meseta de lava y mantillo cubierta de exuberantes yerbas, aparecía ahora borrosa en el horizonte, irguiéndose a tres mil pies sobre el océano, como atalaya que para el marinero es un rasgo sobresaliente desde el mar. Durante tres días luchamos contra un viento del suroeste, y el viejo barco comenzó a hacer agua en tal magnitud que el patrón (marinero de bongo que hacía su primer viaje por mar) se pegó al timón y viró hacia El Realejo, en donde durante dos días estuvo haciéndole reparaciones. En este punto mi tripulación me informó seriamente que el bote no era para navegar en el mar y que, en consecuencia, aquí terminaría mi viaje. Siguió una disputa, que fue finalmente llevada al comandante del puerto, quien primero averiguó cual era mi credo político aduciéndole que fuertemente me inclinaba a favor de Castellón. Esta declaración mía, reforzada por un cuarto de doblón, decidió el caso a mi favor y Pedro fue obligado a que me devolviera tres cuartas partes del dinero que le había pagado por el pasaje.

Se consiguió otra lancha, y por la noche, en la buena lancha "Live Yankee", proseguimos el viaje con el capitán "Sam". Bregamos por dos días más en la costa nicaragüense y en un viraje perdíamos todo lo que habíamos ganado en otra, hasta que un viento favorable nos dio de sesgo y pudimos llegar al fondeadero de San Juan del Sur. Bordeábamos un promontorio cuando se nos presentó el espectáculo alentador de un vapor de altura, el "Uncle Sam", desplegando la bandera norteamericana, surto y con sus calderas listas, recibiendo los últimos de los pasajeros de Nueva York antes de levar anclas rumbo a San Francisco. Me pregunto si alguna vez contemplé con mayor alegría los colores rojo, azul y blanco.

Otra hora más y estaba cómodamente a bordo, con el cortés capitán Blethen, dándome noticias. Los últimos periódicos míos de Nueva York tenían cinco meses de atraso. Los del vapor solo catorce días. Pronto la pesada máquina empezó a moverse y con un disparo de partida, enrumbamos hacia el mar.

De nuevo, entre viejos amigos, con genuina nostalgia evoqué las imágenes de un pueblo extraño y decadente y de un país de bellezas raras pero aún desconocidas. La delicada trama de lianas y parásitas, el esplendor y variedad de los paisajes, el aire vigorizante de las altas mesetas, los cielos de un azul inmaculado y los ocasos imperiales, todo vino en ensoñación mientras bogábamos pasando frente a las montañas purpúreas y las fajas obscuras de la selva. Aventuras cerriles y cómicas, delicadas fantasías, sibarítica pereza y meditaciones somnolentes a través de una serie de siestas y de cigarros y tazas de aromático chocolate, pronto iban esfumándose como visiones de un pasado cuando nos abríamos paso hacia el norte vigoroso y progresista.

La actividad desplegada en cada departamento a bordo del vapor no se puede apreciar bien sino cuando súbitamente sale uno de un país hispanoamericano, en donde pensar, hablar y moverse activamente es una excepción a la regla de letargo y marasmo incurables. Hay algo inspirador en la actividad de los sirvientes y en la activa rutina de las obligaciones corrientes de cada hora. Pasar de Centroamérica a un barco norteamericano es como despertar de un largo sueño. Aquí todo era vida y acción. Los hombres disputaban con energía y reían fuerte. Parecía haber más inteligencia a mi alrededor que en toda la raza en medio de la cual había estado últimamente.

En menos tiempo del que había yo gastado en conseguir mulas en Nacaome para hacer un viaje de treinta leguas, había recorrido mil seiscientas millas de océano y entrábamos ahora al espléndido puerto de San Francisco, pasando por Punta Lobos, a través de la Puerta de Oro, atracando con toda seguridad en los muelles. ¡Estaba otra vez en mi suelo patrio!

CAPÍTULO VII: BOSQUEJO HISTÓRICO DE CENTROAMÉRICA (1502 – 1821)

Aborígenes de Honduras. – Colón desembarca por primera vez en el continente americano. – Primeros poblados en la Costa. – Exploración y colonización del interior. – Cortés en Trujillo. – Expediciones a Olancho. – Sometimiento de los indios. – Expediciones de los misioneros a Olancho y la Segovia. – Implantamiento de la soberanía española. – Sistema Colonial de España. – Causas de la revolución centroamericana. – Declaración de la independencia.

Pocas secciones de Hispanoamérica tienen una historia primitiva de tan profundo interés, o que se halla en olvido tan total, como la que se extiende de Tehuantepec a Panamá, e incluye el viejo reino de Guatemala, hoy conocido con el nombre de Centroamérica. Su conquista, aunque blasonada con aventuras tan notables como las que produjeron la caída de Moctezuma y la del imperio de los Incas, todavía no ha sido detallada en las páginas de los historiadores modernos.

Un siglo antes de que arribaran los peregrinos del Mayflower a las desiertas costas de Nueva Inglaterra, un pueblo aventurero había ya invadido una vasta porción del Nuevo Mundo, penetrando en sus selvas, subyugando a sus habitantes y enviando a Europa galeones cargados de tesoros como prueba de su riqueza infinita. El objetivo de una raza fue comprar a cualquier precio la libertad religiosa; el de la otra, la adquisición de territorios y la codicia del oro. La una, despojada de su antiguo esplendor y poderío ha sufrido decadencia; la otra, con un desarrollo rápido y próspero cubre ya todo un continente y, limitada por el Pacífico, lanza su mirada impaciente hacia las llanuras tropicales del sur. Una justicia retributiva ha castigado la raza que en la búsqueda del oro perpetró enormes crueldades sin paralelo en la historia. Ahora su herencia desaparece como presa natural de competidores más progresistas y más enérgicos.

Las narraciones de los cronistas españoles, así como las numerosas e interesantes ruinas aborígenes, demuestran que

Honduras estaba habitada en la época del descubrimiento por un pueblo que no carecía de las artes de la civilización, y que era tan numeroso como para que el país se contara entre los más poblados del Nuevo Mundo. Las narraciones de Bernal Díaz, Las Casas, Herrera, Fuentes, Vásquez y más recientemente, Juarros, el historiador guatemalteco, arrojan abundante luz sobre las hazañas de los conquistadores. De estas fuentes se desprende que los aborígenes poseían el valor y la pericia suficientes para sostener contra sus invasores una lucha resuelta que, aunque de corta duración, solo terminó hasta que las armas y la habilidad de los españoles los sometieron gradualmente.

Honduras se arroga la distinción de haber sido el primer lugar del continente americano donde desembarcó Colón [1]. Aquí, en su cuarto y último viaje, bajó a tierra en Punta Caxinas, el 14 de agosto de 1502. Previamente había descubierto la isla de Guanaja o Bonaca (una de las Islas de la Bahía), donde desembarcara Bartolomé Colón con un destacamento de españoles. Prosiguiendo su viaje hacia el este desde Punta Caxinas, Colón llegó a un cabo que se extiende dentro del mar y en donde, por algún tiempo, luchó contra corrientes y vientos adversos, hasta que doblando esa punta, los marineros dieron gracias a Dios, de donde derivó su nombre de "Gracias a Dios" [2].

En Guanaja, el almirante fue visitado por varios habitantes del continente. Llegaron en una gran canoa de ocho pies de anchura, ingeniosamente construida y parecían ser gentes más civilizadas que ninguna otra antes descubierta. Varios de ellos llevaban sólidos adornos de oro y respondieron a las ansiosas preguntas de los españoles, señalando la tierra firme donde, dijeron, se hallaba el oro en tales cantidades que se usaba para los fines más corrientes. Más

---

[1] El Dr. Marco Aurelio Soto, expresidente y reformador de Honduras, que además de estadista fue hombre versado en bellas letras, dirigió al historiador D. José Milla una carta en la que, basado en documentos y autores que tratan de los viajes de Colón, prueba que el primer almirante no desembarcó en la costa de Honduras. V. la **Revista de la Universidad**, t. XII, pp. 276 a 289.

[2] El padre las Casas dice: "Y porque habiendo 60 leguas de la punta de Caxinas a un cabo de tierra que entra mucho en la mar, tardó con estos trabajos en llegar el almirante, y de allí vuelve la tierra y se encoge hacia el sur, por lo cual los navíos no podían mejor y bien navegar, púsole nombre a aquel cabo, cabo de Gracias a Dios; y esto dice el almirante que fue el 12 de septiembre del mismo año de 502". V. **Historia de las Indias**, por Fr. Bartolomé de las Casas. M. Aguilar, Madrid, s. a., t. II, p. 207.

lejos, hacia el sur, los nativos usaban planchas de oro como ornamento. La tierra firme, sin embargo, no fue poblada por europeas antes de 1509, cuando Alonso de Ojeda, en su tercer viaje, y Diego de Nicuesa, bajo el estímulo de Fernando [1], fundaron dos colonias, una de las cuales se extendía desde el Diarén al cabo Gracias a Dios, y que se puso bajo el Gobierno de Nicuesa.

En 1523, Cristóbal de Olid, habiendo sido comisionado por Cortés, desembarcó en Honduras en un lugar no lejos de Omoa, al que llamó "Triunfo de la Cruz". Había sido precedido, sin embargo, por Gil González Dávila, descubridor de la bahía de Fonseca, quien antes había efectuado un desembarco en el Golfo Dulce pero, debido al mal tiempo, no le fue posible entrar en Puerto Caballos, donde se vio obligado a arrojar varios caballos al mar, de donde deriva su nombre [2]. Juarros asevera, siguiendo a Herrera, que la costa tuvo una vez los nombres de "Las Hubieras" por el gran número de calabazas que se vieron flotando en su vecindad; el de "Guaimura", por el nombre de una aldea; y el de "Honduras", por el nombre que le dieron los españoles al no poder desembarcar debido a la gran profundidad de las aguas a lo largo de las costas.

Habiéndose rebelado Olid contra Cortés, este capitán envió desde México a Francisco de las Casa para que lo sometiera, con dos barcos bien armados. Hubo un combate naval en la bahía, entre las flotas de los dos capitanes, que resultó con la derrota de Olid, habiendo sido hundido uno de sus bajeles; pero un ventarrón fuerte que se levantó en el momento del triunfo, hizo zozobrar los barcos de las Casas, ahogándose cuarenta de sus hombres y salvándose el resto que pudo nadar hasta la playa. Estos sobrevivientes pagaron el afable recibimiento que les diera Olid asesinándolo traidoramente en la primera oportunidad. Estos acontecimientos dejaron a las Casas dueño del país. Al siguiente año (1524) fundó la ciudad de Trujillo.

Aunque en 1522 González había descubierto la costa del Pacífico de Honduras en su expedición buscando un paso del mar del sur al

---

[1] El rey católico, Fernando V. de Aragón.

[2] El cronista Oviedo refiere que Gil González Dávila "tomó puerto en la gobernación del Cabo de Honduras, cuarenta leguas más al occidente, a que él nombró puerto de Caballos, porque después que el ovo desembarcado los que llevaba, se murió uno de ellos, e hizolo enterrar con mucho secreto, porque los indios no lo supiesen, ni viesen que los caballos eran mortales". V. **Historia General y Natural de las Indias**, t. III, p. 187.

Atlántico, parece que nunca penetró al interior. La primera colonización de que se tiene memoria es la de San Jorge de Olanchito, llevada a cabo por Diego de Alvarado, enviado por su hermano don Pedro en 1530, para poblar la provincia de Tecultrán en el este de Honduras. Esta ciudad, no obstante lo que denota su nombre, fue fundada por los españoles después de muchas excursiones que hicieran al interior de Olancho durante la permanencia de Cortés en Trujillo, en 1526. Bernal Díaz relata que, después de la conquista de los indios que residían cerca de Trujillo, el nombre de Cortés era tan temido y respetado por todos los habitantes del país "que hasta las tribus distantes de Olancho, donde después se descubrieron muchas ricas minas, le enviaron embajadores declarándose vasallos del emperador" [1]. Pero Olancho había sido visitado antes de esta época por el capitán Gabriel de Rojas, enviado por Pedrarias para que explotara las minas de oro del país. El mismo aventurero fundó una colonia en el cabo Gracias a Dios en 1530, que pronto fue abandonada.

Mientras tanto Cortés, a través de la intrincada selva de Guatemala hasta Honduras, empresa sin paralelo en la historia marcial, por los sufrimientos, penalidades y privaciones que sucesivamente sufrieron su iniciador y acompañantes. A su llegada llevó a cabo importantes cambios en las colonias y fundó la ciudad de La Natividad, en Puerto Caballos. [2]

Durante la permanencia de Cortés en Trujillo hubo indudablemente frecuente comunicación entre el puerto y el interior. Fueron sometidas las poderosas tribus de las cercanías y sus jefes conducidos a Trujillo haciéndoles que reconocieran el poderío de España. Algunos, residentes en lo que hoy se conoce con el nombre de Yoro, fueron empleados en trabajos de la ciudad y a los caciques

---

[1] Dice Bernal Díaz del Castillo: "Y tan temido era Cortés de los naturales y tan nombrado, que hasta los pueblos de Olancho, donde fueron las minas ricas que después se descubrieron, era temido y acatado". **Verdadera Historia**, Cap. CLXXXIII.

[2] "Pues Cortés vio que en aquel asiendo que halló poblados a los de Gil González Dávila no era bueno, acordó de embarcarse en los dos navíos y bergantín con todos cuantos en aquella villa estaban que no quedó ninguno, y en ocho días de navegación fue a desembarcar a donde ahora llaman Puerto de Caballos. Y como vio aquella bahía buena para puerto y supo de indios que había cerca de poblazones, acordó de poblar una villa, que la nombro Natividad, y puso por su teniente a un Diego de Godoy". Bernal Díaz, **Verdadera Historia**, Cap. CLXXXI.

se les exigió que negociaran con los isleños vecinos con el fin de adquirir provisiones de boca para los conquistadores. Varios indios, dice Bernal Díaz, hicieron todo el trayecto hasta Trujillo para quejarse a Cortés d las depredaciones cometidas en su país por los españoles de Nicaragua, que saqueaban sus moradas y se llevaban consigo a sus mujeres y sus hijas. Gonzalo de Sandoval fue comisionado con solo sesenta hombres para que marchara al interior y Rojas pudo salvarse de un severo castigo gracias a la intercesión de varios compatriotas que lograron restablecer la amistad entre los dos capitanes [1]. El historiador dice que Sandoval penetró seiscientas millas dentro del territorio, lo que es imposible por el hecho de que con menos de esa distancia hubiera atravesado todo el continente.

Herrera dedica parte de su cuarto libro a describir la religión y las costumbres de los nativos que habitaban los actuales departamentos de Yoro y Olancho [2]. Que el país se hallaba muy poblado lo demuestra su referencia al río Aguán, grande y hermoso río que corre hacia Trujillo y en cuyas riberas había grandes poblaciones que irrigaban buena parte de sus tierras.

Poco antes de la partida de Cortés de Trujillo en 1526, se hicieron varias incursiones a Olancho desde Naco, cerca de Puerto Caballos. "Luchando contra las tribus hostiles nos abrimos paso hasta Olancho", dice Bernal Díaz, "que actualmente se llama Guayape, abundante en riquísimas minas de oro" [3]. El continuo descubrimiento de minas de oro en Olancho y Yoro (que desde entonces se llamaba Santa Cruz de Oro), atrajo numerosa población a aquella parte de Honduras, mucha de la cual, encantada con su clima y sus pintorescos paisajes, abandonó sus actividades mineras y comenzó con unas pocas cabezas de ganado importadas de España, a establecerse con lo que

---

[1] "... los indios de aquella provincia de Olancho se vinieron a quejar a Cortés como ciertos soldados de los de Nicaragua les tomaban sus hijas y mujeres y les robaban sus gallinas y todo lo que tenían. Y Sandoval fue con brevedad y llevó sesenta hombres, y quiso prender a Rojas, y por ciertos caballeros que se metieron en medio de la una parte y de la otra los hicieron amigos, y aun le dio Rojas a Sandoval un indio paje para que le sirviese". **Verdadera Historia**, Cap. CLXXXIX.

[2] **Historia General de los hechos de los castellanos**, capítulos III al VI, Lib. VIII, Década cuarta, t. IX, pp. 302 a 123, edición de la Academia de la Historia.

[3] "Fuimos por tierra adentro, de guerra hasta llegar a Olancho, que ahora llaman Guayape, donde fueron las mina ricas de oro". Díaz del Castillo, Conquista de México, Cap. CXCIII.

sería posteriormente el patrimonio de sus descendientes. El renglón principal de la industria, sin embargo, fue por muchos años el laboreo de las minas de oro, llevado a cabo con los toscos métodos entonces en boga. Un escritor inglés describe la provincia de Honduras en 1661, en estos términos: "A veinte y siete leguas de esta ciudad (Trujillo) se halla la aldea de San Jorge de Olancho, donde cuatro mil españoles obligan a tributar a dieciséis mil indígenas, dueños de mucho oro".

Desde la llegada de don Pedro de Alvarado, nombrado por real cédula gobernador y capitán general de Guatemala, el sometimiento de los nativos continuó con las más inhumanas crueldades. Los comandantes locales [1] que ejercían un control ilimitado sobre los indios, no paraban mientes en cometer los peores atropellos para sacarles a la fuerza los supuestos escondites de su oro. Una resistencia tenaz se opuso en Honduras, pero particularmente en la propia Guatemala, donde vastas hordas de aborígenes se vieron compelidas a dar batalla, para solo ser masacradas a montones por sus impávidos enemigos protegidos por cotas de malla.

Montejo, que había sido nombrado gobernador de Honduras por el rey de España en 1536, a su llegada de México despachó a uno de sus oficiales, Alonso de Cáceres, contra el cacique Lempira (señor de las montañas). Este jefe indio había reunido un ejército de treinta mil hombres, a quienes estimuló con llamamientos animosos imbuyéndoles fe en la victoria. Se fortificó en un peñón, en Cerquín, cerca de la actual ciudad de Comayagua y por seis meses desafió a los españoles, obligándolos a invernar, con grandes sufrimientos, en campo abierto. Lempira, orgullosamente, rechazó todos los ofrecimientos de paz que se le hicieron y mataba a los mensajeros de Cáceres, declarando que no reconocía a nadie como superior, ni admitía ninguna innovación en las costumbres y en las creencias de su patria. Era de mediana estatura, ancho de espaldas, bravo y prudente. Su influencia sobre los indios era tanta que se le suponía estar hechizado, y sus hazañas fabulosas eran cosa sabida entre todas las tribus. Finalmente fue muerto alevosamente por orden de Cáceres, durante una conferencia, en la cual él se expuso saliendo a las murallas de su fuerte. Se encontró su cuerpo envuelto en la armadura de algodón peculiar que usaban los españoles en las guerras con los

---

[1] Durante el régimen colonial parece que no hubo funcionarios con esta denominación. Tal vez el autor quiso decir encomenderos.

indígenas. Después de su muerte los nativos se rindieron a la autoridad de los conquistadores.

El cacique Tapica, que fue otro jefe valiente y poderoso y ejercía gran influencia en las tribus del interior, se aprontó a llevar a efecto una reunión general para oponerse a los invasores, pero sin éxito. Los españoles encontraron a los indios divididos unos contra otros, y así fueron fácil presa de sus enemigos.

"Cuarenta mil hombres podían reunirse para presentar batalla, algunos armados con arcos y flechas con puntas de pedernal, sus escudos eran de cañas entretejidas y cubiertas con pieles de leones, tigres, venados y de otros animales montaraces; y los ornamentos marciales consistían en plumas de aves y pieles de bestias. Sus espadas eran hechas de maderas duras y venenosas".

El historiador Juarros se refiere a la conquista de estas tribus aborígenes, pero no habla de las multitudes bárbaramente ejecutadas durante la subyugación. Bartolomé de Las Casas, que visitó Guatemala en 1536, fue infatigable en sus intentos de convertir a los nativos a la fe cristiana, y logró con dulzura someter las tribus que habían desafiado las hazañas de los soldados. No limitó sus esfuerzos humanitarios solo a Guatemala, sino que se interesó también en favor de Honduras.

En su carta para Carlos V hace un recuento de las atrocidades cometidas por los españoles y describe la vasta población indígena en la época de la conquista; pero, en lo último, debe hacerse un descuento debido a la fervorosa exageración del buen obispo. De los conquistadores dice: "Mataban a los niños golpeándoles los cráneos contra las piedras hasta sacarles los sesos. Los reyes y príncipes del país eran quemados hasta morir o arrojados a los perros para que estos los hicieran pedazos. A las gentes pobres las compelían a que entraran en sus casas y después quemaban estas. A los que podían salvarse se les condenaba a la peor de las esclavitudes imaginables, usándoles en lugar de las mulas y los caballos y obligándoles a llevar pesos mayores de los que podían resistir y miles cayeron muertos bajo sus cargas. Algunos huían a los bosques y morían de hambre, después de comerse a sus esposas o sus hijos. Solo en esta provincia masacraron arriba de doscientos mil hombres, entre ellos personas de alta posición social que los habían atendido con suma cortesía. Torturaban a los pobres nativos inocentes por todos los medios que podían inventar, para obligarles a decir donde escondían el oro. Particularmente Diego de Velasco [1] no perdonaba a nadie que cayera en sus manos, así que en el término de un mes, más de diez mil indios fueron asesinados. Colgó a trece jefes a quienes les dio el nombre de los doce apóstoles y al principal lo denominó Jesucristo. Varios sufrieron de hambre hasta fallecer, con sus cabezas atadas a sendos maderos partidos; otros fueron enterrados vivos dejándoles solamente la cabeza fuera de tierra y a la cual lanzaban proyectiles de hierro y forzándoles a comerse los unos a los otros y cometiendo otras atrocidades infernales, demasiado horribles para ser contadas".

El mando tiránico del gobernador Cereceda, en 1536, fue tal que los indios, de quienes los colonos dependían principalmente para sus labores agrícolas, huyeron a las montañas dejando a los pobladores en la mayor desesperación. Con la llegada de Alvarado terminaron estas tribulaciones. Los indios fueron pacificados y el gobernador culpable sometido a juicio para dar cuenta de su conducta. Mientras Alvarado estuvo aquí, fundó las ciudades de San Juan y San Pedro Sula. En el mismo año se hicieron intentos para explotar y colonizar el interior. Con la muerte del cacique Lempira la calma se restableció y Alonso de Cáceres fue comisionado para que localizara en el interior del país un lugar que estuviera a medio camino entre los dos océanos para construir en él una ciudad. Seleccionó el lugar donde se halla actualmente la ciudad de Comayagua. Se proponía, dice Juarros, obtener con esta ciudad una fácil comunicación con el Atlántico y el Pacífico, por hallarse en la mitad entre Puerto Caballos y la bahía de Fonseca. Siendo el clima saludable y fértil la tierra se evitarían en mucho las enfermedades y la pérdida de varias vidas humanas y se ahorrarían muchas de las fatigas y privaciones que corrientemente se experimentaban en el viaje de Nombre de Dios (Chagres) a Panamá. El rey de España encargó al ingeniero italiano Bautista Antonelli, para que inspeccionara esta ruta proyectada y que, trescientos años más tarde, fue la seleccionada por los anglosajones para la línea del Ferrocarril Interoceánico de Honduras. El historiador fija la fecha en que se fundó Comayagua en 1542 (llamada entonces Nueva Valladolid). Pronto se convirtió en la capital de la provincia, posición que conservó desde entonces.

Parece que la colonización de Honduras fue proseguida de manera formal por los españoles durante la mayor parte de este siglo. Muchas

---

[1] Debe ser Diego de Velázquez, gobernador de la isla de Cuba, que envió las tres expediciones que descubrieron y conquistaron Méjico.

aldeas de los indios ventajosamente situadas se convirtieron en ciudades de comercio activo. Los indígenas cayeron poco a poco en estado de vasallaje o servidumbre, más desgraciado aún que esclavitud declarada. No se puede negar que las leyes de las indias fueron concebidas y dictadas para ser aplicadas con justicia y sabiduría, especialmente las que regulaban el gobierno de los indios; pero, aunque fraguadas dentro de un espíritu humanitario, fueron astutamente evadidas por los españoles que, oprimidos como colonos por la madre patria, a su vez abusaron y acosaron a los inquietos nativos. Los esclavos negros fueron importados ya cuando el sistema de refinada crueldad había casi terminado con la raza indígena.

La ciudad de Trujillo, como punto de salida de la producción de Olancho y Yoro, se convirtió, después de algunos años, en un activo centro de comercio. En 1539 su iglesia fue declarada catedral por el papa Pío III, título que conservó por más de veinte años, hasta que pasó a la de Comayagua [1]. Un fuerte que montaba diecisiete cañones fue construido en este mismo año. El lugar era a menudo atacado y una vez, en 1643, enteramente destruido por el pirata holandés John Van Horne. Entre el botín obtenido por los merodeadores ingleses y holandeses en sus expediciones contra Honduras se enumeran la plata, las pieles, el añil y la zarzaparrilla.

El geógrafo inglés Ogilby, al describir a Trujillo dice: "El terreno alrededor abunda en uvas, que se recogen dos veces al año. Ocho días después de agosto cortan sus vides, que vuelve a darles unas maduras en octubre". En 1789, rechazó un ataque de la flota inglesa. Juarros dice que esta ciudad tenía en 1811 una población de cuatro mil habitantes, de los cuales tres cuartas partes eran negros. Actualmente es un puerto que no tiene importancia y es apenas visitado. San Fernando de Omoa, con su castillo, fue construido por Real Decreto en 1740. Los trabajos de su construcción duraron veintitrés años. El limitado comercio actual de estos puertos se describe en otra parte de este libro.

---

[1] La diócesis de Trujillo, en la provincia llamada Cabo de Honduras, fue erigida por su santidad Clemente VII el 6 de septiembre de 1531; en la misma fecha nombró obispo de la nueva diócesis a Fr. Alonso de Guzmán, alias de Talavera, quien la presidió, aunque sin tomar posesión. Renunció en manos de S. S. y fue nombrado para sustituirlo el Lic. Cristóbal de Pedraza, presbítero hispalense, el 13 de febrero de 1541, siendo papa Paulo III.

Las misiones enviadas a principios del siglo XVII al interior de Olancho y la Segovia, vía Comayagua, aunque concebidas y ejecutadas con laudables intenciones, no tienen sino poco interés, fuera del de exhibir las condiciones en que vivían las tribus indígenas en aquellos tiempos y el fervor indomable de los misioneros católicos. Desde 1547, se envió información a España en lo concerniente a las tribus del oriente de Honduras, entonces unidas con las de la región adjunta de Nicaragua, como Taguzgalpa y Tologalpa. En 1549, Felipe II ordenó que se rindiera un informe minucioso de las tribus que habitaban las costas del norte y se remitiera tal informe a la corte. Por ese mismo tiempo dos frailes se empeñaron, sin éxito, en penetrar en el interior de estas provincias. El primer intento afortunado para llevar la fe cristiana a las tribus "infieles" parece haber sido hecho en el año 1607 por los padres Esteban Verdelete y Juan Monteagudo, quienes salieron desde Comayagua con el propósito de llegar hasta las tribus poderosas de los xicaques, por el río de la Nueva Segovia y el Wanks. Pero los guías indígenas les abandonaron en medio de una soledad, sin caminos, y después de increíbles peligros, siguiendo su ruta a través de precipicios y de selvas inextricables, guiándose solo por las estrellas, pudieron escapar y llegar salvos otra vez a Comayagua.

Tres años más tarde, los dos padres repitieron su intento. En 1609 formaron un grupo de treinta y cuatro hombres, entre quienes se hallaban el cura de Olancho, el capitán Daza y tres nativos más de Olancho. Penetraron en el distrito montañoso por el río Guayape, y después de atravesar muchos ríos en balsas y canoas llegaron a la vista de las chozas de los nativos. Probablemente llegaron al Guayape, al pie de las montañas de Campamento y viajaron hacia el este de Teupasenti, pasando el Jalán, el Guayambre y demás ríos de esa región.

Los indios eran sin duda miembros de los Toacas, mencionados por Juarros y que habitaban aquella porción del país. Salieron al encuentro de los extranjeros y los recibieron con danzas y ofrendas florales. La presencia de varios de ellos pintados de negro y con penachos emplumados en la cabeza hizo que los padres sospecharan de su pacífica disposición. Se plantó una gran cruz y varios nativos se bautizaron con Verdelete, por cuya razón este envió un informe a Guatemala, dando cuenta del éxito. Pero los lencas y los mexicanos, que vivían juntos, se enemistaron y, seducidos por los que se habían negado a convertirse al catolicismo, se fugaron hacia las montañas con los Teguacas, después de lo cual los salvajes, con sus rostros ennegrecidos y con gritos horribles y armados de antorchas y de lanzas, prendieron fuego a la cabaña que se había erigido para iglesia. Verdelete, crucifijo en mano, les reconvino y exhortó, pero en vano; y, encontrando las casas totalmente desiertas, la comitiva tuvo que regresar a Guatemala.

En 1610 los misioneros ensayaron nuevamente convertir a los xicaques. El grupo fue escoltado por el capitán Alonso Daza y veinticinco soldados. Al decir su sermón de despedida en Guatemala, el padre Verdelete profetizó desde el púlpito que ese era el último sermón de su vida. La comitiva llegó a los confines de Tologalpa en 1611.

A su arribo fueron atacados por los indígenas y varios de los soldados murieron. Después de pasar un tiempo prudencial haciendo observaciones, Daza salió con unos pocos soldados, sin armas, para tratar de reconciliarse pacíficamente con los indios. Al salir, recomendó a los misioneros que no se movieran de su puesto hasta tanto no recibieran noticias de él. Pero, no haciendo caso de este consejo, los nativos con señuelos atrajeron a los españoles hacia sus canoas y después, en las faldas de una colina surgió una multitud de indios pintados de negro, con yelmos de plumas y armados con lanzas. La cabeza del infortunado Daza y las manos cortadas de sus soldados colgaban en las puntas de las lanzas. A pesar de este terrible espectáculo, Verdelete desembarcó y avanzó atrevidamente hacia los salvajes que, a una señal convenida, cayeron sobre el grupo matando a los misioneros y a casi todos sus acompañantes.

Los bárbaros celebraron el triunfo con una fiesta, en la cual comieron a sus víctimas y usaron sus cráneos como recipientes para beber. Se pusieron sus vestidos en la danza y los cálices y utensilios sagrados fueron hechos pedazos y convertidos en pendientes para la nariz y las orejas. El cronista relata que muchos murieron por sus excesos en esta ocasión, otros se arrojaron a los precipicios y otros finalmente, perecieron ahogados, como una venganza del Todopoderoso por este sacrilegio. Por lo menos, agrega, esta fue la afirmación que dieron los indios a los misioneros que tiempo después visitaron el lugar. La muerte de padre Verdelete ocurrió en enero en 1612.

Durante muchos años los indios de Tologalpa no volvieron a saber de los cristianos, pero a fines del siglo XVII se hicieron nuevos intentos y varios establecimientos misioneros se fundaron en la Segovia, pero fueron finalmente abandonados. Se hicieron esfuerzos para convertir a los indios de Olancho poco después del martirio de Verdelete. Un joven andaluz, en unión de un hermano lego y de cuatro indios de Roatán como intérpretes, desembarcaron en el cabo Gracias a Dios en 1622. Anduvieron errantes dos días en una región selvática, sin notar señales de vida humana; ocasionalmente, sin embargo, divisaban nativos en la lejanía, quienes, al ver a los extranjeros, huían espantados. Por fin encontraron a los indios en una procesión, cuya descripción y subsiguiente narración del jefe patriarcal de la tribu muestra el amor a lo maravilloso que caracterizaba los informes de los misioneros españoles. Los padres fueron generosamente recibidos y la obra de la catequización se condujo con un ardor grandísimo. Martínez y dos compañeros fueron asesinados en 1623 por los Albatuinas, tribu que habitaba el interior de Olancho. A los Guabas, otra nación, se les describe como mulatos y como descendientes de un grupo de españoles que naufragó en la costa. La obra catequista de los misioneros cesó gradualmente. En 1651 la tribu de los Pavas descendió al valle de Olancho, pero fue pronto rechazada por Escoto [1], un propietario de tierras, quien levantó una tropa para tal fin. El padre Goicochea renovó los intentos de civilizar a los xicaques, pero esto ocurrió en 1805 [2]. Cruzó la montaña y en el Valle de Agalta fundó las aldeas de Pacura y San Esteban (por el mártir Verdelete), que se conoce hoy como "Conquistas". Todo rastro del canibalismo atribuido a estos indios por Fernando Colón y los misioneros, había desaparecido desde hacía tiempos.

Con la conquista de las tribus indígenas en los quince años posteriores al desembarco de Cristóbal de Olid, Honduras fue elevada a la categoría de Provincia del Reino de Guatemala, bajo la Nueva

---

[1] Se refiere a D. Bartolomé Escoto, criollo nacido hacia 1625, persona principal y de valor, que después de varias entradas, con su celo y mañana, logró atraer a "nuestra santa fe" a setecientos indios jicaques que vivían dispersos por las montañas, reduciéndolos a siete pueblos donde se les administraban los santos sacramentos. Don Carlos II le mandó a dar las gracias, alentándolo para la continuación de sus servicios y prometiéndole tenerle presente para sus ascensos. V. la carta del obispo de Comayagua fechada el 10 de marzo de 1689. Archivo de Indias, Guatemala, 164.

[2] V. la Relación sobre los indios gentiles de Pacura, en el Obispado de Comayagua. **Revista de los Archivos Nacionales** de Costa Rica. San José, 1938.

Audiencia que se estableció en Comayagua [1]. Lejos de la madre patria, Guatemala recibía muy escasa ayuda y ninguna protección de España, salvo la necesaria reglamentación del "Consejo de Indias" para recaudar ingresos y servicios y también para el cobro del quinto real de la producción minera. Como en México y el Perú, la industria principal era la del oro y la plata, engendrando, particularmente en Honduras, una aversión a las actividades agrícolas, con excepción de las grandes llanuras y valles, en donde considerable cantidad de productos tropicales se cultivaba para la exportación. La crianza de ganado pronto asumió mucha importancia, solo superada por la minería. Las guerras de Europa, en las que España tomó parte durante los siglos XVII y XVIII, expuso las costas americanas a los ataques de los bucaneros, a quienes las cercanas Indias Occidentales prestaban lugares propicios para su refugio y reparto del botín. Con estas pocas excepciones la más profunda tranquilidad reinaba en las provincias de Guatemala. Las fuerzas militares españolas, que consistían en un puñado de tropas acuarteladas en Guatemala, apenas ameritaban el calificativo de ejército. La religión católica se extendió por todo el país; la institución de la iglesia, bajo la dirección del arzobispo de Guatemala, estaba dividida en obispados, curatos y parroquias que en un centenar de ramificaciones llegaban hasta los más remotos confines de la civilización.

Delinear la historia de Guatemala del periodo de la conquista al de la independencia, sería incompatible con este breve bosquejo. El sistema del gobierno colonial con el que España, desde tan lejos, gobernó vastos continentes con muchos millones de almas, de modo uniforme y con el mayor de los éxitos, será siempre objeto de la admiración del mundo entero. Países enteramente disímiles en clima, en producción, en población, eran movidos con igual ritmo en una órbita política manejada por su influencia conciliadora. Las provincias de Guatemala formaban una constelación bajo el dominio de este sorprendente sistema y vivieron, como ya se ha dicho, en absoluta quietud.

---

[1] La audiencia se mandó a establecer en Comayagua, pero el Lic. Maldonado, su presidente, considerando que aquella población estaba tan apartada de las provincias de Guatemala Chiapas y Soconusco, cuyos habitantes eran los que tenían más negocios, dispuso que el Tribunal se estableciera en Gracias a Dios. V. Milla, **Historia de la América Central**. Guatemala, t. II, 1882, p. 23.

El encargo de mantener la autoridad española fue confiado a funcionarios que gozaban de sueldos y honores que, bajo el título de virreyes y capitanes generales, casi rivalizaban con los actuales soberanos. Guatemala fue una Capitanía de las seis en que, además de cuatro virreinatos, fue dividida la América Hispana. La administración de justicia estaba en manos de las Audiencias, una de las cuales, como ya se ha relatado, fue establecida en Comayagua por Real Cédula en 1543. Esta organización política y civil sufrió pocos o ningún cambio durante los siglos de la dominación española en Guatemala. Las provincias estuvieron después representadas por diputados del virreinato en las Cortes de Madrid. [1]

Existió en toda esta época en España la célebre institución conocida como "Consejo de Indias", establecida a principios de 1511; continuó de ahí ejerciendo su autoridad sobre los asuntos de las provincias. Era también una suprema corte de apelaciones en las decisiones de las audiencias. Integrado por hombres sabios y sagaces, muy versados en las necesidades y posición peculiar de las colonias, este cuerpo fue respetado por todos con la veneración más sincera. Se proponía premiar las acciones caballerosas, castigar a los delincuentes y rectificar errores. Sus poderes eran tan absolutos como extensos. En su mano estaban los nombramientos para puestos principales, tanto civiles como eclesiásticos, y su influencia guiaba principalmente los negocios militares, así como los financieros y comerciales de la América Hispana. Pero aun siendo tan poderosa arma de protección, aparentemente extendida en actitud amistosa hacia las colonias, no ofrecía en realidad socorro a las tribus indígenas oprimidas que gradualmente, pero de manera segura, estaban desapareciendo ante el rigor de sus ejecutores; y hasta los mismos españoles escasamente podían ser oídos por el Consejo, por estar rodeado de tantas desalentadoras formalidades.

El sistema financiero se fundaba en cinco principios: el primero, que el rey era el dueño de las tierras; el segundo, que los indios debían pagar contribución, en forma de capitación; el tercero, en que una décima parte de la producción de la tierra fuera pagada bajo

---

[1] Concurrieron como diputados a las Cortes de Cádiz y suscribieron la Constitución Política de la Monarquía Española de 18 de marzo de 1812: el canónigo Florencio Castillo, por Costa Rica; D. José Antonio López de la Plata, por Nicaragua; el canónigo Antonio Larrazabal, por Guatemala; D. José Ignacio Ávila, por San Salvador, y D. José Francisco Morejón, por Honduras.

denominación de "diezmos", reclamados para la protección del rey y cedidos a la iglesia bajo la sanción de varios papas; y cuarto, en los impuestos indirectos, o de aduana: la alcabala, o sea el gravamen pagado por la venta de la mayoría de los artículos de comercio y provisiones y, finalmente, el quinto de todo el oro y la plata que se extrajera de las minas que no pertenecían al rey. La venta de tabaco, sal, naipes y otros artículos de menor importancia, estaba controlada por funcionarios reales. Los ingresos postales también pasaban al tesoro del rey, y en varias provincias se pagaban un gravamen por el derecho de establecer y usar el cruce de ríos por embarcaciones, por tener gallos de pelea y por vender las bebidas llamadas guarapo y pulque. Los ingresos públicos eran cobrados por empleados de los diferentes departamentos de la administración y puestos a la disposición de las Juntas Superiores de Hacienda, que se reunían en las capitales y que estaban integradas por el intendente, que era el presidente, el regidor de la Audiencia, dos contadores mayores, el fiscal de lo civil, el oficial real (siempre el más antiguo en su cargo) y el escribano real. [1]

La situación de las provincias hispanoamericanas bajo el dominio español está vivamente retratada en las caras que el Sr. William Walton dirigiera a su alteza real el príncipe regente, publicadas en Londres en 1814. El soborno y la corrupción eran los resortes que movían toda cosa. Los monopolios de diversa índole y los artículos más esenciales absorbían la industria de las clases bajas; y las restricciones al comercio y los sistemas prohibitivos ponían todo en estancamiento y dejaban sin valor lo mejor de lo mejor de la producción. Además de los monopolos onerosos que existían en favor de la corona y de los individuos, la libertad de prensa era desconocida, el cultivo de la vid y del olivo prohibido en la mayor parte de las regiones [2], por lo general, la destilación del alcohol y también la siembra del maguey y del lino estaban asimismo prohibidas. Era ilegal la pesca de la ballena y el bacalao, como también el tráfico entre

---

[1] Véase "Títulos de la Alcabala", "Ensayo del Oro" etc., recopilación de las Indias.

[2] "Quedando expresamente prohibido para la Nueva España, Tierra Firme y Santa Fe, los vinos, aguardientes, vinagre, aceite de olivas, pasas y almendras de Perú y Chile y privados rigurosamente en todas partes los plantíos de olivares y viñas". **Vide Gaceta de México**, 6 de octubre, 1804. También **Censor Extraordinario**, N° 59, Cadiz, 1812.

las respectivas provincias, no solo de artículos importados de España sino también de los propios. El comercio de cabotaje no era permitido y el tráfico con los extranjeros era crimen y como tal se castigaba.

Estrada observa (Examen Imparcial, fol. 149) que el Gobierno de España, para poder retener a los americanos en mayor sometimiento, concibió que los mejores medios eran prohibirles manufacturar aquellas cosas que podían hacerse en la madre patria o de que cultivaran a su suelo cualquiera de los productos agrícolas de aquella. De aquí se prohibiera hacerle competencia al vino, los aguardientes, el aceite, las pasas, las almendras, la seda, los paños, el vidrio, etc. De España, de la que dependían para suplirse de estos artículos. No se les permitía que trabajaran las minas de azogue, que tanto abundan en su país, y el rey prefería gastar considerables sumas anualmente comprándolo en Trieste, para amalgamar las brozas. Las grandes restricciones en la importación de libros eran extremadamente crueles porque, si además de los de oraciones y catecismos se colaban otros burlando la vigilancia de los inspectores aduaneros, era difícil eludir las garras de la inquisición, en cuyas listas condenatorias precisamente se encontraban los autores más célebres y las obras más útiles. Hasta entraba en la política colonial de España al ocultar a los americanos los detalles verdaderos y fieles de la primitiva conquista de su país, tanto que los trabajos de Las Casas, que era venerado como un santo, estaban vedados por el Gobierno ya que daban un cuadro verdadero, cabal y con la seguridad de un testigo ocular, de los horrores y crueldades cometidos por los primeros conquistadores con los indios indefensos, enumerando los pillajes y la destrucción de sus principales ciudades con el ardor de un verdadero cristiano. Solamente eran tolerados poemas épicos y romances en loor a los primeros conquistadores como la historia de Solís, y en los cuales la ignorancia y los vicios de los nativos indefensos eran alegados como argumento para las carnicerías inauditas que tan pronto despoblaron estas naciones del mundo últimamente descubiertas.

Varias sociedades patrióticas que tenían por objeto la beneficencia y la divulgación del conocimiento fueron clausuradas bajo los más falsos pretextos, como también el estudio de las leyes y de los derechos de las naciones, estos últimos considerados ajenos a los americanos. El colegio indígena Tlalcloco se abolió porque los nativos de Colora allí adquirían información. El cacique Cirilo de Castilla gastó treinta años de su vida en esfuerzos por fundar un colegio indígena en Puebla y murió en Madrid sin alcanzar su propósito. Don Juan Francisco, jefe ópata, viajó a México a pie, una distancia de quinientas leguas, y cruzó el océano hacia Madrid solamente para solicitar que se le permitiera fundar una escuela en su provincia a fin de enseñar los primeros rudimentos a sus coterráneos los indios, pero su petición fue rechazada de plano por el Consejo de Indias en 1798. Una sociedad patriótica que fundó el benévolo Villaurrutia en Guatemala con el fin de estimular las artes y las ciencias, también fue calificada como ofensiva a los puntos de vista de la Corte. [1]

No fue sino a principios del presente siglo que empezaron a manifestarse los primeros brotes de revuelta. Con dificultad podría hacerse un paralelo entre la serie de acontecimientos que condujeron a la revolución en Centroamérica y aquellos ocurridos en las colonias británicas. La adhesión innata de estas a sus derechos y la oposición vigorosa a la tiranía que caracterizaba a los patriotas del norte, faltaban en la letárgica Centroamérica donde la instrucción pública estaba confinada a los ricos y a los miembros de la iglesia, donde la libertad de discusión era desconocida y donde las mentes se hallaban sumidas en la más profunda ignorancia. Como consecuencia, los incidentes agitados que precedieron a la revolución americana no se pusieron de manifiesto, como tampoco hubo resistencia a las innovaciones en sus derechos pues carecían del talento para apreciarlos y del espíritu para mantenerlos incólumes. La mayoría de los que por su educación estaban capacitados para estimar los beneficios que resultarían de un cambio político, estaban gozando de posiciones lucrativas que, bajo el favor de los virreyes, habían beneficiado sin disputa a ciertas familias, casi como privilegios hereditarios.

Estas familias habían crecido entre la rica aristocracia, con dinero se habían procurado las patentes respectivas, y avaramente monopolizaban para si mismas y sus amigos la riqueza y los honores. La mayoría de los empleados y funcionarios públicos eran americanos de nacimiento, pero hijos de españoles de Europa. Las maneras dominantes de esta nobleza ignorante e improvisada, sin virtudes ni rasgos de hombría, lejos de inspirarle respeto, irritaba y fastidiaba al

---

[1] Esta entidad (Sociedad Económica de los Amigos del Reino) fue reorganizada después de la independencia, y todavía existe. En 1855 apartó una valiosa colección vertífica a la Gran Exposición en París. N. del A.

pueblo. Las clases más inteligentes, con el precario intercambio comercial con los extranjeros, habían empezado ya a apreciar esta aristocracia, lo mismo que el poderío de la madre patria, en su justo valor. La impresión que había sido cuidadosamente inculcada por España en las mentes de sus colones, de que las otras naciones europeas eran subordinadas, había sido disipada por los grandes acontecimientos que agitaban Europa. Se guardaban de que circularan noticias del extranjero y de que no se conocieran los nuevos inventos pero, a pesar de todas estas precauciones, cada una de las provincias tenía su pléyade de hombres de talento y de fina educación, entre quienes podría citarse al célebre erudito Dr. Ruiz, de Nicaragua y los señores Valle, Barrundia y Matute, de Honduras y Guatemala.

Sin el aliciente de actos extremados y de violencia de la tiranía como los que usualmente engendran oposición en un pueblo primitivo, el proceder del Gobierno produjo un descontento entre los hombres más cultos y reflexivos. Las disminuidas riquezas de España provocaron la imposición de más contribuciones a las provincias, pagadas en un principio sin protestar, pero pesaron tanto sobre el pueblo que provocaron las primeras murmuraciones de descontento.

Las tribus indígenas, después elemento político poderosos en Centroamérica, habían estado por muchos años ostensiblemente protegidas, pero en realidad se las tenía en la más cruda ignorancia y en un patente grado de inferioridad. Las leyes españolas consideraban a los indígenas como menores de edad por toda la vida, sujetándolos a una tutela perpetua. Entre las ordenanzas reales, para evitar que recibieran instrucción en cualquier sentido, había una que prohibía a los españoles entraran a las aldeas de los indios; esto, sin embargo, dejó de ser observado mucho antes de la independencia. Los indios también fueron excluidos del baile y de montar a caballo para evitar que se ejercitaran para la guerra; con frecuencia eran cruelmente torturados en el poste de flagelaciones públicas, y los propietarios de minas podían compelirles a trabajar como esclavos, devengando sueldos miserables.

El débil estímulo dado por el Gobierno al progreso de la educación y las artes liberales en Centroamérica, fue gradualmente retirado hacia la terminación de la soberanía española y el sistema de exacciones y contribuciones injustas aumentó en rigor. Alguna fatalidad parecía incitar al Gobierno de España a cometer actos que solo podían acelerar la separación de sus provincias. Folletos, escritos y opiniones de los hombres principales empezaron a encender el anhelo por la libertad, que creció con cada nuevo acto de opresión. Las insurrecciones comenzaron en 1811 en El Salvador y Nicaragua, pero fueron pronto sofocadas y los descontentos enviados a España para su juzgamiento. Costa Rica, que tomó parte en contra de los insurgentes, obtuvo que se le confiriera a la ciudad de Cartago el título de muy noble y el de ciudades a las villas de Heredia y San José. La ciudad de León reclama el honor de haber dado el primer grito de independencia de España.

Varios casos de rebelión ocurrieron en 1821 [1], animados, sin duda, por el ejemplo de México, donde los patriotas Hidalgo, Morelos, Mina y Victoria se levantaron en guerra de independencia con diversos resultados, desde 1809. El triunfo de la causa patriótica de México avivó la llama en Centroamérica y con la llegada de Gabino Gainza de España trayendo noticias de los cambios políticos recientes en la península se selló el destino de la soberanía española. Hubo en Guatemala convenciones del Clero y las familias principales, y entre los gritos del pueblo, el país declaró su independencia el día 15 de septiembre de 1821. La revolución fue pacífica e incruenta. La proclamación de la independencia lleva la firma de Gabino Gainza, después presidente provisional; pero este documento era producto del patriota hondureño José Cecilio del Valle, quien en aquella época aparece, en cuanto a su celo y actividad, como el Samuel Adams de la independencia centroamericana. Los diputados de la capitanía de Guatemala en Madrid secundaron esta declaración y en diciembre de aquel año, con un espléndido banquete, respaldaron de lleno lo hecho por sus compatriotas coloniales.

---

[1] La lucha por la independencia de México comenzó con el grito de Dolores, el 16 de septiembre de 1810.

155

CAPÍTULO VIII: BOSQUEJO HISTÓRICO DE CENTROAMÉRICA (1821 – 1843)

La República Centroamericana. – Los serviles y los liberales. – Francisco Morazán. – El auge de la República. – Rafael Carrera. – Disolución de la Unión. – Morazán en el exilio. – Triunfo de los serviles. – Morazán. – Traición y muerte.

Desde su separación de la autoridad de España, los estados centroamericanos han dado, con breves intervalos, un espectáculo deplorable a todos los amantes de las instituciones republicanas. El experimento de darse un gobierno propio ha probado ser un lamentable fracaso, después de treinta y cinco años de revoluciones y guerras agotadoras. Sin faltarles patriotismo o conciencia de su responsabilidad ante el mundo, han exhibido una ciega porfía en luchas frenéticas seccionales y revoluciones sin objeto que, fatalmente, han conducido a esos pueblos a su presente estado de debilidad. Varios estilos de republicanismo surgieron y desaparecieron y toda una generación gastó el tiempo en un anhelo inútil por compaginar las formas de gobierno con las teorías políticas; entretanto, solo fuerzas antagónicas han existido entre ellos mismos.

En el vano intento de sustituir defectos radicales por un sistema de reorganización social, han tenido lugar cambios violentos y frecuentes que envuelven guerra de clases hasta que esos países, que abarcan lo más valioso del continente con una posición geográfica no superada en el globo como una avenida para un comercio universal, han descendido con sorprendente rapidez al decaimiento y a la insignificancia política. El ejemplo que han dado los Estados Unidos con su progreso admirable ha sido desatendido, salvo en las imitaciones impracticables de su Constitución Política, pero sin la moderación ni la inteligencia para hacerlas valer. Los pronunciamientos de caudillos ambiciosos, por lo general, eran seguidos de un llamado a las armas. El presidente de hoy podría ser el desterrado de mañana; el ministro de esta semana, el fomentador de la revuelta de la siguiente. Lo que en los Estados Unidos se cumple en las urnas aquí se lleva a cabo con el cañón y las bayonetas.

Los periodos sucesivos de derramamiento de sangre y anarquía ilustran la gran verdad de que las instituciones republicanas no pueden prosperar donde la ignorancia popular y los gobiernos sin principios son constantes enemigos del progreso y de las bendiciones de la libertad. Favorable como fue la aurora de la liberación en Centroamérica, verdad es que desde aquel acontecimiento el país solo ha sido una caricatura triste del republicanismo que indica, por hechos incontrastables, que su ruta se precipitó con su separación de España.

El acuerdo de la independencia fue secundado por Honduras y El Salvador con una declaración similar; las autoridades locales fueron depuestas pero, siendo nativos del país, se las reinstaló al adherirse al movimiento general. Nicaragua no se unió a la revolución sino hasta el 11 de octubre, cuando aquella provincia se declaró en favor del Plan de Iguala, cuyo objetivo era poner un príncipe español en el trono, pero independientemente de la madre patria. Se integró un gobierno provisional que mandó hasta el primero de marzo de 1822. Se reunió en Guatemala un congreso general de representantes de las provincias, pero un tumulto popular instigado por los partidarios de las viejas instituciones del virreinato le impidió llevar a cabo sus medidas, y después de varios días se disolvió.

Fue aquí que los liberales, como después se llamaron por primera vez, vieron que sus patrióticos propósitos no podrían realizarse sin lucha. La elevación de Iturbide al trono de México despertó la ambición de un gran partido para formar un imperio en unión de aquel país, y Gainza se adhirió públicamente a aquel propósito en un manifiesto fechado el 5 de enero, que leyó personalmente como presidente de la República, anunciando la formal anexión a México [1]. El Salvador se opuso inflexiblemente a esa medida. Eligió su propio gobierno, tomó las armas en defensa de su independencia absoluta, y fue secundado por Nicaragua. La primera sangre que se derramó en las guerras de facción en Centroamérica fue durante las contiendas en

---

[1] Parece que la política de Gainza fue prevista por Vidaurre, quien al escribir desde Puerto Príncipe dice: "La noticia que voy a comunicar a V. no debe sorprenderle. Guatemala ha declarado su independencia, y Gainza está a la cabeza del sistema libre. Pero siendo nombrado inspector general Gainza por la España y convertirse contra ella, es lo que no disimuló. Gainza, desde que fue general contra Chile manifestó que su plan era su utilidad. Quería mando y riquezas en aquel partido que le ofreciese mayores ventajas". **Cartas Americanas Políticas y Morales sobre la Guerra Civil de las Américas.** 1823. N. del A.

Guatemala entre los partidarios de la anexión y los republicanos, pero fue en El Salvador donde se libró la primera batalla campal, el 3 de junio, entre los anexionistas y las fuerzas del Estado. El ejército invasor fue derrotado y dispersado. El Gobierno Provisional del Estado, sabedor de su incapacidad para poder enfrentarse a México y al resto de Centroamérica, proclamó públicamente su anexión a los Estados Unidos de Norteamérica, en una resolución fechada el 2 de diciembre, pero no se sabe si hubo alguna respuesta a ese Decreto [1]. El Salvador fue luego invadido por el general Filísola, enviado con un gran ejército desde Ciudad Real. La capital se rindió el 7 de febrero de 1823, y Centroamérica virtualmente quedó incorporada a México, aunque el reconocimiento de Costa Rica, de El Salvador y de la ciudad de Granada, estaba aún pendiente.

En este trance llegó la noticia del derrocamiento de Iturbide en México y surgieron insurrecciones en varias partes de la república contra las autoridades mexicanas, habiéndose reunido otra vez la Asamblea Nacional Constituyente, en Guatemala. El 24 de junio se proclamó la "República de Centroamérica", constituida por las cinco provincias centroamericanas; la Constitución Federal tomó como modelo la de los Estados Unidos. Se adoptó una bandera federal con colores azul, blanco, azul, que los Estados han conservado ya como soberanías independientes. La Asamblea promulgó muchas leyes liberales y, al finalizar 1823, la república gozaba de paz ininterrumpida.

Durante el año siguiente hubo serias insurrecciones en León, Nicaragua, y después de numerosas escaramuzas y combates sangrientos, la ciudad fue atacada por Sacano y Salas, y soportó un sitio de ciento catorce días en la cual se perpetraron los más horribles excesos, pero los sitiadores fueron compelidos a retirarse en enero de 1825. Esta guerra, que ocurrió en 1824, se provocó por los caudillos políticos, que buscaban el control general de aquel Estado y, finalmente, concluyó cuando el ejército de la república pasó al mando del general Arce.

Con esta excepción, la república gozó de tranquilidad en los años 1824 y 1825, ocupándose en proteger las fronteras de los estados y en

---

[1] Dice Marure en sus Efemérides (p. 7) que "este acuerdo, dictado solamente con la idea de imponer al jefe de las fuerzas imperiales que asediaban a San Salvador, no tuvo ningún resultado ni pasó de una de esas medidas que se adoptan indeliberadamente en momentos de conflictos".

regularizar el gobierno federal. El 6 de febrero de 1825, se reunió el Primer Congreso Federal y el general Manuel José Arce resultó electo presidente. Hubo una disputa eclesiástica entre Guatemala y El Salvador, que fue sometida a la decisión de las armas, originando un odio entre los dos estados que aún no se ha erradicado totalmente.

El Segundo Congreso Federal inició sus sesiones en Guatemala el 1° de marzo de 1826. El mensaje del presidente Arce es quizás lo que mejor revela como se hallaba la república en ese tiempo. En dicho mensaje felicita al Congreso por la tranquilidad general de que gozaban los estados, y por haberse establecido cordiales relaciones con las naciones extranjeras, excepto con España, que todavía rehusaba dar su reconocimiento a la joven república. Se nombraron ministros y enviados ante las principales naciones y el ministro de Centroamérica, señor Cañas, firmó en Washington un tratado de "Comercio, Amistad y Navegación". El sistema federal fue perfeccionado en toda la república, se amortizó el crédito antiguo y se alentó la inversión del capital extranjero.

"El Gobierno", dice, "ansioso de establecer el sistema de una común instrucción, después del establecimiento del nuevo gobierno, se dirigió a su ministro en los Estados Unidos pidiéndole conseguir un profesor capacitado para que trajera y difundiera aquel plan en la república, mientras se divulgaba por todas las provincias un folleto editado en México, en el cual se explicaba el nuevo método, y se seleccionó una comisión para que tradujera a los sistemas de Fourcroy, Condorcet y Talleyrand sobre el tema de la instrucción pública".

La caída de Iturbide terminó con los propósitos de los imperialistas a favor de México y la esperanza de una alianza permanente con aquel país se esfumó temporalmente. Los partidos políticos habían comenzado a distinguirse como los "serviles" y los "liberales", aunque no fue sino hasta la elección de Aycinena que se popularizaron estos apelativos. Los liberales, que contaban con algunos de los hombres más capacitados y patriotas del país, estaban integrados por el gran cuerpo de la clase media que, desde la aurora de la libertad, había trabajado empeñosamente por la formación de una República Federal modelada, hasta cierto punto, como la de los Estados Unidos. Admitían en sus principios la igualdad y la instrucción para todos, eran hostiles a la restauración de la llamada nobleza o aristocracia y propiciaban medidas realmente justas y liberales. Estas últimas, dictadas para gentes incapaces por su ignorancia y sus prejuicios hereditarios, no fueron comprendidas.

Los serviles, o conservadores, tenían consigo los restos de la vieja aristocracia y el clero que, por su riqueza e influencia religiosa, controlaba a los indios, negros y mestizos. Su objetivo había sido revelado desde los primeros días de la independencia: colocar a sus propios miembros en el poder, destruir las libertades para el pueblo y erigir gradualmente una suprema dictadura o monarquía, cuando las circunstancias lo demandaran.

La república continuó existiendo bajo la administración de Arce, como fue originalmente decretado, pero estaba constantemente amenazada por las maniobras destructoras de ambos partidos políticos. Caudillos ambiciosos en Guatemala, Honduras y Nicaragua se alzaron contra las autoridades federales, y en Costa Rica se hizo un intento, en 1826, por restaurar la soberanía española. Estas rebeliones, sin embargo, eran instigadas principalmente por los serviles que, aunque buscaban futuras instituciones monárquicas, ahora se limitaban al trabajo de suplantar las autoridades existentes por sus propios adláteres, como el camino más seguro para la realización de sus planes. Así fue que por varios años continuaron las guerras del Gobierno Federal contra los movimientos insurreccionistas en los varios estados, movimientos que estaban encaminados, no tanto a lograr un inmediato cambio radical en el gobierno, sino a elevar al poder a caudillos locales que tuvieran sus mismas miras políticas.

La Asamblea Nacional en 1824 se significó por la abolición de la esclavitud en toda la república, desde entonces y para siempre, siendo este paso el primero al respecto en todo el continente americano [1]. Sin embargo, el número total de los emancipados según lo asevera Molina, no excedió de un mil, y los dueños de los esclavos fueron indemnizados por sus pérdidas. El informe de Mr. Young Anderson dice: "Los ciudadanos rehusaban compensación pecuniaria, aunque tal se había mandado y ofrecido".

En medio de las insurrecciones contra el Gobierno Federal, el 6 de septiembre de 1826, el presidente Arce dijo haber descubierto una conspiración contra la república, encabezada por José Francisco Barrundia, entonces jefe de Estado de Guatemala. Arrogándose poderes arbitrarios, totalmente injustos, ordenó el arresto del

---

[1] El 17 de abril de 1824, la Asamblea Nacional Constituyente declaró libres a los esclavos de uno y otro sexo, y de cualquiera edad. Op. cit., p. 18.

gobernador y la disolución de la milicia civil. Arce convocó un Congreso Nacional Extraordinario a fin de reorganizar el sistema federal, pero hubo disensiones en cuanto al lugar donde debía reunirse, y por falta de convenio y siguiendo rápidamente a estos acontecimientos comenzaron las guerras desoladoras que poco a poco redujeron a Centroamérica al deplorable estado en que se halla. Honduras y El Salvador se declararon independientes de la Federación al siguiente año y en cada uno de estos estados hubo batallas sangrientas entre los liberales y los serviles o las fuerzas federales, con éxitos variables, pero finalmente la victoria se inclinó por las tropas combinadas de Honduras y Nicaragua, al mando del teniente coronel Díaz.

Este resultado decisivo fue debido principalmente a la bravura y pericia de un hondureño: Francisco Morazán, que desde entonces fue reconocido como jefe del Partido Liberal y en todos respectos el hombre más grande del país. Este caudillo nació allá por 1799 [1] en Honduras; su padre era hondureño, hijo este de un comerciante nacido en Roma, y su madre una dama de Tegucigalpa. Sus ancestros eran de Italia [2] lo que, según se dice, le llenaba de orgullo. En su juventud se distinguió por su mente ágil, por su talento y por su índole impulsiva, lo que le hizo ganar una posición prominente en su Estado natal. Cuando apenas contaba con veinticinco años de edad fue nombrado secretario general y después jefe de Estado de Honduras, su carrera se caracterizó por su actividad singular y por su estrategia, y una invariable benevolencia en la guerra, desconocida antes en la sangrienta historia de Centroamérica. Unió las cualidades del legislador y del jefe, y por su porte franco y caballeroso inspiraba a

---

[1] Morazán nación en Tegucigalpa el 3 de octubre de 1792, siendo hijo legítimo de D. Eusebio Morazán y de Da. Guadalupe de Quesada. Don Eusebio debe haber nacido en el Real de Minas de San José de Yuscarán hacia 1770, del primer matrimonio de D. Juan Bautista Morazán, oriundo de Roma, y de Da. Águeda Alemán.

[2] "Tenía buena presencia, rostro hermoso e inteligente, de complexión rosada y ojos azules, demostrando que su sangre era distinta de la de sus compatriotas mestizos. Su palabra era franca e independiente, notoriamente exenta de esa mezcla de orgullo e ignorancia, de adulación e insolencia, tan común entre aquellos hispanoamericanos que han alcanzado brevemente un puesto insignificante. Al salir de la escuela conocía el francés y, tanto por sus lecturas en esta lengua como por su propio ancestro, había adquirido gran admiración por Francia". **Dunlop's Travels in Central America**, p. 171. N. del A.

sus seguidores la confianza en la victoria. Sus tropas, estimuladas por su valentía personal, le amaban y le seguían con una reverencia que rayaba en idolatría. Las numerosas tribus aborígenes de los indios texiguats se le unieron [1] con raras excepciones y varios de ellos formaban su celosa y fiel guardia personal. Se dirigían a él con el nombre afectuoso de "tío" y le acompañaban con placer, aun cuando se hallaran hambrientos y cansados, en las marchas fatigosas.

A principios de 1828 Arce fue astutamente despojado de su cargo de presidente de la República por el vicepresidente Beltranena, en cuyas manos se había confiado temporalmente el Poder Supremo y quien continuó en el ejercicio de las funciones de su cargo hasta enero del siguiente año. En 1828 El Salvador fue escenario de varias cruentas batallas entre las fuerzas federales al mando del general Arce y las tropas del Estado, en las cuales estas últimas fueron derrotadas por dos veces, caracterizándose los encuentros por la más espantosa carnicería de los primeros. El general se restableció temporalmente en San Salvador, pero fue arrojado por el pueblo, que derrotó a las tropas tomó prisioneros a los jefes serviles. En el mismo año las fuerzas guatemaltecas fueron derrotados por las de Honduras comandadas por Morazán, quien había tomado el rango de general en jefe de las fuerzas liberales. La victoria, que tuvo lugar en las márgenes del río Lempa, El Salvador, fue continuada con vigor y las tropas derrotadas se vieron atacadas por segunda vez hasta que abandonaron las armas. Esta batalla terminó con la autoridad federal bajo los auspicios de los serviles en Centroamérica y, desde entonces, la influencia de ese partido declinó rápidamente. Se sucedieron varias conspiraciones e insurrecciones en Guatemala, y en enero de 1829, habiendo sido depuestas las autoridades del Estado, Morazán consideró que era tiempo oportuno para la invasión, lo que pronto hizo la cabeza de dos mil hombres de tropa, entre salvadoreños y hondureños. Después de varios encuentros, la ciudad de Guatemala fue tomada, fueron expulsadas las autoridades existentes y reinstaladas en sus puestos las que habían sido despojadas de sus funciones por una turbamulta en Quezaltenango, en 1826. Los diputados y cabecillas del partido liberal se reunieron y decretaron

---

[1] El padre Benito Morazán, hermano del general Morazán, estuvo de cura de Texiguat desde 1824 hasta 1837, próximamente. Este sacerdote debe de haber inculcado a sus feligreses las ideas liberales y su firme devoción por el gran caudillo unionista.

honores extraordinarios para el general Morazán. El viejo Congreso Federal se volvió a reunir y Barrundia, que antes había sido jefe de Estado de Guatemala, fue nombrado presidente. Morazán, hidalgamente, se abstuvo de aprovecharse de su poder militar.

Uno de los primeros actos importantes de Morazán, después de que por sus victorias se había restablecido el partido liberal en el poder, fue atacar la raíz de los disturbios que hasta entonces habían agitado al país. Habiéndose descubierto una conspiración de parte del arzobispo de Guatemala, este fue desterrado en compañía de los principales monjes y frailes de aquel Estado. Este procedimiento perentorio tuvo la aprobación general, y el Congreso continuó dando decretos que prohibieron a las mujeres hacerse monjas en lo futuro y suprimieron las asociaciones monásticas. Este decreto se cumplió inmediatamente. Las exacciones y rigores practicados por los serviles, mientras estuvieron en el poder, fueron retribuidas con una confiscación general de sus propiedades. La justicia y prudencia de este procedimiento han sido objeto de críticas, pero tales severidades eran más que merecidas por aquellos que no tuvieron escrúpulos para enriquecerse a expensas de los vecinos, práctica que desde entonces ha seguido siendo norma en Centroamérica. Arce, Beltranena y los ministros del Estado y Federales, del partido servil, fueron expulsados por decreto del nuevo Congreso.

El partido liberal había recuperado su posición en Centroamérica. Tan general parecía el deseo del pueblo de presenciar el restablecimiento de los principios enunciados en la independencia, y por los cuales los ciudadanos más ilustres de la República habían trabajado por años, antes y después de la revolución, que apenas se oyó una voz de disentimiento contra el nuevo orden de cosas. La confederación de los estados se reorganizó se reorganizó, se apoyó la educación pública, se estimuló la inmigración extranjera y los hombres más instruidos y capaces del país fueron puestos en los cargos directores. Desde la independencia no había gozado Centroamérica de tanta tranquilidad. El mérito de esta sorprendente revolución social se debe principalmente a Morazán, quien mostraba en el Gabinete un talento no superado por el que desplegó en los campos de batalla.

En los años de 1829, 1830 y 1831 las operaciones militares de Morazán se dirigieron al exterminio de bandas de forajidos que se formaron durante las guerras civiles. Era tal su deseo de mantener la paz, hasta comprometiendo su propio poder, que cuando Costa Rica se declaró independiente de la República poco después de llegar al mando el partido liberal, prefirió que así fuera, en vez de hacer que reingresara por la fuerza a la Federación. Su prudencia y tacto probaron ser efectivos, porque a principios de 1831, aquel Estado pacíficamente reconoció la autoridad federal. La misma moderación mostró en su manejo de las facciones en Honduras, en 1829. Hubo un levantamiento en Olancho, como protesta de un intento de tributación, y Morazán sofocó en persona ese movimiento, con una pequeña escolta, yendo a aquel departamento y con medidas conciliadoras consiguió restablecer la paz. La meta por la cual la mayoría de los patriotas del país habían luchado incesantemente por tantos años, parecía haber sido alcanzada ahora. La República había conseguido un lugar entre las naciones del mundo.

Pero esta época de tranquilidad estaba destinada a ser de corta duración. La pesada mano de la guerra, con todos los elementos de discordia, parecía haber estado paralizada durante este intervalo solo para hacerse sentir de nuevo con una furia mayor. En 1832 el desterrado presidente Arce regresó de México con un gran ejército y casi simultáneamente estalló la insurrección en El Salvador. Morazán inmediatamente invadió aquel Estado y, habiendo encontrado y derrotado a los insurgentes, tomó la ciudad de San Salvador, arrestó a los revolucionarios y los envió a Guatemala para que allá fueran juzgados. Luego cometió la indiscreción de asumir el mando supremo del Estado, error del que tomaron ventajas los serviles para incitar al descontento y la rebelión en todo el país. Se descubrieron varios motivos de desafecto, se abogó abiertamente por la secesión como una medida coercitiva, y en abril de 1833, Honduras, El Salvador, Nicaragua y Costa Rica habían formalmente renunciado a reconocer la autoridad del Gobierno Federal. Aunque la separación de los estados era virtualmente un hecho, no se podía decir que la disolución real de la Unión Centroamericana había ocurrido, porque las autoridades federales continuaron desempeñando sus funciones. El nuevo Congreso, con la base de una representación igual para cada uno de los estados, nunca llegó a reunirse.

Hubo frecuentes disensiones internas en todos los estados en 1834 y 1835, pero solo por una, la de San Salvador, las autoridades del Estado y las de la Federación llegaron a chocar. Aunque el año de 1836 fue una repetición de la era de tranquilidad limitada antes referida, ningún intento afortunado se realizó para restablecer el Gobierno Federal sobre base firme. Mientras tanto, el partido servil, atento a los acontecimientos, había estado fraguando, activa pero silenciosamente, los medios para recuperar su anterior hegemonía. Además de ser influyente poderoso para incitar los estados a la rebelión, se había unido al clero, que instigaba a los indios a levantarse contra las autoridades.

La primera organización de las tribus aborígenes que se registra contra el Gobierno (movimiento con el que comenzó la caída de la República y que influenció materialmente la ulterior historia del país) ocurrió en junio de 1836. Fue en ese año que el cólera hizo su aparición en Centroamérica por primera vez. Los curas se aprovecharon del terror que inspiraba la epidemia para soliviantar el ánimo de las clases bajas en contra de las autoridades, persuadiéndolas de que la mortalidad era causada por el envenenamiento de los ríos por los agentes del Gobierno. Serios disturbios siguieron; los médicos enviados a los lugares donde la enfermedad era más generalizada eran asesinados y todos los esfuerzos que hizo el Gobierno directamente o por medios privados en ayuda de los indios desvalidos, eran insidiosamente interpretados por los curas y por los miembros del partido servil, para el logro de sus negros designios. La adopción del Código de Leyes de Livingston y el establecimiento de la nueva corte para juicios por jurados en 1836, se habían hecho gradualmente impopulares, especialmente entre los indígenas a quienes se les obligaba a trabajar en la construcción de las nuevas prisiones. Cada una de estas causas de descontento era exagerada y desfigurada por los activos agentes de los serviles. Los desórdenes que se produjeron por estas causas, al principio fueron vistos con indiferencia por el Gobierno, pero luego tomaron el cariz calculado para provocar alarma. Un gran número de indios se reunió en Santa Rosa, Guatemala, y cuando un cuerpo de tropas del Gobierno llegó con órdenes de dispersar la reunión, sobrevino un choque que resultó en la derrota de los soldados.

Así como la batalla de noviembre de 1827 hizo resaltar el talento estratégico de Morazán, hecho que fue de suma importancia en Centroamérica, así el incidente de Santa Rosa fue un acontecimiento de igual importancia, porque por primera vez salió a lucir en la vida política un jefe indígena: Rafael Carrera, hombre que desde ese momento ejerció una influencia perniciosa en los destinos de la joven república. [1]

El año de 1838 se inició con rebeliones en varios departamentos de Guatemala. A principios de enero la ciudad capital fue tomada por Pedro Velásquez, quien asumió la autoridad con escasa oposición de los habitantes. En este tiempo Carrera, que con astucia y propicia oportunidad se había convertido en un enemigo formidable, congregó un gran número de indígenas en Mita, pero fue atacado en marzo por el general Morazán, quien lo deshizo completamente. La campaña, sin embargo, no produjo resultados importantes y una segunda llevada a cabo en noviembre terminó en un Tratado, con el cual concluyó el año. En vista del aspecto alarmante de las cosas, la suprema autoridad fue temporalmente confiada a Morazán y el señor Paz pasó a ser primer magistrado.

Pero los insurgentes de El Salvador, aprovechando la situación difícil del Gobierno, se organizaron de nuevo bajo las órdenes de Francisco Malespín, y en agosto Morazán marchó hacia allá para sofocar la revuelta; su ausencia fue aprovechada por Carrera que atacó a las tropas federales comandadas por Bonilla y las derrotó

---

[1] Dunlop describe a Carrera como "un mestizo prieto y muy mal parecido. Comenzó su carrera en Amatitlán, como sirviente de una mujer de no muy buena reputación, continuando con un español, de quien se supone él adquirió las pocas luces y modales que poseía cuando apareció por primera vez en el escenario político de Guatemala. Después fue porquerizo, comprando y arreando personalmente los cerdos desde las aldeas hasta la ciudad de Guatemala y otros lugares populosos... Sin embargo, debe concederse que, aunque al principio de su mando, él perpetró algunos actos de horrible crueldad que hacen temblar al que los cuenta, y que con frecuencia hacía ejecutar a sus enemigos reales o supuestos, sin atenerse siquiera a un simulacro de juicio y en medio de los más espantosos tormentos, desde entonces se ha conducido con notable moderación y se ha esforzado en mejorar la administración de justicia, combatir el robo y consolidar el gobierno. Por medio de extorsiones y confiscaciones ha logrado amasar algunos cientos de miles de pesos en efectivo, haciendas y casas, por lo que le interesa mantener un gobierno estable y proteger la propiedad; pero su vida privada es más inmoral de lo que pudiera imaginar o comprender la mayoría de los lectores de habla inglesa... Ninguna de las clases sociales, exceptuando los indios, ha dejado de odiarle o de temerle, y esperan cualquier oportunidad para derrocarlo. Aunque se preocupa por mantener un cuerpo de guardia y tiene grandes cantidades de armas y municiones a su alcance, algún día se dará cuenta de que aun las mejores tropas en que ha depositado su confianza lo traicionarán, y que las armas y municiones que tiene serán empleadas en su propia destrucción". Pág. 89. N. del. A.

completamente. Envalentonados por este triunfo, los insurgentes avanzaron hacia Antigua Guatemala, la que ocuparon sin mayor resistencia al siguiente día. Las tropas federales al mando de Salazar salieron a su encuentro y los derrotaron haciendo una gran carnicería. Si este jefe hubiera aprovechado su triunfo, habría detenido los éxitos de Carrera, pero por disputas con comandantes rivales, caprichosamente renunció el mando y, ganando fuerza diariamente los facciosos, se perdió la oportunidad.

El Congreso Nacional este año aprobó un decreto autorizando a los estados a que se dieran leyes para su propio Gobierno, reservándose el Federal la autoridad y facultad de percibir los derechos aduaneros. Este decreto era un reconocimiento virtual de la separación de los estados. Pocos meses después, la duodécima sesión de la Asamblea tuvo lugar e inmediatamente después los estados proclamaron su total independencia y procedieron a darse sus propios gobiernos. El decreto de Nicaragua declarándose libre, soberana e independiente, tiene fecha 30 de abril de 1838 [1]. Aunque la disolución de la federación había sido proclamada desde 1832 por todos los estados, excepto Guatemala, parece que la Unión había sido tácitamente mantenida y el Congreso Nacional fue reconocido hasta febrero de 1839, cuando Morazán concluyó su segundo periodo presidencial, y con la terminación de este periodo puede decirse que la República de Centroamérica había concluido.

El año de 1839 comenzó con un movimiento bélico general en Centroamérica. Una revolución total había ocurrido en Guatemala y en el corto espacio de doce años se presenció la ascensión y la caída del partido liberal. Carrera, de un instrumento pasivo en las manos del partido servil, se convirtió en caudillo ambicioso, esgrimiendo una terrible máquina de destrucción –las hordas de indígenas de Guatemala– pero todavía subordinado al mandato del clero, que en su determinación de acabar con Morazán y restaurar los perdidos privilegios de la iglesia, no tuvo escrúpulos para dar rienda suelta al

---

[1] Denunciado así el Pacto Federal, quedo anulado para Nicaragua el Decreto de la Asamblea Nacional del 17 de abril de 1824, el cual abolía la esclavitud en Centroamérica, circunstancia de la cual se valió Walker (el 22 de septiembre de 1856) para revivir las leyes esclavistas de la Colonia, restaurando así el privilegio de poseer esclavos en un país que, treinta y dos años antes, lo había abolido en la primera sesión de la Legislatura Republicana.

torbellino que posteriormente ni él ni los nobletes del partido servil pudieron controlar.

Fue entonces que Morazán empezó a desplegar en grado sumo su energía incansable y su perseverancia invencible, que hicieron que su nombre fuera luminaria en la historia de su país. El Estado de El Salvador todavía estaba adherido al viejo Gobierno Federal y a esa capital pasó Morazán su cuartel general, reuniendo a su alrededor un considerable número de tropas, en adición a las que inseparablemente habían unido su suerte a la de él. Fiel a los principios que desde su aparición en la vida pública había defendido, resolvió mantener la causa liberal y rehusó reconocer la disolución de la Unión, retuvo el nombre de presidente y se preparó para defender la tormenta que ahora le amenazaba desde todos los rumbos.

El primer movimiento importante fue el de Nicaragua, desde donde dos mil hombres entraron a El Salvador, derrotaron a las tropas en el río Lempa y tomaron posesión de San Vicente. Después de varios combates sangrientos, una victoria decisiva fue ganada por Morazán contra los ejércitos unidos de Honduras y Nicaragua, al mando del general Francisco Ferrera quien, después de la completa restauración del partido servil, ejerció en Honduras un gobierno tiránico casi tan arbitrario como el de Carrera en Guatemala.

La victoria del río Lempa fue seguida por iguales éxitos en Honduras. El general José Trinidad Cabañas, cuyo carácter y servicios públicos han sido descritos en otro lugar, fue enviado por Morazán a perseguir al enemigo. Después de varios combates, Cabañas tomó Comayagua el 28 de agosto de 1839 y poco después Tegucigalpa. Ferrera, mientras tanto, había sufrido una segunda derrota a manos de Morazán, quien con una fuerza comparativamente pequeña atacó y derrotó sus huestes con gran carnicería. Estos triunfos, sin embargo, no fueron sino precursores de la ruina a la cual el partido liberal iba rápidamente. La chusma de San Salvador, soliviantada por los emisarios de los serviles y del clero, se levantó contra la autoridad de Morazán, pero la insurrección fue prontamente develada. La autoridad nominal del partido liberal fue formalmente repudiada por una revolución general en toda Guatemala, mientras Carrera, que había estado silencioso pero reuniendo activamente sus fuerzas, hizo una súbita incursión en la ciudad de Guatemala la que estando enteramente a su merced, cayó sin resistencia.

Una serie de crueldades diabólicas siguieron el establecimiento de la autoridad de Carrera en Guatemala. El partido que para fomentar sus propios designios nefandos no había vacilado en alentar el avance feroz de este caudillo brutal, ahora encontraba que era incapaz de controlar el poder que había conjurado. Apoyado por sus hordas indígenas, que por afinidad de sangre y asociación se habían convertido en un agente terrible e irresistible a su mando, Carrera asumió la dictadura y comenzó a practicar un sistema de crímenes y de proscripciones contra todos los del partido de la oposición que no habían logrado escapar. El 17 de abril, la Federación de Estados se declaró disuelta y Guatemala estableció su Gobierno independiente.

Las leyes progresistas y liberales promulgadas por los gobiernos anteriores se anularon y varias instituciones que habían sido abolidas por Morazán, fueron restablecidas. Carrera, no obstante, rehusó restituir al clero muchos de los privilegios de la iglesia, negándose astutamente a devolverle un poder que una vez firmemente consolidado podría rápidamente acabar con su propia autoridad. Cada uno de los Estados nombraron presidentes u otros ejecutivos y se establecieron formas nominales de gobierno, aunque el nombre vacío de república todavía continuaba en uso.

El año de 1840 fue señalado por muchos acontecimientos interesantes. El poder de Carrera, ya consolidado, incitó una insurrección en el Departamento de Quetzaltenango que, después de disolverse la República, se había erigido en Estado soberano con el nombre de Los Altos. Una división de tropas de Los Altos marchó con el fin de unirse a las fuerzas de Morazán en San Salvador, pero fue derrotada por las fuerzas de Guatemala al mando del general Monterroso; y al siguiente día Carrera derrotó y dispersó los restos de esa división contraria, después de lo cual los victoriosos tomaron posesión de Quetzaltenango que, desde entonces vino a ser parte integrante de Guatemala. Este fin había sido auspiciado por Carrera al provocar, por medio de mensajeros, la rebelión de Los Altos. En toda esta guerra, que estuvo confinada a Guatemala, las más tremendas crueldades se perpetraron por las tropas invasoras. Los oficiales del Gobierno fueron brutalmente asesinados y en muchos casos se les daba la muerte en público por medio de horribles torturas que no son para describirse.

Durante este tiempo se paralizaron la industria y el comercio. Las ciudades decayeron, la agricultura cesó y todo el país se sumió en una situación de infeliz barbarie. No obstante, Costa Rica debe ser excluida de esta descripción, su posición remota del teatro de la guerra la había puesto al margen de participar en las luchas de sus vecinas, y el rápido establecimiento de extranjeros fue factor poderoso para el desarrollo de sus recursos.

El general Morazán hizo los mayores esfuerzos por levantar un gran ejército a fin de parar a Carrera, pero solo pudo reunir doce mil hombres. Recibió avisos secretos de Guatemala diciéndole que el momento era oportuno para actuar, y avanzando de El Salvador con un pequeño ejército, se abrió paso hacia Guatemala, a la que entró y tomó posesión de ella el 18 de marzo. Aquí fue rodeado por cinco mil hombres bajo el mando de Carrera, y habiéndole desertado los pérfidos grupos que lo habían invitado a que viniera al país, se vio forzado a romper línea a través de las masas de enemigos, dejando la mitad de sus tropas atrás, muchas de las cuales habían caído en las veinticuatro horas de lucha desesperada que precedió a la orden final de retirada. Los que no pudieron escapar fueron bárbaramente masacrados por orden de Carrera. Un grupo de oficiales que buscó asilo en el consulado británico, fue entregado por el cónsul en el entendido de que serían juzgados, pero fueron inmediatamente masacrados en las calles. [1]

Morazán efectuó una retirada maestra hacia El Salvador, rechazando decisivamente los destacamentos enviados en su persecución. Su fortuna inconstante le había hecho perder los pocos adictos que aún le quedaban en El Salvador y viendo que el país pasaba irremediablemente a poder del partido de los serviles, se embarcó el 5 de abril en el puerto de La Libertad, con treinta y cinco amigos y partidarios, y llegó salvo a Valparaíso, Chile.

El propósito del partido servil, que desde un principio había sido la restauración de la forma de gobierno española, estuvo lejos de alcanzarse con la caída de Morazán y de los liberales. Su plan de acción, que con ansiedad esperó poner en juego al conseguir la ayuda de Carrera, había sido astutamente considerado por este caudillo que ahora mostraba especiales cualidades para la intriga y tenía un mando absoluto con la natural sorpresa de sus propios creadores. Respaldado por sus fieles y terribles hordas de indígenas y por el clero, a los que por medios sutiles pudo conciliar, desafió los esfuerzos del viejo

---

[1] Si quien realmente había creado esta institución era Federico Chatfield, cónsul inglés.

partido para recuperar su poder político y fue desde entonces el supremo dictador del Estado. La salida del único hombre que con su valor y su talento era su enemigo formidable le dejó sin qué temer y su atención se dirigió principalmente como anteriormente, a absorber poco a poco los demás Estados par aponerlos bajo su mando.

Como acto de desquite contra El Salvador, Carrera inmediatamente invadió este Estado con una fuerza abrumadora, quitó las autoridades, las sustituyó por otras de su conveniencia y nombró comandante militar a Malespín. La marcha de los invasores se caracterizó por la violencia y por los saqueos, lo que produjo un odio marcado contra Carrera y su partido, que El Salvador aún siente.

Después de la salida de Morazán los estados quedaron en paz por todo el año de 1841. Al año siguiente, en Nicaragua se hizo un intento por restaurar el sistema federal de gobierno, entre aquel Estado, Honduras y El Salvador, y aunque fue escogido un presidente, un Tribunal Supremo de Apelaciones y un Cuerpo de Consejeros, el proyecto fracasó debido a que Guatemala y Costa Rica se negaron a cooperar. El año de 1842 es memorable en los anales de la Historia de Centroamérica porque fue en el que el general Morazán regresó de su destierro. Habiendo recibido noticias alentadoras de sus partidarios de El Salvador, desembarcó en el puerto de La Unión, en febrero. La noticia de su arribo fue recibida con júbilo por los ahora desesperados liberales, algunos de los cuales se apresuraron a unírsele en el puerto. El Congreso del Estado, sin embargo, inmediatamente emitió un decreto de proscripción contra él y sus seguidores, y en Guatemala sus movimientos fueron vistos con alarma no disimulada. La actitud hostil del Gobierno en funciones convenció a Morazán de que el momento no era oportuno para actuar y reembarcó yéndose para Costa Rica en donde, con sus acompañantes, desembarcó en el puerto de Caldera. Con un considerable número de adictos marchó hacia San José, y habiéndose ganado la pequeña fuerza que salió a su encuentro en El Jocote, entró en la capital del Estado, donde fue recibido con extraordinarias manifestaciones de alegría. Carrillo, el jefe de Estado, fue depuesto por un acto espontáneo del pueblo; y la moderación de Morazán le salvó la vida de la furia de las turbas, ordenando fuera escoltado hasta Caldera, de donde se embarcó rumbo a El Salvador.

El general Morazán fue electo jefe de Estado, y apenas había consolidado su Gobierno, cuando comenzó a organizar un ejército a fin de sostener los patrióticos principios en cuya defensa había gastado la mejor parte de su vida. Sus primeros intentos fueron contra Nicaragua, cuyas fuerzas, como Morazán lo declara en su testamento, estaban listas para marchar a la provincia de Guanacaste, aparentemente para defender su territorio, pero en realidad un nuevo intento de los serviles para aplastar la amenazante renovación del partido liberal en Centroamérica. Si Morazán hubiera tenido éxito al invadir Nicaragua como se lo había propuesto, desde aquel punto hubiera puesto en armas un ejército suficientemente poderoso para someter a todo Centroamérica y restablecer la República.

Sus miras políticas habían sido prácticamente ensanchadas y superadas por sus veinte meses de permanencia en la América del Sur. Durante su extrañamiento, lejos del teatro candente de la lucha, había aprovechado su ocio para hacer minuciosas observaciones sobre la política gubernamental de Chile y del Perú, anotando sus defectos y comparando sus ventajas con las instituciones noveles de su propia patria. Regresó preparado para introducir muchos cambios importantes en el anterior sistema republicano en Centroamérica y adelantó su trabajo con ardor y sinceridad, que no dejaban duda acerca de la pureza de sus intenciones.

Pero veinte años de derramamiento de sangre y de cambios infructíferos habían infiltrado en los costarricenses un prudente repudio por las expediciones militares. Aunque menos postrada que los demás estados, Costa Rica había sufrido por triste experiencia, los efectos desmoralizadores y destructores de las revoluciones. El deseo general del pueblo era el de no mezclarse en las contiendas políticas del país, extremo que, con raras excepciones adoptó desde la independencia y que ha resultado en la situación próspera que ofrece en contraste con la deplorable de sus repúblicas hermanas. Los esfuerzos de Morazán para conseguir tropas y dinero fueron rechazados por el Congreso y el pueblo evadió por todos los medios su conscripción. Encontró todos los obstáculos, no solo por el espíritu apático de los costarricenses sino también por las amañadas intrigas de agentes extranjeros y de Guatemala, que no perdían la oportunidad para estimular el descontento entre las clases bajas. La conocida antipatía de Morazán por el clero y la expulsión que él hizo de los frailes de Guatemala en 1829 habían hecho de la iglesia su poderosa enemiga. La contribución de $50,000.00 que pidió para usarla en esta guerra, no se había completado en agosto y se formaron organizaciones secretas en su contra.

El sentimiento popular contra Morazán fue avivado con un infortunado acontecimiento, que enajenó también la simpatía de algunas de las familias más influyentes del Estado y que, probablemente, apresuró su trágico fin. Una señorita de Costa Rica fue raptada de la casa de su padre por un oficial del general Morazán, apellidado Molina, y el asunto culminó con la prisión de este por orden de su jefe superior el general Rivas. Mortificado por esta indignidad y desesperado por la pérdida de la dama, Molina incitó a la insurrección de sus tropas y tomando el mando mató al general Rivas. El general Saget fue enviado a Caldera, con la flor del ejército, para que estuviera presente en el juicio contra la Molina y quien, a pesar de los esfuerzos más activos de parte de sus amigos por salvarlo, fue condenado a muerte y fusilado. La juventud, los antecedentes de Molina, su conformidad con el destino y su entrega voluntaria a las autoridades después del hecho, todo se expuso por su familia y sus amigos como atenuante, pero fue en vano. Morazán, aunque moderado de genio, fue inflexible en la administración de justicia.

El día 11 de septiembre, según plan concertado previamente, estalló la insurrección simultáneamente en Alajuela, Heredia y San José. Ese día el general Morazán se hallaba en la Casa de Gobierno festejando a varios amigos, cuando el disturbio comenzó en las calles. Don Juan Mora (después jefe del Estado) se hallaba entre los invitados y, ejerciendo su influencia en el pueblo, procedió a investigar la causa del tumulto mientras Morazán se apresuró a organizar sus pequeñas fuerzas en el cuartel. La mayoría de sus tropas, sin embargo, como antes se dijo, estaban ausentes, circunstancias que aprovecharon sus enemigos, los curas, como particularmente propicia. Encontró la plaza llena de un populacho enardecido y las tropas ya movilizadas y preparadas para la defensa. Mora, fiel a sus sentimientos serviles, no regresó más.

Las escasas fuerzas de los morazanistas estaban en este tiempo diseminadas por la ciudad, pero pronto abrieron brecha hasta le cuartel, donde el terreno fue fieramente disputado hasta la noche, cuando Morazán retuvo la posesión de una pequeña porción de la plaza. El fuego cesó de parte de los sitiados, pero continuó toda la noche de parte del enemigo. A la mañana siguiente el general Cabañas con escasos veinticinco hombres repelió a los asaltantes hasta el polvorín, en dirección del cementerio; pero el enemigo ya reforzado, sumando arriba de dos mil hombres, obligó a Cabañas a retroceder.

Durante el siguiente día la lucha alrededor del cuartel fue seguida con encarnizada furia, sin ceder ningún lado un tan solo pie de tierra y cada cual, aparentemente, dispuesto a pelear hasta morir: los sitiadores, empujados y animados por los curas; los soldados de Morazán incitados por su valor personal y por el prestigio de su nombre.

Pero al segundo día el enemigo tomó posesión de la iglesia, que dominaba el cuartel, y habiéndosele unido los "alajuelas" y más de mil doscientos reclutas, la resistencia contra tanta desigualdad pareció imposible. Morazán, viendo su pequeña tropa diezmada progresivamente a su alrededor, se retiró al cuartel, sitiado por más de tres mil hombres, aumentados después a cinco mil, pero tal era el coraje y determinación de los sitiados, que nadie osó querer tomar el lugar por asalto. Se hicieron propuestas para la entrega de los generales Villaseñor y Cordero, y que el resto dejara Costa Rica sin ser molestados. El generoso Morazán rechazó tales condiciones y continuó el fuego durante todo el tercer día.

A las dos de la tarde, el general Cabañas, que con unos pocos soldados se había ofrecido voluntariamente para proteger la casa donde la familia de Morazán estaba escondida, fue rechazado. Las damas fueron localizadas inmediatamente después, arrastradas y conducidas al cuartel general, donde un médico francés, el doctor Castillo, propuso fueran entregadas a las turbas, y si no hubiera sido la intervención del padre Madriz, se hubiera llevado a cabo esta infamia. Morazán fue gravemente herido en este día, pero hasta lo último, se le vio conservando aquella plácida serenidad que a sus amigos encantaba. Nuevas proposiciones para que se entregara a Villaseñor y Cordero y otra, de que "los sitiados deberían marchar, con Morazán a la cabeza, al cuarteo general del enemigo donde su suerte sería decidida en media hora". Estas y otras propuestas inhumanas, fueron prontamente rechazadas.

Así que la noche se aproximaba, la situación de los sitiados se hizo desesperada; el puñado de tropas en posesión del cuartel, agotados por ochenta horas de incesante fuego, estaba imposibilitado para prolongar el combate. Empezaron a faltar las municiones y el límite de fuego se hallaba restringido por órdenes superiores. Morazán se hallaba sufriendo delirios a causa de la herida recibida. A medianoche hubo una consulta entre los oficiales principales, en la cual se decidió paso a través de las líneas enemigas. A esta hora Morazán se hallaba durmiendo envuelto en su capa y la marcha fue pospuesta hasta las tres de la madrugada, cuando el general despertó a toda su tropa y salió del cuartel, mientras la luna llena lo iluminaba todo, haciendo a la pequeña guarnición fácil blanco de los disparos de los asaltantes.

La columna tomó el camino hacia Cartago, perdiendo casi la tercera parte en este movimiento. A cinco cuadras del cuartel, encontraron una soga de cuero tendida a través en la calle y un destacamento del enemigo parapetado detrás de una barricada que al afecto se había hecho ahí cerca. Los "cartagos" recibieron órdenes de cargar sobre tal destacamento, pero retrocedieron en desorden sobre un pequeño grupo de indios texiguats que acompañaron a Morazán desde su regreso de la América del Sur. Estos siguieron a Morazán, quien apretó el paso sobre el enemigo y con un fuete inglés flageló el rostro de uno de sus atacantes; y habiendo hecho una carga los indios, todo el destacamento bloqueador huyó a la desbandada dejando limpia a la calle. Continuaron entonces su marcha hacia las afueras de la ciudad, encontrando y dispersando varias compañías que habían sido enviadas para cortarles la retirada. En las orillas de la ciudad los cartagos abandonaron a Morazán, dejándolo con solo sesenta hombres.

El general tuvo entonces una breve plática con Villaseñor, acordando que debían seguir para Cartago e informar a sus amigos y partidarios Mayorga, comandante de la plaza, y Espinach, comerciante español, de lo que había ocurrido. Este paso, se dice, fue tomado por la amistad de Morazán por estos hombres a fin de que ellos pudieran escapar con las fuerzas de retirada, y se cita como una prueba del noble corazón de Morazán. Era por estas acciones, que bien vale sean ampliamente conocidas, que Morazán se ganaba el cariño inmarcesible de sus oficiales. Morazán y Villaseñor iban a la cabeza de la tropa hacia Cartago, dejando al general Cabañas al mando, con órdenes de proseguir su marcha a toda prisa hacia aquel lugar, donde estarían esperándole.

Al llegar a Cartago, Morazán se fue directamente a la casa del Comandante, que ejercía esas funciones bajo sus órdenes y quien varias veces había sido objeto de su generosidad, y apeándose, fue bienvenido con la aparente cordialidad de Mayorga. Morazán, sabiéndole muy comprometido en su causa, le dio una información minuciosa de su peligro y le relató su propia mala fortuna. Con una perfidia singularmente hispanoamericana, este miserable escuchó atentamente toda la narración de su confiado visitante y juzgando, de los hechos, que la causa de su jefe estaba perdida, secretamente ordenó a un destacamento de soldados que capturaran a Morazán, ¡a pocos pasos de su propia puerta! Este acto fue, en parte, insinuación de Espinach, quien también había sabido de los acontecimientos de San José; ambos traidores íntimamente le habían demostrado la más calurosa amistad al general, pero pensaron en incorporarse al partido revolucionario. Espinach, no obstante, dio su palabra de honor de que la vida de Morazán sería respetada y que se emplearía su influencia a fin de obtener para él un salvoconducto del Estado. Al general Villaseñor se le arrestó en el mismo momento. Los prisioneros fueron encerrados y no se les permitió comunicación con persona alguna.

Al mismo tiempo, para perfeccionar esta maraña de traiciones, un hombre apellidado Oreamuno fue enviado a encontrar a Cabañas para rogarle que no pasara con sus tropas por Cartago, dando entre otras razones, el peligro de un choque entre sus soldados y los ciudadanos. Cabañas, ignorante de la traición de que había sido objeto Morazán, repuso que sus órdenes eran de proceder hacia Cartago, y continuó su marcha hacia esa dirección. Pero, al decirle Oreamuno que tanto Morazán como Villaseñor ya habían salido de Cartago e iban en camino hacia Matina, pequeño puerto del Atlántico, Cabañas envió al general Saravia a Cartago a fin de que averiguara la verdad de lo dicho por Oreamuno.

Al llegar a Cartago, todo el complot se descubrió y Saravia, en vez de regresar donde Cabañas –quien pudo haber planeado un rescate– entusiastamente juró morir con su amado jefe antes que gozar libertad sin él, y, yendo a la casa de Mayorga, fue inmediatamente hecho prisionero.

Se despachó luego otro mensajero para que interceptara a Cabañas, con un mensaje ficticio de Saravia, a efecto de comunicarle que él había seguido hacia Matina para alcanzar al general Morazán y que este deseaba que las tropas no cruzaran por la ciudad. Cabañas iba apresuradamente a Cartago lleno de recelos, pero no dudó del honor de Espinach y Mayorga. Francisco Morazán, hijo natural del general, fue asimismo capturado y apresado junto con Morazán y Villaseñor.

Espinach, que Cabañas sabía había gozado de la entera confianza de Morazán, encontró las tropas a varias millas de la ciudad y, repitiendo las palabras de sus mensajeros, indujo a Cabañas a que licenciara su pequeña tropa, lo que hizo este al momento. Luego cambió de cabalgadura y tomó un camino desviado con varios de sus amigos para reunirse con Morazán a quien él suponía camino a Matina. Al llegar al punto designado y al preguntar por el general, supo que no había pasado este por allí y toda la traición le fue inmediatamente revelada.

A la mañana siguiente fue rodeado por una compañía de costarricenses en una aldea a la vera de la carretera y preso con un considerable número de soldados salvadoreños.

Durante toda la noche del 14 los prisioneros estuvieron cuidadosamente custodiados y asegurados en Cartago. Mientras se le ponían grillos, Saravia tuvo convulsiones y murió en presencia de sus compañeros. Esta circunstancia fue aprovechada por sus enemigos para calumniar su memoria acusándole de haberse envenenado. El carácter de Saravia no permitía tal sospecha y sus amigos que estaban en Costa Rica inmediatamente negaron la aseveración. Era un joven de raro talento y saber, y en la hora de su muerte devoto partidario de Morazán, de quien fue secretario general mientras estuvo en Costa Rica. Es muy posible, sin embargo, que en la desesperación de ver que venía una muerte ruin e inevitable para su amigo, haya procurado darse la muerte con su propia mano. Villaseñor, cuando vio que se aproximaban los guardas para ponerle cadenas, sacó un revolver de su pecho y solo impidió que se suicidara el haber fallado el arma. Fue gentilmente desarmado por Morazán, quien todavía desplegaba el valor y el porte digno que siempre lo distinguieron en los momentos de dificultad. Villaseñor sacó entonces una navaja y se la introdujo en el pecho, pero la herida no fue fatal.

Los cautivos oían ahora los gritos de la turba que, al saber de la captura de Morazán, entraron en la ciudad con los gritos de "Muera Morazán"; pero hasta entonces los prisioneros habían permanecido sin ser molestados. Se tomaron medidas para conducirlos a San José, a donde llegaron después de una corta marcha, hallándose el ambiente lleno de alaridos de la canalla enfurecida. Morazán iba a caballo, pero Villaseñor, débil como estaba por la pérdida de sangre, fue llevado en una silla. A la entrada de la ciudad se ordenó a Morazán que desmontara, lo que se consideró lo más apropiado para esta entrada triunfal. Camino a pie desde aquí a su prisión, a donde llegó a las tres de la tarde.

Antes de su arribo se llevó a cabo una pantomima de consulta, en la cual se decretó por las autoridades constituidas por sí mismas que Morazán debía morir. La junta que decretó esta bárbara resolución estaba integrada por ciudadanos josefinos, como sigue: Antonio Pinto, comandante general, recientemente nombrado; Luis Blanco; el padre Blanco; Domingo Carranza; el doctor Castillo, de infame memoria; y dos españoles llamados Benavides y Ferrufino.

Morazán fue notificado de que solo disponía de tres horas de vida. Se preparó para morir, con su acostumbrada entereza y pidió que se le concediera una entrevista con su amigo, el señor Montealegre, la que se le permitió, y habiendo impartido su último mensaje para su esposa, y redactado apresuradamente su testamento, fue aprontado con Villaseñor a que se dirigieran al punto de su ejecución [1]. Al llegar

---

[1] "San José, 15 de septiembre de 1842. Día del aniversario de la independencia, cuya integridad he procurado mantener.

En nombre del Autor del Universo, en cuya religión muero.

DECLARO: Que todos los intereses que poseía, míos y de mi esposa, los he gastado en dar un gobierno de leyes a Costa Rica, lo mismo que dieciocho mil pesos y sus réditos que adeudo al señor general Pedro Bermúdez;

DECLARO: Que no he merecido la muerte, porque no he cometido más falta que dar libertad a Costa Rica y procurar la paz de la República.

Protesto que la reunión de soldados que hoy ocasiona mi muerte, la he hecho únicamente para defender el Departamento de Guanacaste, perteneciente al Estado, amenazado, según comunicación del mismo Departamento, por fuerzas del Estado de Nicaragua. Que si ha cabido en mis deseos el usar después, de algunas de estas fuerzas, para pacificar la República, solo era tomando aquellos que voluntariamente quisieran marchar, porque jamás se emprende una obra semejante con hombres forzados.

DECLARO: Que al asesinato se ha unido la falta de palabra que me dio el comisionado Espinach, de Cartago, de salvarme la vida.

DECLARO: Que mi amor a Centroamérica muere conmigo. Excito a la juventud que es la llamada a dar vida a este país que dejo con sentimiento por quedar anarquizado, y deseo que imiten mi ejemplo de morir con firmeza antes que dejarlo abandonado al desorden en que desgraciadamente hoy se encuentra.

DECLARO: Que no tengo enemigos, ni el menor rencor llevo al sepulcro contra mis asesinos, que los perdono y deseo el mayor bien posible.

Muero con el sentimiento de haber causado algunos males a mi país, aunque con el justo deseo de procurarle su bien; y este sentimiento se aumenta, porque cuando había rectificado mis opiniones en política en la carrera de la revolución, y creía hacerle el bien que me había prometido para subsanar de este modo aquella falta, se me quita la vida injustamente.

a la plaza, se volvió alegremente hacia el señor Montealegre, y recordando que tal día era el del aniversario de la independencia centroamericana, dijo: "Mi amigo, este es un día glorioso para dejar la patria". Le obsequió su cajita de rapé a Montealegre y fue colocado con Villaseñor en una postura hincada. Su ruego de que no se le disparara a la cara fue interrumpido por una descarga de la cual ambas víctimas cayeron. Villaseñor murió instantáneamente, pero Morazán todavía se levantó un poco del suelo y al caérsele el sombrero reveló su rostro fino crispándose de agonía. Cayó muerto inmediatamente después y el monstruo de Carranza, poniéndose el sombrero de Morazán, se pavoneó ofensivamente alrededor de su cadáver.

Tal fue la muerte del mejor y más grande hombre de Centroamérica; con él murió su última esperanza de nacionalidad. Fue fusilado a las 4:30 de la tarde del día 15 de septiembre de 1842, en el vigésimo primer aniversario de la independencia. En la pequeña pero rutilante constelación de los hombres distinguidos de estos estados, pocos han igualado a Morazán en su sincero patriotismo y honestidad de propósitos, y ninguno en genio y talento versátil, necesarios para aquellos tiempos y países. De estatura alta e imponente, con una encantadora manera de tratar a las personas, y de índole jovial, parecía expresamente conformado para aplacar los elementos díscolos que perturbaban la paz de Centroamérica. Aunque temerariamente valeroso en las batallas, era, a menudo, censurado por sus partidarios

---

El desorden en que escribo por no habérseme dado más que tres horas de tiempo, me había hecho olvidar que tengo cuentas con la casa de Mr. M. Bennet, de resultas del corte de maderas en la costa norte (de Honduras), en las que considero alcanzar una cantidad de diez a doce mil pesos, que pertenecen a mi mujer, en retribución de las pérdidas que ha tenido en sus bienes pertenecientes a la hacienda de Jupuara, y tengo, además, otras deudas que no ignora el señor Cruz Lozano.

Quiero que este testamento se imprima en la parte que tiene relación con mi muerte y los negocios públicos.

FRANCISCO MORAZÁN

ADVERTENCIA. – Como apoderado de la señora albacea, publico este testamento íntegramente, y no solo las cláusulas que el testador ordenó que se imprimiesen, con advertencia de que, en los momentos de salir al patíbulo el general Morazán, encargó a su hijo Francisco y al señor Mariano Montealegre, que avisaran a sus albacea, trasladasen sus cenizas a esta ciudad, por ser el pueblo que más bien lo había correspondido y cuya cláusula no había consignado en su testamento porque lo dictó en medio del tumulto. San Salvador, 31 de julio de 1843. Cruz Lozano".

por su clemencia injustificada con los vencidos. Se refiere de él que, en medio de las carnicerías despiadadas que han hecho de las guerras de Centroamérica sinónimo de ejecuciones públicas, solo aprobó dos sentencias de muerte mientras estuvo en el poder. La palabra "ejecutado" se evita cuidadosamente por el partido liberal cuando se refieren al día de su muerte, pues siempre es preferida por ser más apropiada y más dura, la de "asesinado". Su destino adverso puede buscarse en las intrigas de personas arteras que siempre temieron su influencia poderosa para que se desbarataran sus planes de lograr su bienestar a expensas de su país. Morazán sacrificó su vida en intentos perseverantes para restaurar la República. Profetizó la rápida destrucción del país bajo el sistema de pequeñas soberanías y la historia posterior de Centroamérica ha probado que fueron ciertas sus predicciones. [1]

En su carrera llena de vicisitudes, pueden señalarse actos imprudentes, pero estos fueron errores propios de un hombre sin experiencia y supremamente fogoso, que dio muestras de madurez en busca de un beneficio perdurable para su patria grande. Si hubiera seleccionado a El Salvador, donde desembarcó a su regreso de la América del Sur, o a su Estado nativo de Honduras para teatro de sus actividades patrióticas, a pesar de haber estado más cercano del centro del poder de los serviles, el resultado quizás hubiera sido más feliz para él y para el partido liberal. Pero bajo el reinado del terror establecido por Carrera y sus secuaces es dudoso que cualquiera de las secciones de Centroamérica estuviera preparada para sostener una revolución. Su recibimiento caluroso en Costa Rica y el cambio rápido que se operó en el prejuicio popular, ilustra suficientemente la inconstancia de ese pueblo, incapaz de poder apreciar la grandeza de Morazán, así como era indigno de gozar de las bendiciones de una libertad política. Sus restos fueron trasladados a El Salvador varios años después, escoltados por una guardia de ciudadanos costarricenses y enterrados en Sonsonate, por mientras se terminaba

---

[1] Su odio contra los monárquicos y aristócratas guatemaltecos, y su inflexible determinación de mantener la integridad de la Confederación, se evidencian en su inflamado mensaje impreso en 1839, uno solo de cuyos pasajes basta para ilustrar el enérgico estilo del autor. "Ni las perlas del Golfo de Nicoya, ni el oro del río Guayape, volverán a adornar la corona del Marqués de Aycinena; y si algún día apareciese este símbolo horroroso de la aristocracia, ¡él será el blanco del soldado republicano!"

su tumba y un monumento en San Salvador. Pero estos trabajos se destruyeron con el terrible terremoto de abril de 1854, por lo que fueron depositados con ceremonias religiosas en la iglesia de mexicanos, cerca de Cojutepeque. El traidor Espinach desde entonces no se atreve a visitar El Salvador por temor a una venganza del pueblo, y hasta en Costa Rica vive con miedo de ser justamente castigado por los familiares de Morazán.

Cabañas y sus amigos fueron poco tiempo después puestos a bordo del "Coquimbo", que trajo a Morazán de la América del Sur, en el entendido de que debería levar anclas inmediatamente hacia El Salvador. Permanecieron, sin embargo, por varias semanas en el puerto de Caldera, bloqueando dicho puerto y haciendo ocasionales salidas a la playa en busca de provisiones. Estas salidas tenían el carácter de excursiones de rapiña, por lo que el grupo recibió el nombre de "Los Coquimbos". Al arribar a El Salvador desembarcaron a pesar de un decreto en contra, y fueron cordialmente recibidos por Malespín, quien, aunque el agente más activo para derrocar el Gobierno de Morazán en 1840, se había aprovechado de su elevación al cargo de comandante en jefe para unirse a los liberales.

CAPÍTULO IX: BOSQUEJO HISTÓRICO DE CENTROAMÉRICA (1843 – 1857)

Los Estados centroamericanos como soberanías distintas. – Sitio de León. – Insurrecciones. – Intentos para reconstruir la República. – Trinidad Cabañas, presidente de Honduras. – Guerra con Guatemala. – Nicaragua como República. – La guerra entre Castellón y Chamorro. – Alistamiento de norteamericanos. – Declinación de la administración de Cabañas. – Observaciones finales.

A finales de 1843 hubo una calma temporal en los estados, conservando cada cual una independencia nominal, manteniendo su propio gobierno, bajo la dirección de los caudillos locales más prominentes. Después de la muerte de Morazán, Costa Rica convocó un nuevo Congreso y pronto retornó a la quietud y prosperidad, alteradas con el regreso de Morazán. El Salvador siguió bajo el gobierno de Malespín, quien de salteador de caminos se había levantado hasta ejercer el poder supremo, nombrado por Carrera; pero después se declaró en contra de la autoridad de Guatemala. Las riendas del gobierno de Honduras pasaron a manos del general Francisco Ferrera, quien, habiendo sido electo como jefe del Estado en 1841, siguió con este cargo hasta que fue elegido presidente [1]. En 1841 Nicaragua eligió como supremo dictador a don Pablo Buitrago. Posteriormente fue depuesto por el general Fonseca, que cambió su título de supremo ejecutivo por el de gran mariscal. Nunca había asumido el poder en Nicaragua un déspota más repugnante y brutal. Guatemala, en el puño férreo de Carrera, no atentó en contra de la tranquilidad de los otros estados sino con una incursión que hizo sobre El Salvador en 1844, encabezado por Manuel José Arce, ex presidente de la República Federal. Esto fue, a las claras, en venganza por la

---

[1] Ferrera fue electo por la Cámara de Representantes el 30 de diciembre de 1840, tomando posesión dos días después. Entonces el periodo presidencial era de dos años y Ferrera fue reelecto para un nuevo periodo. Volvió a ser electo en 1847 para suceder a Coronado Chávez, pero no aceptó. V. Durón, **Bosquejo Histórico**, pp. 158 159 y 162.

protección que Malespín dio a los morazanistas en 1842. Los invasores, sin embargo, fueron rechazados y arrojados del Estado.

Malespín se desquitó de este ultraje invadiendo Guatemala poco después con dos mil hombres, y si él hubiera aprovechado la ventaja que tuvo, posiblemente hubiera hecho frente con éxito al poder de los serviles. Le acompañó en esta ocasión el general Cabañas, fogueado y valeroso lugarteniente de Morazán, cuyo carácter humanitario y patriótico era sobradamente conocido en todo Centroamérica. En la marcha, las tropas se declararon a favor del general Cabañas, quien rechazó aceptar el mando para no herir la susceptibilidad de su benefactor. Pero Malespín, molesto con esta preferencia, ordenó una retirada y el desbande de las tropas más adictas a Cabañas.

Mientras tanto, Carrera había reunido un ejército de cinco mil hombres con los que, después de efectuada esta retirada, invadió El Salvador; más, temeroso de perder su propio poder en Guatemala, se contentó con tomar varias aldeas y pronto regresó sin que hubiera un encuentro de importancia entre los dos ejércitos. La guerra había tenido como único efecto el de empobrecer a ambos países. Durante esta campaña, las fuerzas de Nicaragua, que se habían puesto en pie de guerra con el pretexto de ayudar a El Salvador, penetraron en Honduras con el designio de arrojar del poder a Ferrera. Hubo un encuentro con las fuerzas hondureñas en Choluteca, bajo el mando estas de Santos Guardiola, siendo totalmente derrotados los nicaragüenses. La energía y ferocidad de este hombre se hicieron proverbiales desde entonces.

Habiéndose restablecido la paz entre Guatemala y El Salvador en 1844, Malespín resolvió vengarse de Cabañas por la referencia que mostraron las tropas salvadoreñas por ese jefe. Avisado con anticipación de este movimiento, Cabañas y sus amigos escaparon hacia San Miguel y, uniéndose con el proscrito gobernador Barrios, prosiguieron a Nicaragua, donde lograron atraerse a Fonseca para su causa. La noticia de estas preparaciones bélicas llegó a Malespín, quien rápidamente suscribió un tratado con Honduras; Ferrera, que todavía se hallaba a la cabeza del Gobierno, apresuradamente firmó una alianza contra Nicaragua, cuyas fuerzas, sin provocación, le habían atacado en agosto.

Esta expedición fue planeada principalmente por Cabañas, cuyas miras no se limitaban al inmediato éxito contra Malespín, aunque ese pareciera su aparente objetivo. Desde su más temprana participación en los asuntos militares había sido inflexible defensor de la República Federal, y notablemente secundó a Morazán en esa causa y había le sucedido a su muerte como el jefe reconocido del partido liberal o republicano. Pretendía confiadamente el derrocamiento de Malespín y Ferrera, y de ahí invadir Guatemala y restablecer la República.

En octubre invadió Honduras con unos dos mil hombres, pero se encontró con Guardiola el 1º de noviembre y fue repelido con pérdidas considerables. Pocos días después derrotó y dispersó una fuerza superior del enemigo, pero debido a una entera falta de disciplina entre sus tropas, se vio obligado a retirarse a Nicaragua, a donde fue perseguido por las fuerzas combinadas de Honduras y El Salvador bajo mando de Guardiola y Malespín. Este ejército invasor, que llegaba a tres mil hombres, puso sitio a León, último reducto del partido liberal y de los morazanistas. La vieja rivalidad que existía entre Granada y León, indujo a los habitantes de la primera ciudad y a los de Managua y de Rivas a apoyar a los invasores.

Una fuerza de tres mil hombres se levantó de estas ciudades y al haberse despachado para engrosar al ejército sitiador, aumentó este a cinco mil hombres. Estos auxilios llegaron a fines del año y León fue rodeado por todos lados, pero era defendido con el más desesperado valor. Las escenas de corrupción y terror que tuvieron lugar en la ciudad, son demasiado horrorosas y repugnantes para ser perpetuadas en la historia. Faltan palabras para describir las tropelías inauditas que cometieron los sitiados mismos que, llevados por el frenesí de sus sufrimientos, impusieron un reinado de muerte y de rapiña del cual no escaparon ni la edad ni el sexo. La historia anterior del país, con sus asquerosos episodios, no podía igualarse a la del presente. Cabañas, Barrios y sus amigos, horrorizados de haber hecho alianza con semejantes monstruos, salieron de la ciudad en enero de 1845, dejando a los habitantes abandonados a su suerte.

Al día siguiente la ciudad cayó por asalto y la soldadesca salvaje se dio a la matanza y al pillaje. Los templos no ofrecían protección alguna a las multitudes de miserables fugitivos y fueron literalmente llenos con cuerpos destrozados de mujeres y niños Cada casa fue saqueada y completamente violada, excepto la del súbdito británico Mr. Manning, en cuya casa el gran mariscal estuvo escondido dos días, pero al intentar imprudente escapada, fue capturado por las tropas de Malespín e inmediatamente muerto. Un conato de los vencedores por quemar y arrasar la ciudad hasta los cimientos fracasó debido a la sólida estructura de los edificios y estar estos separados uno de otro; pero la consumación de esta orgía de sangre dejó en León un cuadro de desolación y ruina. El espíritu humanitario enferma con el recuento crudo de tantas atrocidades y de los resultados de esta guerra civil, casi sin miras políticas y sin otro incentivo que el amor al pillaje, a la venganza y a la satisfacción de los más bajos apetitos.

El republicano libre de la América del Norte ve con asombro estos pueblos que, después de un cuarto de siglo de experimentar gobiernos propios y de haber comenzado bajo los mejores auspicios con la dirección de hombres ilustres, han caído en una condición que en detalle de salvajismo no les aventajan los nativos más bestiales del África. La historia apenas ofrece un paralelo con el cuadro presentado por Centroamérica en esta época, donde había hostilidad hasta entre la misma sangre, padre contra hijo, hermano contra hermano. La justicia y la humanidad parecieran haberse eclipsado para dar paso al apetito enfermo de violación, de crimen y de rapiña. La anarquía, en su forma más terrible y espantosa, reinaba en este suelo.

No se deben atribuir estas atrocidades a una facción en particular, o a los comandantes feroces que las dirigían. La gente misma, sin consideración de política o de partido, es la responsable. Ni los brutales jefes militares, ni la crudeza de la guerra partidista pueden por sí solos excitar las atrocidades como las que manchan la historia de la América Central, acontecimientos imposibles de ocurrir sino es dentro de un pueblo bárbaro y degradado.

Cabañas y Barrios, después de escapar de León, llegaron a El Salvador y reuniendo un ejército de unos mil hombres en su marcha, llegaron a San Salvador y, reuniendo un ejército de unos mil hombres en su marcha, llegaron a San Salvador en el preciso momento para encabezar una insurrección que había estallado contra la autoridad de Malespín, la mayoría de cuyos partidarios huyeron a la desbandada. Guzmán fue colocado en la presidencia en enero de 1845.

Al llegar esta noticia a Nicaragua, las tropas salvadoreñas desertaron de Malespín, a lo que siguió que Guardiola, con sus tropas, saliera acompañado de Malespín, quien todavía tenía esperanza de recobrar el poder en El Salvador. El 2 de marzo Guardiola entró al Estado de El Salvador y fue combatido por Cabañas en Quelepa, lugar situado entre San Miguel y San Salvador. Aunque Guardiola tenía bajo su mando, una fuerza inferior, ganó el combate y avanzó hacia San Vicente, donde ocurrió otro encuentro en el cual ambas partes reclamaron la victoria. Pero Cabañas pronto aumentó su ejército a dos mil hombres y obligó a Guardiola a retirarse, lo que este efectuó de una manera hábil, eludiendo la persecución y saqueando las ciudades a su paso. Siguió un periodo de negociaciones que solamente dieron como resultado el que las fuerzas salvadoreñas, bajo el mando militar de Cabañas y las fuerzas de Honduras, donde Malespín se había refugiado, se prepararon para nuevas hostilidades. En los primeros días de mayo, Cabañas invadió Honduras y tomó posesión de Comayagua el 8 de junio. Fue obligado a abandonar la ciudad pocos días después debido a que el presidente provisional Guzmán rehusó darle los fondos que necesitaba para el sostenimiento de sus tropas. Las reiteradas solicitudes que Cabañas le hizo para que le diera suministros, fueron replicadas por el Gobierno de El Salvador recomendándole que saqueara los pueblos para alimentar a sus hombres, siguiendo la costumbre centroamericana, lo cual Cabañas rotundamente rechazaba. Sus hombres desertaron en gran número, aunque ocasionalmente le daban recursos los habitantes, satisfechos y sorprendidos por la moderación del ejército. Pero al aproximarse Guardiola, Cabañas no tuvo otra alternativa que retirarse, apresurando después su marcha con los escasos números que le quedaban en su ejército.

Al llegar Cabañas a San Miguel, se convenció de que Guzmán estaba conspirando secretamente en su contra y que le había negado suministros para su ejército con el propósito de arruinarle. Cabañas intentó en vano levantar sus diseminadas fuerzas a fin de oponerse a la entrada de Guardiola a San Miguel, quien estaba en las afueras de la ciudad, pero entró y la tomó el 22 de julio, por haberla evacuado Cabañas el día anterior. Los brutales excesos de Guardiola habían aterrorizado tanto a los habitantes que estos abandonaron la ciudad antes de que él llegara y San Miguel fue completamente saqueada por sus tropas. Un plan fraguado para la toma de San Salvador, con la cooperación de Honduras, no se realizó debido a la incapacidad de aquel Estado para levantar fondos y tropas.

Cabañas, mientras tanto, había renunciado con disgusto a su mando y el presidente provisional Guzmán, que era notoriamente cobarde, no halló quien asumiera el mando militar. Ferrera fue excomulgado por el obispo de San Salvador, como también lo fue Malespín. Esto, sin embargo, tuvo poco efecto para impedir los disturbios; los "coquimbos", como los viejos partidarios de Morazán continuaban llamándose, los enemigos del obispo y los del presidente Guzmán, formaron tres grupos diferentes en San Salvador, quienes gastaron el tiempo en disputas infructuosas, mientras Guardiola y sus tropas arrasaban las regiones adyacentes. Las negociaciones para la paz entre los dos estados eran a veces interrumpidas con excursiones militares, caracterizadas por la ejecución inmediata de todos los prisioneros que, en dos ocasiones, pasaron de cien. Entre los meses de octubre y diciembre ocurrieron varios encuentros sangrientos y San Miguel fue saqueada por segunda vez por Guardiola. El 20 de diciembre se firmó la paz entre El Salvador y Honduras.

Durante 1844 Guatemala fue el campo de dos insurrecciones, pero ambas fueron sofocadas. Desde la disolución de la Asamblea Representativa en 1844, Carrera había ejercido las funciones de presidente y de comandante militar. El 1° de enero de 1845, tomó formalmente las riendas del poder. En febrero de este año su autoridad fue seriamente amenazada por una insurrección de los miembros que quedaban de la vieja aristocracia y del clero que, desde la inesperada asunción del poder por Carrera en 1839, había mantenido una secreta enemistad con su Gobierno. Esta insurrección fue nominalmente encabezada por el general Monterroso; pero, a pesar de que la conducta cobarde de Carrera y que el comiso de todas las armas del Estado colocaban a Monterroso en una posición firme para sostenerse, la timidez de los que al principio habían estimulado la insurrección impidió su consumación. Después de dominar Guatemala por cuatro días, Monterroso fue inducido a abandonarla mediante el pago de la cantidad de $50,000. Al siguiente día Sotero Carrera, hermano del presidente, persiguió a los insurgentes y atacó y mató a gran número, que solo esperaba la llegada de Carrera para deponer las armas. Al estallar esta revuelta, Carrera huyó amedrentado a una finca distante, desde donde regresó una vez extinguida. Inauguró su restauración en el poder condenado a muerte, sin proceso formal, a diez personas sospechosas de haber estado comprometidas en la insurrección. Un débil y mal organizado plan se fraguó en julio del mismo año para matar a Carrera cuando este saliera de la Catedral, pero se frustró por haber sido descubierto con anticipación.

De aquí en adelante se abandonaron todas las tentativas para derrocar a este caudillo. La consolidación de su poder le inclinó a mitigar la severidad de su gobierno. Don Joaquín Durán, hombre talentoso y munificente, fue nombrado como ministro y el Estado, bajo su mando juicioso y equitativo, empezó a progresar en todo aspecto. El Gobierno, no obstante, era por todos conceptos una monarquía absoluta, en la que la libertad, la prosperidad y la vida de los habitantes estaban enteramente a merced de Carrera.

En El Salvador la elección de presidente se llevó a efecto en marzo, resultando electo don Eugenio Aguilar, hombre de un carácter sin mácula y de conocida moderación. En julio siguiente el obispo de San Salvador intentó levantar una insurrección contra el nuevo presidente, pero habiendo fracasado, el obispo fue deportado. Durante 1845 Honduras continuó en paz, pero al año siguiente de la administración de Ferrera, renunció este a su cargo y en una elección llevada a cabo en julio, fue escogido para la presidencia el señor Chávez. Nicaragua, después de la invasión aliada de 1844-45, estaba reducida a una condición de estancamiento y miseria, todavía más baja aun que el nivel de los otros estados. En diciembre de 1845 Sandoval fue electo director, pero el Gobierno estaba tan débil y pobre que fue incapaz de hacer prevalecer la observancia de las leyes o repeler las incursiones piratas de El Salvador, hechas en las regiones más pobladas de aquel Estado. Costa Rica permaneció en paz bajo el gobierno de Rafael Gallegos todo el año de 1845 hasta julio del siguiente año, cuando este jefe fue depuesto y José María Alfaro ocupó su lugar.

Pocos acontecimientos ocurrieron en 1846, aunque se hizo un intento a fin de restablecer la Federación de los Estados. La convención de delegados de los varios estados debió reunirse en Sonsonate, El Salvador, el 15 de mayo, pero ese día los representantes de El Salvador y Costa Rica fueron los únicos que se hicieron presentes, y los de Honduras y Nicaragua no aparecieron sino hasta mediados de julio; uno de los de Costa Rica falleció entretanto, y el otro rehusó actuar solo. La Convención se disolvió sin haber llenado su cometido. Otro intento se hizo en 1847, cuando se llamó a una Convención de Estados en Nacaome, Honduras; pero solo Honduras, El Salvador y Nicaragua estuvieron representadas, habiéndose organizado una República Federal entre los tres estados. Siendo un arreglo aislado y mal proyectado, la Federación, conocida como "Dieta de Nacaome", no se llevó a efecto. En 1849 estos estados nombraron de nuevo diputados federales y convinieron un plan de unificación, invitando a Guatemala y a Costa Rica para que participaran. En enero de 1851, este cuerpo se reunió en Chinandega,

Nicaragua, y formalmente declaró la "Representación Nacional de Centroamérica"; pero esta, como sus predecesoras, estaba destinado a tener corta duración.

El recuerdo de treinta años de incesantes luchas ha infundido en el pueblo de Costa Rica un temor general a formar alianzas con las repúblicas hermanas. Desde 1846, aquel Estado ha sido un ejemplo de actividad y progreso general para sus compañeros. Bajo el gobierno liberal y patriarcal de los Mora, su avance ha sido verdaderamente encomiable. La llegad de numerosos contingentes de inteligentes europeos ha desarrollado rápidamente sus recursos, mientras el súbito crecimiento de California le ha abierto mercado para sus productos agrícolas. Es principalmente debido a su situación alejada de las demás repúblicas que Costa Rica ha sobrepasado las otras secciones de Centroamérica en las artes útiles.

En 1848 don Julio Lindo resultó electo presidente de Honduras y Santos Guardiola fue nombrado secretario de estado. En esa administración se dictó la actual Constitución que, aunque hubo como antes se dijo un intervalo de gobierno bajo la República unida de los tres estados, ha continuado siendo la base política de Honduras. Hacia los comienzos de 1849 hubo un intento de insurrección de parte de Guardiola el que culminó con su expulsión del país siendo reemplazado en su cargo por el señor José María Rugama. Poniéndose a la cabeza de un ejército, Guardiola asumió una actitud amenazante hacia el Gobierno. Se tomaron prontas medidas para hacer abortar ese movimiento, lo que al final se logró sin derramamiento de sangre. Sin embargo, Guardiola no recobró su hegemonía política en Honduras.

Guatemala siguió bajo la presidencia nominal de Carrera y El Salvador, con pocos cambios políticos, permaneció en paz con los otros estados. En 1850 la elección presidencial cuadrienal se llevó a cabo en Honduras, y al no haber obtenido mayoría absoluta de sufragios alguno de los candidatos, los nombres de los dos que recibieron más votos fueron sometidos a la consideración del Congreso, como estaba previsto en la Constitución de 1848. La escogencia favoreció al general José Trinidad Cabañas, de cuya reputación y servicios públicos se ha hecho mención en otra parte de este libro. Humanitario y moderado en su política, distinguido miembro de la escuela morazánica y entonces reconocido como jefe del partido liberal, su elección fue celebrada en todo el país como un acontecimiento peculiarmente propicio y como una garantía eficaz contra las amenazas abusivas de Guatemala, cuyas inclinaciones agresivas eran ahora observadas con ansiedad y alarma. [1]

De los pocos hombres públicos que aún quedaban en la República, los más eminentes fueron llamados a integrar su Gabinete. Se emitieron sanos decretos estimulando la agricultura, el comercio y las empresas mineras y se hicieron erogaciones del tesoro público para fines educacionales con más liberalidad que en ningún otro tiempo desde la independencia. La era tempestuosa de la política parecía haber dado paso a la calma, por lo que el pueblo auguró un futuro próspero y feliz. Los acontecimientos de importancia en los años 1850-61 se limitaron a varios intentos insurreccionales de Guardiola y Juan López. Estos dos espíritus rebeldes habían huido a Guatemala, donde hicieron constantes esfuerzos a fin de levantar un ejército suficiente y derrocar a Cabañas. López fracasó en una expedición, fue capturado y encarcelado en el Castillo de Omoa, de donde poco después se fugó en unión del salteador Umanzor.

La reconocida política de Carrera y la tónica de la prensa oficial probaban suficientemente que el Gobierno de Guatemala, desde hacía tiempos, contemplaba planes contra la independencia de Honduras. Una alianza con México hubiera sido apoyada por gran número de las personas influyentes de Guatemala. Este paso, aunque inconsistente con el celoso Gobierno de Carrera, hubiera hecho avanzar el propósito original de las familias ricas guatemaltecas, de restaurarse en sus títulos de nobleza y de revivir las instituciones de la gastada aristocracia. Tales planes traidores fueron atribuidos a los refugiados

---

[1] La vida de Cabañas constituye un relato de activos pero infortunados esfuerzos a favor de su país, no manchados por acto alguno de injusticia o de crueldad, y su bondad es atestiguada por numerosas e interesantes anécdotas. Una corta biografía suya, hecha por un caballero guatemalteco, asienta que nació en Comayagua, en octubre de 1802. Su padre era don José María Cabañas y su madre una dama de la familia Fiallos, de su ciudad nativa. Comenzó sus estudios en Comayagua, donde entró a la universidad. Las rencillas de partido que siguieron inmediatamente a la independencia lo encontraron como ardiente partidario de la causa liberal o republicana, en la cual se alistó primero como soldado raso, sirviendo en el ejército salvadoreño que defendía la capital de ese Estado contra los imperialistas al mando del general Manuel José Arce, en junio de 1822. Durante sus muchas campañas y en toda su carrera militar, dice su biógrafo, "nunca cometió un asesinato ni acto alguno de violencia, personal o político. Sus enemigos le señalan a algunos errores de juicio, pero nunca una violación de los principios de honor que distinguen al hombre valeroso e íntegro". N. del A.

Guardiola y López que, abiertamente, abogaban por que las provincias dependieran de un virreinato guatemalteco. Fue contra esta traición que Barrundia se reservaba su propuesta unión de los estados. Con tales miras, Guatemala, confiando en su fuerza y superioridad numérica, se aprovechó del primer pretexto para iniciar hostilidades contra Honduras.

A comienzos de 1852, numerosos facciosos se habían reunido en la frontera oriental con Honduras, en el lejano Departamento de Chiquimula, en Guatemala. Estos descontentos eran refugiados de la brutalidad de Carrera, bandas de indígenas merodeadores y temerarios proscriptos de todo nombre, comunes en varias de las secciones despobladas de Centroamérica. En una de sus muchas expediciones varios de aquellos habían cruzado la frontera con Honduras y penetrado hasta la ciudad de Copán, donde permanecieron varios meses.

Al tener noticia de esto, el comandante militar de aquel Distrito, general Zelaya, notificó el hecho al Gobierno, en Comayagua, y por órdenes de Cabañas, los desafectos fueron prontamente batidos, probándole con esto a Guatemala que el territorio hondureño no era asilo de insurrectos para que prepararan agresiones contra sus estados vecinos. Al tomar esta determinación, a fin de guardarse contra la menor implicación en una invasión armada a Guatemala, y para evitar la posibilidad de una mala interpretación, Cabañas ordenó a las fuerzas de Honduras no avanzar más allá de la frontera, limitando las operaciones de las tropas a expulsar a los enemigos de Guatemala del territorio hondureño. Las medidas militares de Honduras fueron tan acertadas y moderadas, que los órganos oficiales de Guatemala no pudieron abstenerse de alabar el sentido de justicia y rectitud de aquellas. Cabañas licenció sus tropas poco después, al haber alcanzado el propósito para lo cual fueron organizados. Nada había ocurrido hasta esta fecha que interrumpiera las buenas relaciones entre Guatemala y Honduras.

En octubre, uno de los movimientos insurreccionales comunes en los distritos apartados de Guatemala, estalló en el Departamento de Chiquimula. Los insurrectos, que eran indios y un considerable grupo de mestizos, atacaron y saquearon la ciudad de Gualán, después de robar y asesinar a los habitantes de una gran hacienda a seis leguas de distancia. Cargados con los productos del saqueo de Gualán, y habiendo asesinado cruelmente al secretario del Departamento por rehusar la entrega de las llaves del tesoro, huyeron hacia Honduras perseguidos de cerca por el general Solares, con varios centenares de hombres, que tuvieron éxito en dispersarlos. Hecho esto, los invasores continuaron su marcha hasta Copán, en el Departamento de Gracias donde, sin provocación, las transgresiones más brutales se perpetraron en una alegada venganza por la invasión del territorio guatemalteco por el general Zelaya. Fueron masacradas en las calles personas inocentes, se destruyeron las cementeras, hubo pillaje en las casas y todos los campos vecinos fueron desolados por la soldadesca.

Estos excesos, cometidos en tiempos de una paz perfecta, levantaron la indignación en Honduras. Se enviaron protestas oficiales y después de numerosos esfuerzos por obtener una satisfacción, Cabañas tuvo que adoptar medidas de represalias. El Gobierno de Guatemala, previendo este movimiento, se preparó para repeler el ataque. Era evidente que Carrera, restringido un poco durante la corta y reciente etapa de tranquilidad, y acariciando todavía la esperanza de subyugar los estados vecinos, había creado este pretexto de guerra para encender de nuevo la tea de la discordia y del crimen en Centroamérica.

Cabañas, que había levantado un considerable ejército, marchó hacia la frontera, y después de largas negociaciones tuvo éxito en abril de 1853 al reunir una convención en Esquipulas con delegados de ambas repúblicas, en la cual Guatemala aceptó indemnizar a las víctimas de los recientes ultrajes y ordenar la libertad de los prisioneros y la suscripción de un tratado de amistad lo más pronto posible. La firma de este tratado de parte de Guatemala fue un reconocimiento virtual de la injusticia de la invasión de Solares y su secuela de saqueos. Pero después de varios meses de tardanza, de los cuales Carrera se aprovechó para hacer intensos preparativos con propósitos agresivos, Guatemala, con su perfidia característica, anunció de pronto que refutaba los términos de la convención, y Cabañas, a su vez, marchó contra aquel Estado, habiéndole otorgado el congreso poderes absolutos para declarar la guerra y allegar fondos para sostenerla. Ocupó y mantuvo la posesión del Departamento de Chiquimula, obligando a que los soldados observaran la mayor moderación, hasta que una fuerza bastante superior le obligó a retirarse dentro de Honduras, hasta donde fue perseguido por una tropa al mando del general Granados. En julio, las fuerzas guatemaltecas ocuparon Santa Rosa, y después de un saqueo desenfrenado, repitiendo los horrores de León y de San Miguel, salieron precipitadamente del país, tanto para evitar un ataque de los habitantes desesperados, como por la inopia en que quedó la región con su pillaje y destrucción.

En los años de 1852 y 1853, el resto de Centroamérica permaneció en quieta expectativa ante los acontecimientos que ocurrían entre Honduras y Guatemala. Costa Rica, aprovechando el largo periodo de paz que siguió a la consumación del martirio de Morazán, había alcanzado un grado de prosperidad nunca conocido antes en su historia. El Salvador, aunque guardando odio profundo Carrera y simpatizando fuertemente con el partido liberal de Honduras, se abstuvo de participar de manera activa en la lucha.

En Nicaragua, desde 1849, el Gobierno había pasado respectivamente por las manos de Ramírez (director supremo), de Barrundia (presidente de la Representación Nacional de Centroamérica) y de Pineda (presidente de la República). La muerte de Pineda, a fines de 1852, hizo revivir la discordia en Nicaragua resultando la exaltación de Fruto Chamorro a la dictadura provisional del Estado, Chamorro, antiguo secretario de Estado, organizó su gabinete administrativo con Roca como secretario del interior, con Corral como ministro de la Guerra y con Francisco Castellón, como ministro de Relaciones Exteriores.

Habiendo llegado a la bienal elección de presidente, los dos principales candidatos que se presentaron para el cargo fueron Chamorro, que personificaba la vieja facción conservadora, con su política antiprogresista y exclusivista; y Castellón, hombre de un excelente carácter, de amplias miras y en la misma línea de política liberal de Cabañas. Se había distinguido principalmente, cuando fue ministro de Nicaragua, con lord Palmerston, a quien planteó y ganó el problema del Protectorado Mosquito, (en cuanto a argumentación se refiere). La elección resultó favorable a Chamorro, quien fue acusado, y probablemente con justicia, de haber usado el fraude y coacción en las urnas.

La administración de Chamorro comenzó con la emisión de varios decretos tiránicos, entre ellos el que suprimió la Corte Suprema y el que le confería el poder dictatorial supremo. La abierta oposición de Castellón en favor del restablecimiento de la República, y el pretendido descubrimiento de comprometedoras cartas de grupos desafectos de El Salvador y Honduras, dio motivo para su arresto y expulsión. Con varios de sus partidarios se refugió en Honduras, en donde por sus reconocidos principios liberales tuvo una cordial acogida de parte del general Cabañas.

La guerra en Honduras, mientras tanto, había seguido con malignidad de parte de Guatemala, en consonancia con el carácter brutal de Carrera. Además de las depredaciones incesantes a lo largo de la frontera, en el verano de 1853, se hizo un ataque sobre la ciudad y fortaleza de Omoa que se rindió, en julio, a las fuerzas guatemaltecas al mando del coronel Zavala, quien invadió ese puerto por mar. El castillo se rindió de acuerdo con los artículos de una capitulación, en la cual se convino que la artillería del mismo debería estar bajo el cuidado del cónsul de los Estados Unidos en Omoa, Mr. Follen, y que las fuerzas guatemaltecas deberían evacuar el puerto dentro de tres días, pero con la expresa condición de que no tocarían dicha artillería.

En desafío a este convenio, se comenzó a desmantelar el castillo el día anterior a la evacuación, y hubiera sido total el desmantelamiento de no haber intervenido el cónsul. Fueron embarcados cinco cañones de bronce y dos morteros de diez pulgadas y llevados por el puerto de Izabal a Teleman, en el río Polochic. Una expedición, mandada en persona por Carrera y consistente de mil doscientos hombres, salió de Guatemala en noviembre de 1853 para conducir estos trofeos a aquella ciudad. De Teleman fueron arrastrados, con un trabajo increíble, a través de montañas y de ríos hasta Tactic, a una distancia de veintidós leguas. La expedición, que tomó dos meses en el camino, perdió casi la tercera parte de sus miembros en la marcha, debido a los desesperados asaltos de los "facciosos" y el merodeo de las tribus de Verapaz. Durante cinco años aquel departamento había sido arrasado por los indios hostiles e inconquistables, cuyas depredaciones habían sido inhumanamente experimentadas en Honduras. A fines de 1853 El Salvador hizo débiles esfuerzos para restaurar la paz entre las dos repúblicas, pero sin éxito.

La posición de Cabañas, como principal sostén del partido liberal después de la muerte de Morazán, no le permitía quedarse como espectador indiferente frente a los acontecimientos que tenían lugar en Nicaragua en donde el partido conservador, apoyado secretamente por los guatemaltecos y los agentes de Europa, había ganado poco a poco una peligrosa importancia. La deportación de Castellón y de los principales liberales de Nicaragua había sido seguida por una serie de medidas tiránicas de parte de Chamorro, en todo atentatorias contra las libertades del pueblo. A comienzos de 1854 Cabañas le dio a su amigo y partidario unos pocos hombres y cantidad de armas y de municiones, con las que Castellón se dirigió a la isla del Tigre, desde donde las tropas, bajo el mando del general Máximo Jerez, entraron en mayo en Nicaragua por el puerto de El Realejo, mientras Castellón, disfrazado, entró por el puesto militar de Playa Grande para unirse a los invasores, quienes fueron recibidos con unánimes muestras de simpatía por el pueblo. León, Chinandega y las ciudades adyacentes, de inmediato se declararon a favor de Castellón, quien fue hecho director provisional del Estado, cargo en el que se juramentó el 11 de junio.

En esta ocasión su mensaje fue moderado en expresión, pero significante en su contenido. Abogó por la tolerancia más amplia en todo lo concerniente a opinión y mantuvo la doctrina de que el Ejecutivo siempre debe ser reflejo cabal de la voluntad popular. Su política liberal y su determinación de reconstruir, de ser posible, la República Federal, puede deducirse del siguiente extracto de su mensaje.

"Mi programa en cuanto a lo concerniente al interior del Estado, es liberal; libertad a cada hombre para que goce de todos sus derechos naturales y legales, para que desempeñe sus deberes sin interferencias, para que goce libremente de los frutos de su propia actividad y empresa. En todo lo que se relaciona con el exterior, estoy dispuesto a cultivar la mejor armonía con todas las naciones y, especialmente, con los demás estados hermanos de Centroamérica. Estoy en favor de que se mantenga la paz y, a ese efecto, apoyaré el establecimiento de una unión general que se funde en sanos principios y en una mutua comprensión".

Chamorro fue forzado a refugiarse en su ciudad natal de Granada, en donde, las tendencias y antiguo celo con la ciudad rival de León, le aseguraron una bienvenida y una plaza casi inexpugnable. Aquí se fortificó, y en un sitio irregular por fuerzas liberales o democráticas tres veces mayores que las suyas, al mando de Jerez, se mantuvo hasta comienzos de 1855.

Durante estas hostilidades, Castellón había logrado la total posesión de Nicaragua, excepto la ciudad sitiada de Granada; pero la naturaleza prolongada del sitio, y la total postración de todas las ramas de la industria como consecuencia de la guerra, gradualmente cansó y disgustó al pueblo, generalmente inestable en sus preferencias políticas. Las ciudades importantes de Managua, Masaya y Rivas fueron recapturadas por el partido chamorrista o legitimista, en una serie de sangrientos encuentros. Chamorro murió por este tiempo y su lugar como presidente nominal, o caudillo de los "legitimistas" fue asumido por Estrada, bajo cuyo Gobierno el poder de los conservadores se restableció parcialmente en el Estado, menos en el Departamento Occidental, donde la política inalterablemente liberal del pueblo todavía sostenía le poder de Castellón.

Una breve revista de los pasados treinta años presenta a Centroamérica desgarrada por luchas intestinas provocadas por varios políticos aspirantes al poder o al saqueo; no menos de cuatrocientas personas han ejercido el mando supremo bajo los gobiernos federal o del Estado, con los títulos de presidentes, gobernadores, directores, jefes y oficiales desempeñando cargos como tales. Bueno sería que estos frenéticos destructores de una de las regiones más bellas y más fértiles del mundo se hubieran detenido y mediante una armonía fraternal hubieran reconstruido entre todos el edificio que, ciegamente, han arrastrado a la destrucción. Hubo quienes, contemplando temerosamente hacia fuera del país en medio de la humareda de la guerra anárquica, vieron aproximarse a un elemento que, una vez invocado, eventualmente sustituiría los pequeños problemas seccionales del momento por uno mayor y vital –el de la nacionalidad– entre la raza latina y ese poder predestinado cuyo avance sobre las secciones más hermosas de México ha engendrado ya un presentimiento de extinción ante las pisadas de los anglosajones. Pero ellos no quisieron aprender ni de sus enemigos el secreto de la causa de su decaimiento y el único camino para su regeneración.

A fines de 1854, cansado Castellón de la lucha infructuosa y alarmado con las tendencias reaccionarias del pueblo, envió propuestas a California a fin de alistar norteamericanos en la guerra de Nicaragua; y en mayo del siguiente año, las negociaciones habían culminado con el enganchamiento del coronel William Walker, quien con cincuenta y seis acompañantes embarcó para Centroamérica en el bergantín "Vesta" y desembarcó en el puerto de El Realejo el 11 de junio, aniversario del mensaje inaugural de Castellón, alistándose formalmente en el ejército nicaragüense. El resultado del arribo de estos contingentes foráneos fue el derrocamiento inmediato del partido conservador y la restauración del partido liberal; Walker tomó el mando del ejército y así, virtualmente, asumió la jefatura del Gobierno. Cientos de aventureros se unieron a los norteamericanos. Las repúblicas vecinas contemplaron alarmadas esta nueva fase en su horizonte político. Se formaron alianzas entre los estados para la exterminación de los extranjeros, y por fin las discrepancias partidistas del día empezaron a desaparecer frente al perentorio problema de la existencia nacional.

Desde el comienzo de la revolución de Castellón en Nicaragua, Cabañas brindó todo estímulo a la causa liberal de aquel Estado. Fiel a los principios que había sustentado desde el comienzo de la reciente historia republicada de su país, buscó ansiosamente la restauración de la Federación de Estados, en su opinión la única forma de gobierno con la cual Centroamérica podría preservar su existencia. La guerra con Guatemala continuaba todavía, y amenazado desde aquel sector, se le había culpado por haber tomado participación en la lucha de Nicaragua, pero su política estaba limitada a un gran objeto: el restablecimiento de la República, para cuyo logro no había esfuerzos honorables que él no hiciera.

Al mismo tiempo, los traidores López y Guardiola planeaban en Guatemala una incursión contra Cabañas, ayudados por las hordas indígenas que habían reclutado en aquella República. La efectividad de sus movimientos se retardó algunos meses por la simpatía general que el pueblo sentía por la administración de Cabañas y, asimismo, por la falta de fondos para sostener estas conspiraciones. La guerra, sin embargo, continuó con incursiones de rapiña de parte de ambos estados. Las hostilidades habían menguado a fines de 1853, y el presidente aprovechó este corto intervalo para dar impulso al programa comercial e industrial del Estado en la medida que se lo permitía la condición de pobreza en que se hallaba el país. Pero la guerra había paralizado todo comercio y la desgracia así causada se agravó con la plaga de la langosta que en enormes nubes se posó sobre Centroamérica, arrasando, como en una conflagración, todo verdor y dejando a su paso la desolación y la muerte.

Aunque en los comienzos de su administración, como hispanoamericano se oponía personalmente a estimular las empresas a través de las cuales los extranjeros pudieran obtener un ascendiente peligroso en Centroamérica, gradualmente fue inducido por la influencia de los señores Cacho y Mejía, sus ministros, a descartar esas objeciones. En medio de su azarosa campaña de Gracias, en le mes de julio, tuvo tiempo para dar su atención al proyecto del Ferrocarril Interoceánico; y a Cabañas le corresponde el doble honor de sobreponerse a sus íntimos prejuicios contra los extranjeros y haber dado el impulso inicial a una empresa destinada a tener una importancia sin par en la era presente.

Movido por las mismas encomiables intenciones y compenetrado de la convicción de que solo con la industria y la empresa del norte pueden las razas hispanoamericanas levantarse a un nivel permanente de prosperidad, envió a Washington al señor Barrundia, ya para entonces muy avanzado en edad y a quien en este bosquejo se ha hecho referencia como miembro prominente del partido liberal y hombre de talento y patriota, siendo él el primer agente diplomático que Honduras, como poder independiente, había enviado a los Estados Unidos [1]. Su muerte en Nueva York el 4 de agosto del mismo

---

[1] No puede pedirse mejor testimonio de los benéficos propósitos del Gobierno en esta época que la traducción del discurso de Barrundia en ocasión de presentar credenciales al presidente Pierce, en Washington, el 29 de mayo de 1854:

"Señor presidente: Tengo el honor de presentar a vuestra excelencia mis cartas credenciales como ministro plenipotenciario de Honduras ante el Gobierno de los Estados Unidos. Tienen por objeto colocarme en posición de establecer relaciones íntimas y fraternales entre Honduras y la nación norteamericana. Las circunstancias peculiares porque atraviesa Honduras –la lucha en que se ha visto envuelta por sus generosos esfuerzos por restablecer la unión nacional y la libertad de Centroamérica, esfuerzos que desgraciadamente se han visto frustrados– su simpatía y admiración por el grande y libre pueblo que aquí presenta al mundo un ejemplo palpable y sin precedentes del progreso bajo un gobierno puramente republicano y una refutación práctica y demostrativa de las ideas de aquellos que consideran como una Utopía las organizaciones republicanas; imbuido por una cuidadosa apreciación de la generosidad que siempre acompaña a la inteligencia y al poderío, cuando se combinan, como sucede en los Estados Unidos, son todas estas circunstancias que dan seriedad a la misión que mi Gobierno me ha confiado y que busca fines de máxima importancia, tanto para los Estados Unidos como para Honduras, así como para el desarrollo ulterior de una política americana. La misión a cuyo frente me hallo es talvez más significativa que cualquier otra venida de Centroamérica, y sus objetivos son de un tipo que rara vez se encomienda a una legación ordinaria. Ella está vinculada con los intereses vitales de un pueblo americano, que lucha contra el antagonismo de los principios monárquicos, los cuales desafortunadamente tratan, en algunos lugares del continente, de cambiar las bendiciones de la libertad y l independencia por protectorados extraños y a

año puso punto final a las negociaciones, frustrándose así la esperanza de los liberales. La invasión de Guardiola, poco después que esta desgracia afligió a Honduras, impidió que se nombrara un nuevo agente y pronto fue imposible por la caída de Cabañas y la de su partido.

A principios de 1854, el general Francisco Gómez, uno de los más valientes oficiales de Cabañas, fue enviado a Nicaragua con ochocientos hombres de tropa, a fin de ayudar a la causa liberal de aquel Estado, habiendo caído la mayor parte de ellos en el sitio de Granada o perecido a causa de la fiebre maligna que en aquel entonces diezmó la población entera. Los montañeses de Honduras, que en todo tiempo temen a las "tierras calientes" de Nicaragua, fueron casi aniquilados por esa fatal enfermedad. El valiente general Gómez fue una de las primeras víctimas, y en el pánico causado por ese estrago, se hizo la imputación a los emisarios del partido contrario de haber envenenado las aguas. Los pocos que pudieron escapar desertaron y regresaron a Honduras con una firme aversión a inmiscuirse en

---

dictaduras irresponsables. Aseguro a vuestra excelencia que tendré una gran satisfacción al discutir estos asuntos tan importantes con los eminentes funcionarios de esta República, destinados por su influencia y capacidad para poner a los pueblos americanos en relaciones armoniosas entre ellos, extender su libertad y aumentar su prosperidad. Honduras ha abierto sus puertas y prestado su cooperación a una empresa de vasta importancia para los intereses del mundo, me refiero a una libre comunicación entre los dos océanos. Ella ofrece sus amplios puertos, su clima salubre y sus grandes pero no explotadas riquezas como ayuda para esta empresa, y libremente ofrece su rico y fértil territorio a la empresa e industria del pueblo norteamericano. Honduras debiera ser para siempre la amiga y hermana de los Estados Unidos y ve hacia ellos como el apoyo de su libertad y su independencia. ¡Quiera el Eterno Dispensador de todo lo que sucede unir ambos pueblos con los lazos inalterables del interés y de la futura prosperidad mutua! Tendré la mayor satisfacción al poder contribuir al primer paso para lograr este resultado, y al dar al Gobierno que preside vuestra excelencia la seguridad de los máximos deseos de Honduras por establecer una verdadera e íntima fraternidad con los Estados Unidos, en tal forma que ambas naciones tengan un solo interés por la causa común de la libertad, y en tal forma que Honduras pueda dedicarse a desarrollar los elementos latentes de su prosperidad, y a mejorar las ventajas de una posición eminentemente favorecida por la naturaleza, sin miedo de perturbaciones futuras, ya sea por discordia civil o por agresión exterior. De lograrse un resultado tan feliz, Honduras presentará, en el centro del mundo comercial, el glorioso espectáculo de un pueblo libre y próspero, sostenido por la generosidad de la gran república norteamericana". N. del A.

futuras expediciones militares. Su ejemplo fue contagioso y Cabañas, amenazado desde Guatemala, vio que era imposible levantar suficientes tropas para proteger la frontera occidental.

Los esfuerzos de Guardiola se redoblaron entonces, y en noviembre entró por el Departamento de Gracias, donde expidió una proclama para el pueblo de Honduras denunciando la administración de Cabañas y sembrando a su paso el pillaje y la matanza. El Gobierno hizo todo esfuerzo por rechazar la invasión. No deseando adoptar el método acostumbrado de imponer contribuciones forzosas, Cabañas acordó un recargo en el papel sellado y otros medios legítimos para aumentar los recursos, mientras los llamamientos patrióticos que se hicieron en La Gaceta pidiendo la voluntaria ayuda de los habitantes fueron nugatorios; parecía que el más completo egoísmo en el pueblo hubiera cegado todo sentimiento nacionalista y cortado las alas del patriotismo.

La cooperación de El Salvador, que confiadamente era esperada de la administración del presidente San Martín, fue suspendida debido a las disputas que mañosamente alimentaba Guatemala. La extraordinaria liberalidad de Cabañas al estimular la empresa extranjera fue usada entonces contra él por sus enemigos, con un efecto tremendo. Se hicieron propuestas a los norteamericanos en Honduras para que alistaran californianos en la causa liberal, pero sin éxito.

Por varios meses el partido liberal, con alarma bien fundada, había estado vigilando los movimientos de Carrera. Desde los años anteriores se había levantado un grupo que abiertamente abogaba por que Carrera se perpetuara como presidente, o como dictador con poderes extraordinarios. Hubo algunas diferencias entre los departamentos de Guatemala en cuanto a la extensión de esos poderes, pero la mayoría, compuesta por sus partidarios indios y las familias que con el cambio esperaban restablecerse en su nobleza, estaba en favor del absolutismo y no faltaron quienes estuvieran de acuerdo con la creación de un imperio.

El 18 de mayo de 1854 se supo que los pasos iniciales se tomarían en la ciudad de Guatemala y, para no dar la apariencia de que se ejercía presión indebida, Carrera se retiró a una hacienda en la costa del Pacífico. Los funcionarios municipales no estuvieron de acuerdo, pero no obstante esa discrepancia, el pronunciamiento fue hecho el día 23 y firmado por unos doscientos indígenas, varios miembros del clero y ciudadanos y por unas pocas autoridades, pero no en su condición oficial. El éxito de este movimiento estaba principalmente en manos del ministro de Estado Aycinena. Una procesión salió de Catedral, donde se cantó un Te Deum, pero todo este aparato fue recibido con frialdad por parte del pueblo. Las ceremonias de la inauguración se celebraron el 21 de octubre y la siguiente noche del acontecimiento hubo iluminaciones y salvas de artillería. Como se creyó que esto solo era el paso preliminar para el establecimiento de una monarquía en Guatemala y la subsiguiente absorción de los estados adyacentes, se hicieron nuevos esfuerzos a fin de organizar un movimiento general contra el poder servil, pero infructuosamente. El litigio entre Guatemala y México, en cuanto al derecho de la primera en el Departamento de Soconusco, que forma parte del Istmo de Tehuantepec, y tomado en 1843 por México, fue definitivamente solucionado a principios de este año cediéndolo Guatemala y renunciando a Chiapas, por la suma de 4420,000.00, pagaderos en cuatro partidas.

A fines del año Cabañas y su ejército dejaron Tegucigalpa, a donde el Gobierno se había trasladado durante 1854, y pasando por Comayagua reunió todas sus fuerzas y se estacionó en Santa Rosa, en el Departamento de Gracias. Su partida fue la señal para que las principales familias conservadoras de Tegucigalpa tomaran medidas activas, y desde ese momento, puede decirse, comenzó la caída de su gobierno. Al concluir su periodo presidencial, Cabañas expresó su deseo de que los candidatos a la sucesión se sujetaran a la prueba del voto popular, conforme a las disposiciones de la Constitución. A esto el infame Guardiola, que pretendía el poder supremo, hubiera asentido si hubiera sido él un aspirante pacífico para el cargo, pero se opuso porque los asesinatos bárbaros de toda su vida habían hecho de su nombre un símbolo de terror y execración en todo Centroamérica. Por este tiempo se hicieron esfuerzos de parte del Gobierno de El Salvador, a fin de restaurar la paz entre las dos repúblicas nombrándose al señor Máximo Soto como comisionado, pero sin tener éxito.

Un intento para enganchar soldados en el Departamento de Olancho, dio motivo a que hubiera disturbios que llegaron a convertirse en una abierta rebelión. La alarmante emigración de los habitantes de aquel Departamento hacia la costa norte, movió al Gobierno a dictar un acuerdo prohibiendo, bajo severas penas, a todos los olanchanos que salieran del Departamento. Esto produjo la impresión de que dicha ley era una venganza por la negativa a reclutarse en el ejército, y aunque las autoridades expidieron, en enero, un manifiesto reconociendo su lealtad, varios meses después se produjo una revuelta general, en la cual la administración de Cabañas fue repudiada por una gran mayoría del pueblo.

El año de 1855 halló a Honduras todavía en guerra con Guatemala y al resto de las repúblicas haciendo débiles esfuerzos para hacer volver a los beligerantes a términos de amistad. Tales intentos fueron fútiles por la conocida ambición de Guardiola por alcanzar el poder supremo del Estado. En enero Cabañas avanzó con sus fuerzas hasta Sensenti donde, en unión del general Milla, por dos veces derrotó a destacamentos de los invasores, obligándolos a retirarse a Guatemala. El enemigo, no obstante, poco tiempo después volvió a irrumpir en el país, reforzado por los generales López y José María Medina. Este último estaba al mando del castillo de Omoa cuando se rindió al coronel Zavala en 1853, y desde entonces Cabañas sospechó que había cometido traición en aquella época. Su subsiguiente deserción y alistamiento con el enemigo demostró que la sospecha era fundada. Un cese temporal de hostilidades tuvo lugar entonces, habiendo actuado como mediador entre las partes del presidente San Martín, de El Salvador. Para facilitar esto, Cabañas se retiró de la frontera por un tiempo, pero los invasores, propuestos a llevar a Guardiola a la presidencia sin la mediación de las urnas, inmediatamente cancelaron las negociaciones y las fuerzas guatemaltecas renovaron su imperio de terror en la región de Ocotepeque, cometiendo excesos que se hallan mencionados en la Gaceta Oficial de aquel tiempo como "no susceptibles de descripción por su horror y enormidad".

Cabañas, obstante, se vio incapacitado para detener el diario aumento de las fuerzas del enemigo que, llevando el terror y la consternación con su paso, obtenían por la fuerza los abastecimientos que los habitantes negaban a las moderadas peticiones de los liberales. Fue finalmente obligado a retirarse a El Salvador, y el gobierno servil fue de nuevo establecido en Honduras bajo López [1]. Guardiola,

---

[1] Carrera no cejaba en su empeño de derrocar el Gobierno del general Cabañas, y en 1855 dio un numeroso ejercito al general D. Juan López. Después de la acción de Santa Rosa y la de Gracias, el 6 de julio, los invasores penetraron al interior. Derrotada la fuerza que entró por Siguatepeque, Cabañas marchó hacia Masaguara en seguimiento del enemigo, y allí fue sorprendida su tropa por el grueso del ejército

posteriormente se dirigió a Nicaragua, y en septiembre fue derrotado por las tropas de Walker en bahía de La Virgen, después de lo cual regresó a Honduras y asumió la presidencia. Los señores Cacho y Mejía, ministros de Economía y de Estado en la administración de Cabañas, fueron inmediatamente capturados y enjuiciados por malversación de fondos públicos.

Poco antes, como ya se ha dicho, Castellón obtuvo la cooperación de los norteamericanos en la causa liberal o democrática en Nicaragua. Al establecerse el Gobierno Rivas-Walker en el mes de octubre, confiando en la simpatía de estos americanos auxiliares, Cabañas fue a Granada a pedir armas y tropas para deponer al usurpador Guardiola. Expuso los generosos sacrificios que él había hecho en 1854 ayudando a Castellón y al partido liberal, pidió que se reconocieran substancialmente sus propósitos, y ayuda de los americanos para hacerlos viables.

Pero no estaba, sin embargo, en la mano del nuevo Gobierno darle tal ayuda, ya que su propia existencia, rodeado como se hallaba de vecinos hostiles, era problemática. Cabañas sutilmente compenetrado de la ingratitud de aquellos en cuya causa él lo había perdido todo, se retiro a Granada sin ceremonia, enemigo jurado del partido de los norteamericanos en Centroamérica. La actitud de Guardiola, desde entonces ha sido la de un tirano ignorante e inescrupuloso. Imitando la política de Carrera, pero sobrepasándole aun en brutalidad personal, se le tiene por el pueblo como un instrumento a manos del Gobierno guatemalteco, listo en todo tiempo a sacrificar la libertad de Honduras a sus exigencias. [1]

---

invasor el 6 de octubre. De nada sirvió el arrojo personal de Cabañas porque fue derrotado. Durón, op. cit., p. 166.

[1] "Es un mestizo prieto, fuerte y corpulento, con una cara que manifiesta su diabólico temperamento, pero es bien querido de sus soldados, a quienes consiente en todos los aspectos. A su intemperancia alcohólica pueden agregarse todos las lacras que afligen a los viciosos habitantes de Centroamérica; frecuentemente, en sus borracheras, ordena fusilar a personas que en nada le han ofendido, mientras que en todo momento está presto a ordenar la ejecución inmisericorde de cualquiera que exprese inadvertidamente alguna opinión que pueda molestarle en lo más mínimo. Tiene la costumbre de hacer llamar a las mujeres más guapas de los lugares por donde pasa, y después de aprovecharse de ellas en la forma más baja, las arroja de su lado con los epítetos más ofensivos; a pesar de esto, puede afirmarse que es el mejor general que existe en Centroamérica, y aun que el mejor que este país ha tenido. A semejanza de Mario, el caudillo romano, sus modales groseros le sirven

Poco queda por escribir de la historia de Centroamérica. La invasión de Nicaragua por fuerzas de Costa Rica, y el desastroso resultado de esa expedición; las relaciones diplomáticas que hubo entre el nuevo Gobierno de Nicaragua y los Estados Unidos; la elevación de Walker a la presidencia y la alianza de los estados contra su Gobierno, no son acontecimientos que sucedieron en 1856 y serán objeto de una historia más detallada.

Se ve que la causa principal de las guerras devastadoras en Centroamérica ha sido la división de los estados en partidos políticos irreconciliables: el uno, abogando por la continuación de las formas anticuadas del virreinato español y el resurgimiento de las extintas instituciones aristocráticas del período colonial; y el otro, émulo del sorprendente progreso de los Estados Unidos bajo un gobierno puramente republicano, que intenta vanamente establecer un sistema similar, derramando su sangre con ese fin durante una lucha de treinta años.

De los motivos patrióticos de los liberales, apenas se encuentra alguno entre los pocos nativos y foráneos que han escrito sobre la política en Centroamérica que rinda tributo a sus tesoneros esfuerzos en pro del país. Un autor inglés incluye en el partido liberal a unos pocos que se distinguieron bajo la monarquía, la mayor parte de los profesionales del Derecho y de la Medicina o, en otras palabras, la élite de la universidad que ha preferido aquellos estudios al del a teología y cánones, no tanto como un medio de sostenerse, sino porque ellas son casi las únicas carreras disponibles para aquellos que no tienen vocación eclesiástica. "También incluye a muchos comerciantes y propietarios de tierras, ayudados por un numeroso cuerpo de trabajadores y artesanos inteligentes. Sus conductores fueron hombres de principios decididamente democráticos, de habilidad incuestionable y, considerando la escuela de la cual surgieron y la influencia que les rodeaba, manifestaron en no pequeña dosis un verdadero patriotismo y devoción hacia sus convicciones; aunque en muchos casos manchados con la venalidad y hasta con hechos de opresión y de sangre. Lo que echaron abajo o alcanzaron

---

para aterrorizar al enemigo; de aquí que, mientras la llegada de Cabañas o cualquiera de los otros jefes es recibida tranquilamente por las poblaciones, la sola mención del nombre de Guardiola basta para que los habitantes huyan a los bosques, abandonando todas sus posesiones". **Dunlop's Travels in Central America**, p. 237. N. del. A.

205

para el Estado, es igualmente digno de sus talentos y sentimientos; y aunque los límites de un bosquejo escasamente permitirán una debida apreciación de ello, un vistazo de sus logros, tomando en cuenta las circunstancias del pueblo y de su tiempo, probablemente excitará más sorpresa y ciertamente merece una mayor alabanza que las victorias de Pedro de Alvarado".

Desde la usurpación de Guardiola, el Estado ha tomado una importancia temporal en el extranjero, debido a un tratado que se firmó entre su Gobierno y el de la Gran Bretaña, por el cual la cuestión centroamericana fue finalmente resuelta: las Islas de la Bahía se reintegraron a la República, y el protectorado británico del territorio de La Mosquitia fue retirado [1]. La comunicación del señor Alvarado, ministro de Honduras en la Gran Bretaña, anunciando a su Gobierno la suscripción del Tratado, está fechada en Londres, el 15 de septiembre de 1856. El punto principal de la Convención fue el derecho acordado a los habitantes de Islas de la Bahía a mantener su propio gobierno municipal, a ser administrado por funcionarios legislativos y judiciales de su propia escogencia, a someter sus casos a juicio de jurados en sus propias cortes, a la libertad religiosa en sus creencias y adoración, pública y privada; exención del servicio militar a no ser para su propia defensa, y a toda imposición sobre la propiedad raíz u otras más allá de lo que pueda imponerles su propia municipalidad, y al cobro para el tesoro de las mismas, y la aplicación de los fondos en su propio beneficio.

Las estipulaciones concernientes a la libertad de religión y el juicio por jurados son así impuestos a Honduras, proporcionando los gérmenes para que estas ideas, eminentemente anglosajonas, puedan eventualmente extenderse a tierra firme. Bajo la República Federal, el intento de introducir esto dio pábulo a conflictos sangrientos entre las autoridades y los indios que entonces, como hora, son incapaces de apreciar sus beneficios. Los privilegios que se concedieron a una parte integrante del Estado muestran el primer caso del establecimiento en Centroamérica de instituciones republicanas que no están sujetas a ser derribadas por el capricho de gobernantes temporales.

---

[1] Por el Tratado Wyke-Cruz suscrito en Comayagua el 28 de noviembre de 1859, la Gran Bretaña devolvió a Honduras las Islas de la Bahía y el territorio de la Mosquitia. V. Salgado, **Compendio de Historia de Honduras**, p. 121.

Hay poca probabilidad, no obstante, de que tales ventajas se extiendan a la parte continental del país durante la administración de Guardiola, quien recientemente ha hecho que se dicten leyes especiales prohibiendo el ingreso de extranjeros al interior del país por cualquier motivo, y celosamente ha excluido a los norteamericanos hasta de poder residir en los puertos marítimos. Esta política, directamente opuesta a la dirección progresista de Cabañas, puede solamente redundar en la restauración y restablecimiento de la vieja causa liberal.

En ningún periodo de la historia de la América Central ha presentado Nicaragua un espectáculo tan extraordinario como en 1856. En este año, por una interesante serie de acontecimientos fue introducido un nuevo elemento y todo el andamiaje de las anticuadas formas de gobierno fue derribado. Los acontecimientos que transcurrieron desde el éxito del partido democrático, ayudado por los refuerzos norteamericanos, han pasado con tan asombrosa rapidez que grandes progresos políticos y sociales han sido conseguidos en meses, los que, en circunstancias ordinarias, solo podrían ocurrir en años. Que Centroamérica reclama un gobierno de mano de hierro, de un poder no tiránico pero firme y hasta arbitrario, la historia de los pasados treinta años lo demuestra suficientemente. Si el país se beneficiará o no en grado mayor y el pueblo sería dirigido más equitativamente por un gobernante extranjero que por uno nativo, no es difícil decirlo, particularmente si el nuevo elemento lleva consigo los gérmenes de la civilización y de la industria, nombres que han desaparecido rápidamente en Nicaragua con las guerras destructoras conducidas por caudillos ignorantes y rapaces.

Al gobierno que por un año ha estado luchando por la supremacía bajo los auspicios de los anglosajones parece considerársele como usurpador, o como un elemento restaurador, de acuerdo con el partidarismo temporal y los prejuicios del pueblo. Independientemente de la clase de allí, como en todos los países, pueda moverse bajo las influencias directas en favor de cualquier partido afortunado, la masa de los habitantes, empobrecida por una vida de derramamiento de sangre y de terror, reclama un gobierno que sea estable, con la habilidad para reprimir a los caudillos facciosos, mantenga el orden y asegure la protección a la vida y a la propiedad. Estas son bendiciones de la libertad, que, hasta ahora bajo gobiernos nominalmente republicanos, han existido en Centroamérica, pero solo en teoría. El reconocido naturalista y viajero alemán, Dr. Moritz Wagner, ha hecho ver que, en la mayor parte de Centroamérica, devastada desde su independencia de España, por guerras anárquicas y civiles, el pueblo ha llegado ahora a un punto de descanso que parece augurar un cambio para una situación mejor regulada y más feliz.

Desde la meseta de México hasta el istmo de Panamá prevalece entre los habitantes el presentimiento de que, aunque ello signifique la ruina de la raza que hasta ahora los ha gobernado, pronto se verán obligados para su propio beneficio a unirse a la bandera de las franjas de la "Unión" y seguir como satélites en la órbita de un mismo planeta.

Los hispanoamericanos ven con una especie de sentimiento doloroso este nuevo movimiento dentro del cual ellos han sido arrojados por un poder provisional más fuerte que su resistencia. Tienen bien fundado presentimiento, que los llena de aprehensión, de que en esta alianza forzada con una raza más fuerte que la suya una de ellas debe sucumbir, o a lo más, vegetar pobremente. Sin embargo, todo el mundo se halla convencido de que, trasplantando ahí una raza más enérgica, estos países tendrán que prosperar grandemente. Con los yanquis llegarán simultáneamente el capital, los bancos, las actividades comerciales e industriales, la inmigración, los ferrocarriles, los barcos y los caminos.

Pero al mismo tiempo, la raza hispanoamericana en aquella región bendita del trópico, donde la naturaleza generosamente suple todo lo que el nombre requiere para su subsistencia, también perderá el privilegio de entregarse a la dulce holgaza sin preocuparse del gigantesco progreso de la civilización que se le avecina.

Quien haya comprendido claramente la incapacidad política de estos pueblos y la condición desamparada de todas las repúblicas hispanoamericanas, y para lo cual solo hay un remedio –una pacífica inmigración de ciudadanos del norte, que por medio del matrimonio con personas de distintas razas, gradualmente cambiaría el carácter de la raza del sur– se sentirán tentados a adoptar, en cuanto a estas repúblicas, el terrible mote que el poeta de la "Divina Comedia" colocó a la entrada el infierno: "Voi che v'entrate lasciate agni speranza".

Uno aconsejaría sencillamente a los hispanoamericanos que se sometan con resignación asiática a su destino. La naturaleza misma pareciera haber rehusado a estos pueblos de sangre mezclada los medios para domar con sus propios esfuerzos su letargo innato.

Es una fuerza extraña del destino que conduce a las naciones, parte espontáneamente, parte a su pesar, por la senda ya trazada para ellos: los unos para arriba, los otros para abajo. La resistencia nada significa en contra de tal destino.

Con tales sentimientos es menos difícil comprender después de una visita a Centroamérica, especialmente si ha sido prolongada y con una constante asociación con el pueblo y la oportunidad proporcionada para el estudio de las condiciones del país, que el extranjero aprecie el carácter de sus habitantes. Pero es ahora hacia el sur, tanto como hacía el oeste, que el pueblo de Norteamérica está extendiéndose; si ese movimiento va a producir en los trópicos, resultados aproximados a los que se obtuvieron en el oeste, no es fácil de predecir.

CAPÍTULO X: YUSCARÁN, SAN ANTONIO Y CEDROS

Explotación de minas de plata en Honduras. – Distritos mineros y minas de Tegucigalpa. – Métodos para la extracción del metal. – Regiones auríferas de Olancho y Yoro. – Explotación de minas de oro. – El cobre y otros minerales. – Ópalos y piedras preciosas.

MINAS DE PLATA DE TEGUCIGALPA. – Se ha sostenido, y con justicia, que ningún país en el mundo aventaja a la República de Honduras en cuanto a variedad y abundancia de tesoros minerales. La declaración hecha por los autores de la última mitad del siglo, para no referirnos a los relatos hechos por los primitivos escritores españoles, puede citarse como prueba del valor de los depósitos minerales de esa sección de Centroamérica. Honduras es un país eminentemente minero y la extracción de metales de su suelo continuará siendo, como anteriormente, la fuente principal de riqueza de sus habitantes y el incentivo para empresas mineras en su amplia extensión territorial.

Esta puede ser la verdadera causa de su propia ruina porque el afán de explotar las minas de plata sin el necesario capital y el conocimiento que se requiere para el éxito, unido hasta cierto punto, a la confusión política desde la independencia, ha impedido al pueblo dedicarse a la actividad menos riesgosa de la agricultura.

Bajo la dominación española, las minas de plata fueron abiertas y trabajadas de acuerdo con los mejores métodos conocidos entonces; se ganaron vastas sumas de dinero como en México y el Perú, pero implicando el empleo de grandes capitales. Con la salida de las familias españolas ricas después de la revolución, el interés minero decayó y solo fue proseguido, desde entonces, en raros casos cuando hubo de por medio inversión de capital extranjero.

Pero el fin de los días de prosperidad en la explotación de las minas de plata no descorazonó a aquellos que los habían vivido o que habían oído los relatos tradicionales sobre su riqueza, para intentar su reapertura, y hoy día el país está lleno de pobres aventureros mal llamados "empresarios", a quienes por lo general les falta energía y capital para obtener buenos resultados en su negocio.

Las minas que permanecen en posesión de los descendientes de sus viejos dueños se trabajan ocasionalmente, en algunos casos con buenas ganancias pero, por regla general, no se puede asegurar su productividad sino cuando su explotación esté bajo la dirección de extranjeros.

Las brozas son de muy diversas clases, variando de acuerdo con el lugar y la naturaleza del suelo. A menudo se han descubierto vetas de pura plata, pero los minerales, en su mayoría, son carbonatos o sulfuros de hierro, plata y zinc, y óxidos de hierro, manganeso y antimonio. Hay, de cuando en cuando, cloruros de plata y otras numerosas substancias que se presentan en las variedades de brozas negras, grises o rojas; estas últimas son muy parecidas a las rocas ferruginosas y ofrecen gran resistencia para ser trabajadas, pero la mayoría de ellas es de fácil laboreo.

La región argentífera del Departamento de Tegucigalpa ha sido ya descrita parcialmente en otro lugar. A continuación, doy una relación pormenorizada de estas minas, indicando los métodos locales que se emplean en su explotación.

El Departamento de Tegucigalpa, que es uno de los siete de que consta el Estado de Honduras, ha sido dividido por los mineros en diez "minerales" (secciones mineras) donde hay minas de plata, oro o cobre. Son "minerales" los siguientes: Barajana, Minas de Plata, San Juan de Cantarranas, Guasucarán, El Plomo, Villanueva, Santa Lucía, Yuscarán, Cedros y San Antonio. Estos distritos se hallan indicados en mi mapa del oriente de Honduras. Hay, además, muchas minas aisladas de cobre y de hierro. Cada uno de los distritos mencionados tiene una constelación de minas de plata que son famosas por su productividad.

MINERAL DE BARAJANA. – Aquí se encuentra "La Corona Albarda", vieja mina de plata que fue abandonada varios años antes de la revolución y nunca más fue trabajada. Podría reabrirse con poco gasto. La Barajana, como la anterior, fue abandonada hace varios años y fue famosa por su producción. En sus vecindades hay muestras de viejos trabajos y restos de los antiguos caminos, construidos a un gran costo, hoy cubiertos con arboleda.

MINERAL MINAS DE PLATA. – Me fue imposible obtener los nombres de las minas de este distrito. Se trabajaron hasta en 1820, año en que se las abandonó por falta de braceros. Se sabe que varias de estas minas son muy ricas y a ellas acuden los "rebuscadores" que se describieron en otro lugar.

MINERAL DE SAN JUAN DE CANTARRANAS. – Estas minas se hallan ubicadas en tierras de altura y el distrito se subdivide en dos "minerales" el de San Juan y el de San Juancito [1] este último, en lugar elevado y el primero en las llanuras de las montañas de San Juan. Las brozas de estas minas contienen oro y plata. Varias de las minas de este distrito, hoy llenas de agua y piedras, se reputan ser muy ricas.

MINERAL DE MINAS DE ORO. – Este distrito no se halla en el Departamento de Tegucigalpa, sino que en el extremo norte del Departamento de Comayagua. La broza produce oro y cobre, pero no plata. Deriva su nombre porque han descubierto lavaderos de oro en el sector. Los trabajos se han concretado al pequeño río que lleva el nombre del "mineral" y no se han hecho ensayos por explotar el suelo más adentro o por importar maquinaria.

Las minas cupríferas fueron anteriormente trabajadas intensamente; la broza contiene un pequeño porcentaje de oro. El cobre que antiguamente se amonedaba en el Cuño de Tegucigalpa se llevaba de este distrito dando pábulo a la creencia de que las monedas de cobre tenían un considerable margen de oro. En este lugar se hallan todas las facilidades para una gran empresa.

MINERAL DE GUASUCARÁN. – Los nombres de las minas de este distrito ni se encuentran, excepto el de "La Guasucarán" que aún se trabaja con fuerza animal y produce buenas ganancias.

MINERAL DEL PLOMO. – Este distrito se halla al sur de Tegucigalpa, entre esta ciudad y Guasucarán. Sus brozas son de galena argentífera. Hay ciertas peculiaridades sobre este mineral que solo conocen los nativos de San Antonio. Supe que las vetas de estas minas, como las de carbón, corren en capas planas, comprimidas entre el "magistral", o estratos, los que conservan una inclinación similar.

Un tiro que se hunda en cualquier parte de estas minas a una profundidad de quince yardas, toca forzosamente una de estas vetas, que son de gran tamaño y fáciles de trabajar. La dificultad para separar la plata de la broza, se afirma, es la única razón por la que estas minas no se laboran. Se sabe que los ensayos han dado el 18.77

---

[1] Sobre el mineral de San Juancito, explotado durante casi tres cuartos de siglo por la New York and Rosario Mining Company, puede consultarse el interesante estudio de D. Julio Lozano Díaz, titulado **La industria minera en Honduras protegida por el Estado**. Washington, D. C., 1938.

por ciento, pero todo intento de fundición ha resultado en pérdidas debido, según se cree, a ciertas propiedades inexplicables de la broza, que resiste al proceso corriente. Una de las minas más ricas de este sector fue La Mina del Plomo, perteneciente a la familia Durón. Tuvo en otros tiempos la reputación de ser la más productiva del Estado.

MINERAL DE VILLANUEVA. – Antes de 1821 este distrito produjo inmensas cantidades de plata. Sus brozas son sulfuros de hierro, de un profundo color rojo, parecido al cinabrio. Entre las más célebres minas del sector se hallan: la de La Peña, propiedad del señor Lardizábal, de Tegucigalpa; La Culebra y La Zopilota, que aunque actualmente se hallan inundadas o aterradas, se asegura que cuando se abandonaron estaban en plena producción. Apenas si se necesitarían unos pocos miles de dólares para restablecerlas a su antigua condición. Hay aquí muchas minas con evidencias de su antigüedad.

MINERAL DE SANTA LUCIA. – Este distrito minero, que fue el que examiné con más cuidado ha sido descrito anteriormente. No menos de doscientas minas, según supe, han sido trabajada en este lugar en los últimos tres siglos. En Tegucigalpa se le tiene como el depósito de plata más rico de Honduras. Solo cuatro minas se laboran actualmente. Las más célebres en los anales del lugar son las minas de El Gatal, San Martín, La Mina Grande, La Mina de Los Niños, La Mina del Cristo, La Cangreja y La Mina Encantada. Las muestras que traje de esas minas y de las de Villanueva fueron ensayadas por el eminente químico, doctor Hewston, de San Francisco, con los siguientes resultados:

Mina	Plata pura por tonelada	Onzas	Dólares
El Gatal, Santa Lucía	40	17	52.82
Cangrejas, Santa Lucía	41	13	53.85
La Peña, Villanueva	25	6 1/2	32.75
Encantada, Santa Lucía	35	19	46.48
San Martín, Santa Lucía	169	1	218.58
La Grande, Santa Lucía	26	19	34.85
Norte de La Grande, Santa Lucía	84 13	2 ½ 18	108.77 17.97

Las muestras de placeres de oro dieron en el ensayo 910 milésimas de fino, con un valor de $18.81 por onza.

Respetuosamente,

JOHN HEWSTON, Jr., químico práctico, antiguo fundidor y refinador de la Sucursal del Cuño de los Estados Unidos, en San Francisco.

MINERAL DE YUSCARÁN. – Ningún distrito en el Departamento es tan bien conocido por los extranjeros, o goza hoy de tanta reputación como este. Ha sido el campo de trabajo de numerosas empresas, algunas de las cuales amasaron grandes fortunas. La ciudad de Yuscarán se halla en el centro del distrito. Como doce minas se han estado trabajando o han sido abiertas en los últimos diez años. Las minas más reputadas en su historia son: la de Guayabillas, a cuya extraordinaria productividad me he referido antes. La de Las Iguanas, en muchos respectos con historia igual a la anterior y que, aunque se sabe es rica, se halla ahora abandonada. La de El Capero, que está en las cercanías de Yuscarán, es muy antigua y recientemente fue reabierta y la trabajan con éxito los señores Uncal y Ferrari, de Tegucigalpa. La de Las Quemazones, que se trabaja con todo provecho y con maquinaria burda por una sociedad local. La

Malacata, que se trabajó anteriormente con gran provecho por una compañía nacional.

La Suyatal, cuta broza tiene un porcentaje de oro y es ahora propiedad del señor Funes, de Yuscarán que la trabaja solamente para conservar su título de propiedad, llenando los requisitos que prevén las "Ordenanzas de Minería", cuerpo de disposiciones legales que desde el tiempo de los españoles no ha sufrido el menor cambio. La de Monserrat, que aunque antes produjo en gran cantidad, hoy no se trabaja. Pertenece esta mina a un señor inglés de apellido Collier [1], casado con una señora de Tegucigalpa. La mina de El Roble, que pertenece a la familia Argeñal, produjo otrora inmensamente, pero ahora se halla abandonada. La Mina de Rivas, que según se dice, es rica y no se trabaja por falta de capital. El Corpus, vieja mina cuya riqueza increíble causó hasta duda de que el metal que de ella se extraía fuera tal, se cree está en este distrito. Todas las brozas de estas minas contienen oro.

MINERAL DE CEDROS. – Este distrito minero tiene la reputación de ser uno de los más ricos del Departamento. Está ubicado a dos días de jornada, al norte de Tegucigalpa. Sus brozas contienen plata sin aleación. Entre las minas más reputadas de este sector se hallan la de La Veta Azul, cuyos dueños son los herederos del señor Gardela y la de La Veta Azul, cuyos dueños son los herederos del señor Gardela y la de La Veta Dura, propiedad de Mr. Tregoning, de Cedros, y que actualmente se trabaja con mediano éxito.

MINERAL DE SAN ANTONIO. – Las vetas de las minas de este distrito, como las de El Plomo, son planas, horizontales, que corren en su mayoría de norte a sur, con estratos secundarios y terciarios separados unos de otros por una distancia de doce a quince yardas. Este distrito minero es pequeño, pero probablemente es el que más facilidades ofrece a la empresa extranjera. Las brozas son sulfuros de antimonio y plomo. Como las de la mina de El Plomo, resisten los tratamientos que le dan los nativos para la extracción de la plata, perdiéndose un buen porcentaje del metal en la fundición, debido a lo ineficaz del método que usan y al desconocimiento que ellos tienen de la química. Con los métodos actuales no puede haber rendimiento de estas brozas. La mina más rica de este sector fue la

---

[1] D. Jorge Collier, natural de Dublín, casado con Da. Francisca Lazo, hermana del compañero de Wells en su viaje por Olancho.

Mairena, nombrada así por el apellido de su propietario y sobre la cual aún existen leyendas extraordinarias.

El señor Mairena, según se relata, con las ganancias que obtuvo de esta mina construyó a sus expensas la iglesia del pueblo de San Antonio, una de las más costosas del Estado. Las brozas eran de tanta riqueza que, aun perdiéndose la tercera parte por el método ineficiente usado en la extracción de la plata, el opulento dueño de ella tenía por costumbre arrojar en los días de fiesta, puñados de discos de plata a las multitudes. La de Los Metalones, de propiedad de la familia Xatruch, era célebre y aún se la trabaja a fin de conservar los derechos de propiedad. La Mina del Confite ha gozado de mucha celebridad. Este "Mineral" de San Antonio comprende arriba de treinta minas, y aunque es una cuarta parte más pequeño que los demás del Departamento, se dice ser el más valioso.[1]

Una descripción de un "patio", o establecimiento para la extracción de la plata, servirá para mostrar cuales son los métodos que emplean en dicha labor los naturales del país. Debe tenerse en cuenta que los procedimientos más primitivos son los que generalmente se usan en el laboreo de minas de Honduras. El beneficio del señor Ferrari en la mina del Chimbo, se considera como una maravilla de ingeniosidad y con la excepción del que tiene el capitán Moore, es el más grande y complicado del departamento.

La "maquina" de El Chimbo es usada para quebrar y triturar las brozas, y está muy por encima de las otras movidas por bueyes o las de triturar entre piedras que usan los nativos pobres. Funciona hidráulicamente, usando para ello las aguas del río Chiquito, que nace en las montañas de San Juan y desagua en el río Grande bajo el puente de Tegucigalpa. La mina cuenta con cuatro edificios de adobe de buena apariencia: uno de cuarenta por sesenta pies, que sirve como bodega para las brozas, que son traídas a lomo de mulas desde una

---

[1] Al referirse a la región argentífera cuyo centro es la ciudad de Tegucigalpa, Dunlop dice: "En todas las montañas de la vecindad existen minas de oro y plata, encontrándose por lo general mezclados ambos metales... Los vecinos de Tegucigalpa se cuentan entre la mejor clase de gente en Centroamérica y, como se desprende de los mejores informes que he podido reunir, dado que sus alrededores parecen contener reservas naturales de metales preciosos que excede aun los de las celebradas minas de Potosí, en Bolivia, valdría la pena que un minero teórico-práctico con buen capital se arriesgara a su explotación; esta sería posiblemente la mejor aventura que pudiera intentarse en Centroamérica". N. del A.

distancia de cinco millas de las minas de Santa Lucía; otro, de veinte por dieciséis pies, en que está la maquinaria; un tercero, de veinticuatro por dieciocho pies, dotado con una serie de hornos, también de adobe, en los que se lleva a cabo el cocimiento y la fundición; y el cuarto, que tiene al frente un gran recinto donde se hace la amalgama, sirve de residencia al mandador y a los trabajadores, y tiene a un lado una oficina para ensayos y examen de retorta, con una variedad de toscos aparatos para la fundición y otros usos.

El molino consiste en una gran rueda hidráulica horizontal que funciona al caerle un chorro de agua que llega por medio de un canal de madera. Esta rueda, al girar, pone en movimiento un eje perpendicular que pasa por su centro a un compartimiento inferior, construido con mampostería gruesa y que forma una artesa redonda, en la cual es arrojada la broza que ha sido previamente triturada a mano hasta el tamaño de una guija. Un poco cantidad de agua, que cae desde arriba, se guarda en este recipiente circular, alrededor del cual, atadas con cadenas a una barra horizontal que pasa a través de eje, se mueven dos piedras que pesan media tonelada cada una, constantemente en rotación por el impulso de la rueda; la fricción de estas piedras convierte gradualmente la broza en una pasta. Poco más o menos dos toneladas de broza pueden molerse en un día; pero debido a la lentitud de los mineros de El Gatal y San Martín, apenas se trabaja la mitad de ese tanto. Hay otros tipos de máquinas todavía más burdas.

Una vez que la broza está totalmente pulverizada y mezclada, se pasa a través de una serie de cedazos y se echa por un pitón de madera dentro de un gran tanque, o recipiente de piedra, capaz de contener tres mil galones. Cuando este tanque está lleno con la pasta líquida del molino, se deja que se asiente y el agua de la parte inferior ya clarificada se va dejando escapar. La broza se divide luego en porciones llamados montones, de poco más o menos un quintal cada uno y mezclados con sal para facilitar la amalgama, pero más probablemente para desprender el azufre. Al observar ciertos indicios estos montones se colocan en gamellas y luego se trituran y amasan con azogue hasta que se supone la mezcla está compacta. Enseguida se somete al proceso del cocimiento. El propietario me dijo que el peso de pura plata que se extrae es exactamente igual al del azogue que se pierde en la operación. Esta se lleva a cabo en el patio o recinto hecho para tal propósito.

Otro procedimiento es el llamado del "barril", muy usado en Alemania y sin duda alguna el más eficiente y económico que se conoce. La máquina del Chimbo para este objeto se halla en buenas condiciones, pero se la ha abandonado debido a la total ignorancia del proceso y a la idea de que en él se desperdicia aún más azogue que el descrito anteriormente. Se la llama comúnmente "Los Barriles". El método de La Fundición es el más generalizado. Los pequeños trozos de broza en su estado natural se echan en los hornos por una abertura que estos tienen arriba. La plata se separa por sí sola del plomo, del cual la broza contiene un buen porcentaje, formándose una masa al fondo. Este es el procedimiento favorito para las brozas que contienen plomo y plata mezclados. El método de "El Quemar", que aquí se conoce como un procedimiento distinto, poco difiere del anterior. La broza ya en estado de fusión se desnata de todas las substancias extrañas por medio de largos cucharones cuyo manejo demanda especial pericia. Existe todavía otro método que llaman "El Baño", que no puedo describir por no haberlo presenciado.

El azogue se importa a Honduras principalmente de Europa, en barcos alemanes e ingleses que llegan a La Unión, y aunque su importación es libre, se vende a un precio exorbitante. De california llegan actualmente pequeñas cantidades a Centroamérica. Es obvio que empleando métodos tan burdos se dejan de percibir grandes ganancias, lo que no sucedería si se usaran métodos modernos. Un gran porcentaje se desperdicia o se pierde por ignorancia de estos últimos métodos y por la pereza peculiar de estas gentes que impide un desarrollo más productivo de las minas. Heredar un buen patrimonio es la fortuna del español y de sus descendientes; no saber cómo sacarle beneficio, es su propia culpa y su maldito destino. No hay en Honduras un solo departamento que no tenga ricas minas de plata, y las que han sido legalmente denunciadas llegan en conjunto a miles. La nueva mina de Coloal, en el Departamento de Gracias, ha producido caudales casi iguales a los extraídos por los españoles, cuando los esclavos indígenas extraían, bajo las más crueles torturas, los tesoros que ahora perezosamente buscan sus degenerados descendientes. Honduras puede clasificarse, en verdad, como un almacén de plata. Sus cerros rebosan de minas que solo requieren el apoyo de la industria para ofrendar sus ocultas riquezas.

PLACERES DE ORO DE OLANCHO Y YORO. – La extensión y valor de las brozas de cuarto aurífero y de los placeres en la región oriental de Honduras han sido descritos ya. Imposible es cruzar a través del Estado sin recordar constantemente las regiones auríferas de Olancho. Los historiadores españoles conocieron el río Guayape desde 1524. Está incluido entre las primeras partes del interior continental del país exploradas por los conquistadores. Bernal Díaz y Herrera se refieren en particular a sus riquezas auríferas [1]. Juarros distingue a Olancho como "famoso por las inmensas riquezas que se han extraído del río Guayape, que fluye a través de él; y aún ahora (escribe en 1809) el oro más fino que se produce en el reino, es el que se encuentra en sus arenas". Y agrega más adelante: "Honduras tiene más minas de oro y plata que todo el resto del reino de Guatemala".

Conder hace alusión al oro del Guayape en su Historia de Guatemala; Dunn alude a Olancho y dice: "famoso por la cantidad de oro puro que se sabe ha sido recogido en las arenas del río Guayape en su curso a través del valle"; Byam dedica varias páginas para describir los lavaderos de oro en esta parte de Centroamérica; Dunlop nos dice (pág. 281), que ocasionalmente se han encontrado pedazos de oro que pesan hasta cinco o seis libras. Squier no vacila en comparar los lavaderos de oro de Olancho y de Yoro con los de California; los últimos visitantes de esas regiones han sacado elocuentes pruebas de su riqueza y hacen preparativos para someter las minas a la prueba de las maquinarias modernas. En el segundo mensaje anual del presidente Arce en el Congreso Federal, en 1826, menciona a una empresa británica que había solicitado privilegios mineros en el Guayape. El objetivo que los establecimientos ingleses en el río Negro han seguido en Olancho es la posible existencia de una región aurífera muy al interior. De cuando en cuando aparecen folletos y artículos de periódicos en Centroamérica que hablan de este particular y se han formado sociedades de nativos más de una vez, pero no se han hecho experimentos prácticos para trabajar científicamente las minas de Olancho.

---

[1] "una espaciosa llanura llamada Olancho, mal situada cerca del río Guayape, del cual se ha sacado mucho oro". **Herrera**, libro iv., c. iv.

"Mucho oro se ha sacado del río Guayape, que fluye a través de su territorio (Olancho)". **Herrera**, libro vi., c. i. N. del A.

Podrían citarse otras fuentes que demuestran la antigüedad de los descubrimientos de oro en la región olanchana. Por más de tres siglos el Guayape y sus afluentes han dado su riqueza a los buscadores de oro de varias generaciones; y que los aborígenes conocieron desde tiempos inmemoriales el uso decorativo del oro lo demuestran los ornamentos que llevaban los nativos de Honduras al visitar a Colón cuando este arribó por la primera vez a sus playas. Es de suponer que este oro lo sacaban los indios de la superficie, como se hacía primitivamente en California. Y las operaciones que se llaman modernas se han confinado a cavar en la arena con palos. Lo que pueda haber en el fondo, o que pueda resultar con un método minero apropiado, es todavía materia de conjetura.

He hecho hincapié en demostrar que hay minas de oro valiosas en Honduras; que estas son fácilmente accesibles desde los Estados Unidos; que, con maquinaria apropiada, en manos de hombres enérgicos, pueden ser trabajadas con provecho y que el clima es tan bueno que no pondrá obstáculos a los extranjeros para dedicarse tesoneramente a sus trabajos en el interior de Olancho. La futura importancia de Honduras estriba en que empresas extranjeras localicen los lugares auríferos.

Pero las regiones auríferas de Honduras, aunque se concentran en el distrito del Guayape, no se limitan tan solo a ese lugar. Desde el año de 1856, compañías norteamericanas salieron para Olancho, de diferentes lugares de los Estados Unidos. Entre esas empresas estaba una sociedad que zarpó de Mobila, llamada "Honduras Colonization Society", cuyos fines eran establecerse permanentemente en la región aurífera del Guayape. Desembarcaron en mayo en Trujillo y prosiguieron hacia el interior.

Un comerciante de Trujillo, que escribió desde allá, habla del arribo de este grupo y su partida hacia el interior, y reexpidió una carta del secretario de la sociedad, con fecha de 1° de julio. Decía el autor de esa carta: "Tres de nuestros compañeros subieron por la costa, más o menos treinta millas, y a su regreso el 20 último, trajeron oro muy fino, que lavaron ellos mismos en la superficie, produciendo de cinco a quince centavos por gamella; más, consideran que no vale la pena establecerse allá porque nos hemos propuesto ir a Olancho, donde esperamos que nos irá mejor. Los nativos se han entusiasmado por ir a buscar oro y ahora andan en grey en el lugar de que acabo de hablar, conocido con el nombre de río Lucinda. Se que varias muestras se han sacado, que pesan de una a dos onzas, pero en qué cantidad los metales preciosos abundan, no hemos todavía sido informados".

El río a que se refiere esta carta es, sin duda, el Papaloteca, que desagua en el mar Caribe frente a Roatán. Un corresponsal de Belice, con fecha 12 de julio del mismo año, describe este oro como de "muy fina calidad, similar al encontrado en las minas del sur de California, y que comúnmente se llama oro en perdigones; han sido extraídos pedazos que pesan una onza y más, y todos los que trabajan ahí están satisfechos. La labor se hace de una manera burda, sin la ayuda del arte, del ingenio o de la ciencia; sin embargo, una mujer de edad aquí se hace un promedio de un dólar al día, mientras varios de los hombres se ganan de ocho a dieciocho dólares diariamente".

Un corresponsal más, de Trujillo, agrega su testimonio sobre los descubrimientos hechos por la ingeniosidad de los exploradores foráneos. Dice: "Aquel metal encantador se está encontrando en nuevos lugares, de fácil acceso y cercanos a la costa. Como a quince leguas al oeste de nosotros, en la dirección de Omoa, se han descubierto depósitos de oro, en forma suelta o combinado con cuarzo y en tal abundancia que varias personas, sin otros implementos que martillos y pailas, recogen alrededor de dos onzas diarias. El oro se halla en las estribaciones montañosas, paralelas a la costa, en los lechos y en los bordes de los arroyos que fluyen hacia el mar. Pronto se le llamará la Costa de Oro de Honduras".

Estos depósitos auríferos fueron vistos por el doctor J. C. Tucker, agente comercial de los Estados Unidos en Honduras, a su regreso de Comayagua. El Papaloteca, me dijo, no es navegable, tiene una barra de poco fondo y la navegación hacia el interior se halla obstruida por barreras rocosas. Varias mujeres y negros están trabajando las minas, pero usando los métodos más primitivos. Unos han encontrado una buena fortuna. Ninguno de los que trabajan hace menos de cuatro dólares por día y algunos han extraído de dos a cuatro onzas diariamente. El oro es grueso, extremadamente puro y sin duda de igual calidad que el ensayado para mí en San Francisco por el doctor Hewston, que tenía 910 milésimos de fino, e igual a $18.81 por onza.

De lo anterior puede deducirse que no solamente el valle del Guayape y los ríos adyacentes contienen oro, sino todas las faldas de las cordilleras al norte y este, y los arroyos que nacen de esas montañas, son capaces de producir una corriente de oro mayor que la que en diez años ha estado produciendo California para los Estados

Unidos. Pero, por razones ya dichas, estos preciosos regalos de la naturaleza han sido descuidados por un pueblo que prefiere la simpática tarea de destruirse a sí mismo, y así seguirá siendo hasta, que por una política como la seguida por el previsor Barrundia en 1854, gentes más frugales e industriosas abren esos campos a su pleno desarrollo.

Uno de los hechos más interesantes en relación con la explotación de las minas de oro de California es la forma como se ha puesto la inventiva en acción para construir maquinaria de minería. La mayor parte de estas han resultado un fracaso debido a su inaplicabilidad al propósito para el que se supone fueron hechas. Con una colección de ellas se formaría un museo de intrincados cedazos, ruedas y piezas voluminosas de hierro. La experiencia de años ha demostrado que las formas más simples de maquinaria para el trabajo de minas auríferas basadas en principios científicos son las más económicas y durables. Desde la gamella del "buscador", a través de los distintos modelos de "cuñas" y del "Long Tom", el minero se ha decidido por ese admirable método que combina las ventajas de todos los otros, conocido como sistema "hidráulico", o de "minería de cerro", procedimiento que principió a usarse hace solo cuatro años y que, con su sistema de canales entrelazando la región aurífera, hoy emplean la mayoría de los mineros. Este método podría, sin dificultad alguna, ser empleado con éxito en Olancho, donde la finura del oro no se presta a la operación de la gamella o de la "cuna" como el de la región del South Yuba de California.

Aunque se han extraído pepitas de oro de buen tamaño en Olancho, generalmente está muy distribuido a lo largo de los lechos de los ríos y es extremadamente fino, excepto donde los remolinos de los ríos han concentrado granos más grandes en las grietas de las rocas. Es por esto que yo no aconsejo a los mineros norteamericanos que dependan solamente de la "cuna" en la explotación de minas auríferas de Honduras, por cuyo método se lavaría solamente una cantidad limitada y las ganancias compensatorias no igualarían las de los placeres corrientes de California. La "minería hidráulica" es la mejor, sin duda alguna el único método de que se puede depender en Honduras.

La similitud entre la topografía de Olancho y muchas partes de California, la marcada uniformidad en los depósitos auríferos en todos los lechos y fondos de los ríos, la calidad del oro, la salubridad del clima y, particularmente, la abundancia de corrientes de agua aprovechables, señalan a Olancho como especialmente adaptado para emplear con éxito el sistema de la "minería hidráulica". Que las ganancias sean o no sean iguales a las alcanzadas en las minas de California, el futuro lo decidirá. De mi propia observación y de los hechos que puede obtener de las demás personas, aparece que no existe razón sistemática para pensar que no pueda haber ganancias remunerativas si se siguen planes bien dirigidos.

En Hispanoamérica hay muchos "El Dorado" que solo esperan la visita de los mineros amigos de aventuras. Olancho no es un caso aislado. Bolivia se jacta de su Matto Grosso; Perú de su Napo; Guatemala de su río Polochic y Nueva Granada, de su Antioquía, pero ningún lugar presenta tantas facilidades para una empresa extranjera como Honduras. Los molinos Gardiner y de otras marcas pueden ser usados con ventaja con muchas de las brozas auríferas de cuarzo de Olancho y La Segovia, en donde con limitado éxito se emplean actualmente los rústicos arrastres o trapiches.

Cuando estuve en Tegucigalpa se me obsequió un pequeño folleto escrito por el señor Jacobo Bernardis, de Trujillo, intitulado: "Golpe de Vista sobre Honduras, considerado en sus relaciones Físicas y Geográficas y seguido de un Comunicado sobre la riqueza de Olancho y Yoro". En relación con estos dos departamentos, dice dicho autor: "Los ríos Guayape y Jalán, pasan a través de numerosos placeres, llevando consigo un gran tesoro aurífero. Estos dos ríos se juntan en las vecindades de Juticalpa, la cabecera de Olancho, y, siguiendo su curso tortuoso, recibe varios afluentes, que desaguan en la costa norte de Honduras, donde el río toma el nombre de Patuca. La barra del Patuca tiene de tres a cinco pies de agua en el verano y de nueve a once en el invierno. De este punto, arriba de su confluencia con el Wampú tiene de cuatro a cinco, y de aquí, pasando por varios rápidos llamados "chiflones" debido a las rocas que bordean sus orillas, hay de cuatro a cuatro y medio pies hasta su unión con el Guayambre. Dejando este a la izquierda, puede navegarse con tres y medio a cuatro pies hasta la confluencia del Guayape y el Jalán sin el menor peligro u obstáculo hasta una legua de Juticalpa. Siguiendo el curso del Guayape, puede navegarse con una profundidad de tres a tres y medio pies hasta el lugar denominado Alemán. De este punto hasta sus cabeceras se encuentran placeres auríferos, que se llaman pintas para diferenciarlos de las vetas que se encuentran en todos los lugares con relativa poca molestia. Pero la mayor parte de estos placeres permanece inexplorada, ya que para su desarrollo se necesita elemento activo e inteligente que se organice en empresa, no siendo capaces los hondureños de organizarlas.

"Dejando a Juticalpa y tomando una dirección norte y noreste y cruzando el Departamento hacia Yocón, en una región de treinta leguas de longitud por diez de latitud, no hay riachuelo por insignificante que sea, que no arrastre oro en su lecho. La mayoría de estos riachuelos, siguiendo los cañones de las sierras, descargan sus aguas en el Guayape y el Jalán; y otros, como el Silaca y el Mangulile, en el Mirajoco, que después se llama Yeguala y fertiliza parte del valle de Olanchito, vaciándose en el pintoresco río Aguán o Romano, que desemboca en el mar Caribe, a dieciséis millas al oriente de Trujillo. Los ríos más grandes reciben sus depósitos de oro de las súbitas recientes de los tributarios montañosos, alimentado por los cañones y arroyuelos de arriba. El oro del os ríos Guayape, Jalán, Mangulile, Sulaco, Caimito, Pacaya y Yeguala, es bien conocido y el de los primeros y dos últimos mencionados se considera como de la calidad más fina o clase coronaria".

El anterior extracto es prueba de que el pueblo de Honduras está enterado de la riqueza que se esconde en su suelo, y de que es incapaz de explotarla. Esto no nos sorprende, si recordamos que la misma raza que habitaba la California muchos años antes de la conquista norteamericana permanecía apática, ignorando los grandes depósitos que se escondían bajo sus plantas.

COBRE, HIERRO, ANTIMONIO, CINABRIO. – Los metales comunes abundan en varios lugares de Honduras. El cobre se encuentra en grandes e inagotables brozas y, a menudo, en un estado de extensa pureza. El cerro de El Chimbo, en las cercanías de Tegucigalpa, ha sido anteriormente descrito. El cobre se halla bastante hacia la costa norte de Yoro, desde donde se me han enviado ricas muestras, tomadas, como se me informó, de las vecindades de Trujillo. Estas muestras son iguales a las enviadas por Cuba a los Estados Unidos para su fundición. Las brozas que vio Byam las describe como combinadas con sulfuro o en otra forma que requiere calcinación para desprenderlas. "Bien pueden ser fundidas en los altos hornos corrientes, con la ayuda de igual cantidad de siderita, de la que existen grandes cantidades en la superficie montañosa de todo el país. Este es el método común que se emplea en Chile para esta clase de brozas. El cobre producido es notoriamente puro y maleable; se le llama "cobre de labradores". No necesita de volteos cuando se le convierte en marmitas y cazuelas para toda clase de cocina. Las brozas cupríferas son de las que los mineros españoles llaman "metal de color", usando el término "metal" para la broza, y son en su mayoría óxidos rojo y azul y carbonatos verdes, y de cuando en cuando de colores pardo y "pecho de paloma". Se cortan con facilidad y se suavizan con el cuchillo, produciendo del veinticinco al sesenta por ciento".

Grandes y muy valiosas minas de hierro existen en el Departamento de Tegucigalpa. Las brozas son tan abundantes y tan puras que, según supe, en los senderos por donde cruzan mulas dejan la superficie brillante a causa del hierro que aflora con el raspado que dejan las pisadas. Los intentos que hasta se han hecho para trabajar estas minas han sido tan insignificantes que apenas vale la pena mencionarlos. También hay minas de antimonio, estaño y zinc, pero hasta ahora no se las ha trabajado. Lo mismo puede decirse del cinabrio, cuyas minas se ubican en los departamentos de Comayagua y Gracias, algunas de las cuales, según supe, han sido explotadas secretamente y con el mayor éxito por extranjeros. El señor Cacho, ministro de Hacienda, me informó, por carta, de la existencia de varias valiosas minas de cinabrio para cuya explotación tenía ansiedad de enganchar brazos extranjeros.

PIEDRAS PRECIOSAS. – Gemas y piedras preciosas se hallan entre las riquezas que ofrece Honduras a la industria mundial. De estas solo puedo hablar del ópalo, cuyas muestras últimamente han sido traídas del Departamento de Gracias. Debe corregirse aquí el error en cuanto a su calidad. En la mayoría de los casos, después de un examen minucioso, se ha concluido que se trata del ópalo "duro" o noble, y en ese respecto, enteramente distinto del ópalo "suave" o mexicano, que también se conoce con el nombre de "piedra de Panamá".

Un lapidario notable me informó que el ópalo suave puede probarse sumergiéndolo en agua caliente, procedimiento que hace que desaparezcan sus colores por varias horas para reaparecer después de este lapso. Los ópalos de Honduras han sido sometidos a esta prueba y nunca pierden su color y brillantez. Cerca de un centenera de estas piedras preciosas fue adquirida por el Sr. A. Marié, de Nueva York, en Gracias hace algunos años. Varios de los ejemplares eran en extremo bellos y de un tamaño extraordinario. Dice que el método que emplean los indígenas para extraer los ópalos es el más rudo que pueda imaginarse, pues solo usan el corriente zapapico y un martillo pesado. Se presentan en lechos calcáreos y en piedra caliza, o en pequeños "nidos" de formación pórfido-volcánica. El Sr. Squier asevera que varias de las más grandes y más bellas piedras han sufrido trituración a manos de los indios, quienes estiman su valor más por el número que por el tamaño y, en consecuencia, las quiebran en pequeños fragmentos. [1]

En bruto, las piedras de ópalo tienen una apariencia blanquizca embotada y solo revelan su brillo interno bajo las manos expertas del lapidario; su valor real es apenas apreciable en Honduras. En Tegucigalpa pude ver un gran ópalo montado en plata que usaba un nativo, que aunque no lo estimaba en mucho, valía por lo menos $1,000.

Al preguntar si podría conseguir ópalos en Tegucigalpa, fui informado que había una anciana que tenía una colección desde hacía muchos años y deseaba venderla. En efecto, adquirí luego el lote – como de veinte– por cinco dólares de plata y, creyéndolos de poco valor y solo para agregarlos a mi colección los olvidé hasta mi regreso a California, donde un lapidario alemán los valoró como ópalos preciosos, varios de ellos de un valor considerable. El más grande de ellos fue valorado en $500 y los más pequeños eran casi tan bellos como aquel. Menciono este incidente solo para demostrar el escaso valor que en Honduras se da a los Ópalos. Están confinados al Departamento de Gracias, en la frontera con Guatemala; algunas de estas piedras emiten centelleos azules y rojos; otros combinan sus colores con el púrpura y el amarillo, y otros muestran una mezcla de verde y amarillo con fuertes reflejos.

Debe recordarse que jamás se ha hecho una expedición científica para que vaya a la región de los ópalos de Honduras.

En 1829 Thompson, en su informe señaló estas piedras preciosas entre las exportaciones más valiosas del Departamento de Gracias [2].

_____

[1] **Notes on Central America**, p. 168.

[2] Mawe, en su Tratado de Diamantes, describe la variedad de ópalo precioso, a la cual se cree ahora que pertenece el de Gracias, como "blanca o gris perla. Cuando se le pone contra la luz es roja pálida o amarilla vino con una translucencia lechosa. A la luz reflejada exhibe, al girar, las más elegantes y bellas irisaciones, especialmente en verde esmeralda, amarillo dorado, rojo fuego, violeta, púrpura y

El Sr. Squier asevera que se han encontrado amatistas en Gracias, y que el asbesto existe en Olancho, habiendo muchas razones para creerlo.

Hay carbón en la parte occidental del país y en la costa del Pacífico a corta distancia de la bahía de Fonseca. Las minas de este se hallan, principalmente, en los Departamentos de Comayagua y Choluteca. Las muestras que me enseñaron en Nacaome eran de calidad inferior, si no inservible, pero quizás no eran las mejores muestras de la mina.

Tuve conocimiento de que en la bahía de Fonseca se han encontrado perlas, pero ningún ejemplar llegó a mis manos mientras estuve en Centroamérica. Como su existencia presupone la presencia de las ostras, no hay razón para que aquella bahía no las produzca, siendo que los mariscos se encuentran allí en cantidades ilimitadas. Al norte, en el Golfo de California, y en el de Nicoya, Costa Rica, la pesca de perlas se ha llevado a cabo con gran éxito. La bahía de Fonseca es, igualmente, una gran ensenada de mar y, sin duda, daría buena recompensa a los esfuerzos que hicieran los pescadores de perlas.

---

azul celeste, tan bellamente combinados y fascinadores que cautivan al observador. Cuando los colores se concentran en pequeñas pintas recibe el nombre de ópalo arlequín. A veces presenta uno solo de los dos colores mencionados y, de estos, los más estimados son el verde esmeralda vívido y el amarillo naranja. Cuando la piedra posee este último color, se denomina ópalo dorado... El ópalo precioso es por lo general pequeño, siendo raramente mayor que una almendra o una nuez de avellana, aunque he visto algunos ejemplares del tamaño de una nuez de nogal, por los cuales se pedían varios centenares de libras esterlinas". N. del A.

CAPÍTULO XI: EL PAÍS DE LA LLUVIA Y EL CALOR

El clima en el interior y en las costas. – Enfermedades. – Instrucción pública. – Diversiones. – Religión. – Ruinas aborígenes. – Población antigua y presente. – Gobierno. – División política.

A pesar de que las costas marítimas de Centroamérica gozan de la fama de ser insalubres, en cuanto a las zonas altas del interior puede sostenerse con imparcialidad que, desde Costa Rica hasta la meseta de México, no hay porción en el mundo que tenga un clima más uniforme. La naturaleza, como si estuviera insatisfecha con los regalos pródigos en otros respectos, ha dotado al interior de Honduras de un clima al cual no le aventaja el de las regiones más deliciosas de California. En la mayor parte del año el mercurio oscila entre los 69° y 85° Fahrenheit, los cambios de las estaciones son tan ordenadas que la transición del invierno al verano, que consiste en una alternabilidad de un clima seco a uno lluvioso, es apenas perceptible y acompañado de pocos o de ninguno de los efectos que son tan notables en las zonas templadas.

Las cuatro estaciones conocidas se hallan reducidas a dos: la lluviosa y la seca. La primera, que se anuncia con rachas aisladas de lluvia y de nubes cargadas, comienza poco más o menos el primero de mayo y continúa hasta mediados de noviembre. No debe entenderse, sin embargo, que el término "estación lluviosa" significa una constante caída de aguaceros, ya que el cambio de estación, en este respecto, es algo parecido al de California. Los meses húmedos en Centroamérica son en realidad los más placenteros, no solo por el aspecto verde en la naturaleza, cuya belleza de bosques y jardines se desarrolla con la lluvia, sino por la atmósfera peculiarmente confortante que se experimenta en este tiempo en las zonas montañosas.

En la mayor parte del istmo centroamericano, la estación del verano es una sequía ininterrumpida y solo mitigada a veces por aguaceros ligeros. Olancho y el este del interior de Honduras, son, sin embargo, una excepción a la regla. La estación comienza allí, como es corriente, en noviembre, pero por razones de orden geográfico y topográfico de esa región, las lluvias caen a intervalos hasta mediados de marzo. Una de las tormentas más fuertes que presencié en Centroamérica ocurrió el 13 de febrero de 1855. Las lluvias llegan con un viento del sur y del este y generalmente caen por la tarde, aunque en los meses húmedos las tormentas de montaña algunas veces caen con gran furia durante las noches.

El "chubasco" es seguro durante la estación de las lluvias. Las nubes que anuncian su aproximación son inconfundibles por su forma bicéfala, sea en el interior cuando corren muy bajas a lo largo de los picos escabrosos de las cordilleras, sea en la costa, cuando vienen desde el mar con sus centellantes relámpagos y sus truenos distantes. Durante el invierno estas tormentas caen sobre el viajero sin anunciarse, y en un tiempo increíblemente corto hacen crecer los arroyos de las montañas hasta hacerlos invadeables, pero bajan al no más cesar la tempestad. Después de las tormentas llega a intervalos una luz solar cálida que imparte frescura al paisaje que, con su suave y ondulante aspecto y sus sobrias arboledas, lleva a menudo la imaginación a las regiones más bellas de la Nueva Inglaterra y al vigorizante clima de Jalapa, Puebla, o de la ciudad de México.

Rara es una época en la costa del Caribe en que la temperatura sea incómodamente fría, excepto durante los vientos fuertes del norte cuando el mercurio desciende a veces a 60° Fahr; pero en las montañas, el clima es a menudo tan frío como el de diciembre a febrero, y se necesita de fuego para la comodidad; las tormentas de granizo, una de las cuales mencioné en otra parte, se han registrado en El Salto, Santa Lucía, Cerro de Hule, Nueva Arcadia y, particularmente, en los elevados distritos de Gracias, donde el frío es tan intenso que los habitantes bajan a los valles y allí permanecen hasta que la temperatura se vuelve tolerable. En Tegucigalpa, a una elevación considerablemente arriba de los 3,000 pies sobre el nivel del mar, el termómetro oscila de 56° a 70° en la mañana, de 72° a 80° a mediodía y de 70° a 78° por la noche, de noviembre a marzo inclusive. Esto indica una temperatura pareja que nada deja que desear. En Juticalpa encontré que en los meses de invierno el clima difiere apenas del de Tegucigalpa a pesar de su menor altura.

Un registro termométrico que llevé durante mi estancia deja ver las fluctuaciones del mercurio del verano de 1854 a la primavera de 1855. Presenta una diferencia de temperaturas entre las costas y las tierras altas del interior tan marcadas como las que existen entre las zonas templada y tórrida. En el periodo que pasé en el interior del país, el punto más bajo del termómetro fue de 52º, y de 88º Fahrenheit el más alto. Los resultados de esta tabla se darían aquí completos a no haber sido el constante cambio de posición y de elevación en las mesetas, que impidieron un número consecutivo de observaciones suficientes para establecer una base firme de temperatura.

No obstante, puedo agregar que, con los vientos del norte, que en los meses de invierno a menudo azotan con gran furia el país, la temperatura es tal que se necesita de ropa gruesa todo el día; y cuando las fogatas arden en los corredores, los grupos de friolentos se apiñan a su alrededor. Las noches y las madrugadas son particularmente heladas. En conclusión, no es exageración decir que en el interior de todo Centroamérica se goza de un clima tal que no lo supera ningún otro en todo el continente americano.

El clima de la costa ofrece al extranjero poco aliciente para permanecer allí por largo tiempo. En el litoral del Pacífico, los calores del verano son moderados por la grata brisa que sopla del mar alrededor de las once de la mañana y que se calma a la caída del sol; las tardes y las noches son más bien sofocantes, y las mañanas tranquilas y calientes. La ciudad de Amapala, en la bahía de Fonseca, es una de las más templadas, pero adentrándose unas pocas leguas de la costa, se siente un clima enteramente distinto, donde el calor natural de las tierras bajas no es mitigado por la brisa marina, de la cual son privadas en parte por la intersección de las serranías inmediatas; aquí el calor a menudo es tan severo que los extraños no pueden soportarlo. Predominan las fiebres y otras enfermedades concomitantes a la región y hasta los nativos se ausentan, si les es posible, durante los meses calurosos. Así ocurre con varias ciudades que se hallan situadas entre la costa del mar y las cordilleras; entre estas puedo citar a Nacaome, Choluteca, Pespire y otras igualmente ubicadas en Nicaragua y El Salvador.

En el litoral norte el clima es más conocido de los norteamericanos. La atmósfera, cargada con la humedad de los vientos alisios que soplan a través del Atlántico y del mar Caribe, conserva una humedad constante, y la condensación de vapores en las faldas de las cordilleras forma los numerosos arroyos que entrelazan este lado del continente, y de los cuales la vertiente del Pacífico se halla parcialmente desprovista. Los bosques y las florestas exuberantes de la costa del Caribe, tan marcadamente en contraste con la densidad menor de las montañas de la vertiente del sur, pueden deberse a este incesante agente fertilizador.

Como consecuencia de la humedad general de esta región y de su alta temperatura, el clima no puede ser sano, conclusión establecida por los fracasados intentos de los españoles para conservar allí ciudades populosas, y el triste fracaso de los ingleses, prusianos y belgas para colonizar la costa entre el cabo de Gracias a Dios y Guatemala. De ellos, si acaso, queda una tumba señalando sus restos y la locura de sus empresas. Los puertos de la costa este debían servir como puertas de entrada hacia las regiones salubres del interior. La experiencia de muchos años demuestra esto y los rostros enjutos de la mayoría de los norteamericanos o europeos que han escapado de la ordalía de ese clima indican demasiado elocuentemente los efectos enervantes de su prolongada residencia. Una descripción de los climas de Veracruz, Tampico, San Juan del Norte, Aspinwall y Belice, y de los factores físicos que obran sobre ellos, corresponderá con pequeñísimas excepciones a los establecimientos en la costa Norte de Honduras.

Los últimos visitantes de esa costa dan informes ya más favorables acerca de su clima. El capitán Henderson dice en 1811 que los vientos norteños son desagradablemente fríos; los "húmedos" dan una idea imperfecta de un día de noviembre en Inglaterra, y los secos, o aquellos que van acompañados de lluvia, como bellos, agradables y vigorizantes. Estos, dice, aparecen entre los meses de octubre a marzo. El mismo autor, hablando de Belice, expone: "La fuerte brisa del mar, que sopla libremente nueve meses del año, contribuye principalmente a la salud de los habitantes. Empero, el calor tan opresivo impide hacer de la región un lugar propicio para la inmigración [1]. El mismo autor alude al intento de hace muchos años

---

[1] En relación con los nortes de la costa del Caribe de Centroamérica, aparece lo siguiente en la traducción del "Derrotero de las Antillas", vertida del español al ingles por el capitán Livingston:

"A lo largo de las playas mosquitas, Honduras y la costa oriental de Yucatán, prevalecen vientos o brisas generales durante febrero, marzo, abril y mayo; durante los dos primeros de estos meses dichos vientos son ocasionalmente interrumpidos por nortes. En junio, julio y agosto, los vientos vienen aquí del sureste y suroeste, con tornados y calmas. En septiembre, octubre, noviembre, y enero, soplan del noroeste o del suroeste, con frecuentes galernas del W. S. W., W. N. W. y del norte.

El primero de los nortes se siente, por lo general, en septiembre, pero durante este mes y en octubre, los nortes no soplan con mucha fuerza. A veces ocurre que

del especulador McGregor, de establecer una colonia en la boca del río Tinto o Negro, proyecto que después dio fundamento a una novela muy conocida. Esta empresa fue causa de la pérdida de muchas vidas. El resto de la colonia llegó después a Trujillo, desde donde varios miembros marcharon hacia el interior con el fin de buscar minas. Los pocos que quedaron de la desgraciada colonia belga de Santo Tomás, en Guatemala, también se retiraron hacia las tierras altas salubres donde pronto se restablecieron.

De la cantidad de lluvia que cae en el interior o en la costa no hay estadística, salvo lo que aparece en el meticuloso informe publicado en 1852 por O. W. Childs, topógrafo del proyectado Canal de Nicaragua. Las mediciones de este ingeniero dan los siguientes resultados; y como similares causas naturales actúan sobre todo Centroamérica, ellas pueden aplicarse también a la adyacente República de Honduras.

Del 9 de septiembre de 1850 al 25 de septiembre de 1851, la cantidad de agua que cayó en la ciudad de Rivas, Nicaragua, tomada en pulgadas y fracciones decimales, es la que sigue:

Septiembre (1850)	7,005	Abril	0.430
Octubre	17,860	Mayo	9.145
Noviembre	1,395	Junio	14,210
Diciembre	3,210	Julio	22,640
Enero (1851)	0.380	Agosto	11,810
Febrero	0.000	Septiembre	13,240
Marzo	1,410		
		Total pulgadas	101,735

no se producen, pero en este caso la brisa es interrumpida por fuertes lluvias y tornados. En noviembre se establecen los nortes, que soplan con mucha fuerza y continúan por algún tiempo durante diciembre, enero y febrero. En estos meses, después de comenzar, aumentan rápidamente en intensidad, llegando a su máximo en poco más de cuatro horas y continúan así hasta por cuarenta y ocho horas; después, aunque no se aplacan por muchos días, se moderan bastante. En estos meses los nortes son obscuros y vienen del noreste, siendo tan frecuente que no transcurre más de 4 a 6 días entre uno y otro. En marzo y abril no son tan frecuentes ni duran tanto, siendo el tiempo más despejado cuando soplan, pero aun entonces son más fuertes durante las primeras veinticuatro horas y se inclinan menos al noroeste. En el intervalo hasta noviembre, mes en el que como se ha dicho se establecen los nortes, el tiempo es bello, soplando la brisa general con gran regularidad, del mar durante el día y de tierra durante la noche". N. del A.

La altura de lluvia desde el 9 de septiembre de 1850 hasta el 9 de septiembre de 1851, fue de 97.71 pulgadas. Hubo 226 días secos y 139 lluviosos. De mayo a octubre, inclusive, cayeron 90.89 pulgadas, y en el resto de los seis meses del año la estación húmeda solo 6.82 pulgadas. Estas observaciones fueron hechas en Rivas, donde las lluvias caen todos los meses. Que la lluvia cae en Olancho en casi todo el año se demuestra en las tablas meteorológicas que cubren prácticamente toda la que en Centroamérica se conoce como "estación seca".

ENFERMEDADES. – En realidad, las enfermedades son pocas. Son raras las fiebres, excepto en las costas, donde la calentura predomina durante los meses más calientes. El bocio no está confinado a localidad alguna en particular, siendo más común, sin embargo, en los distritos montañosos, en donde, como en Suiza, las clases más pobres están expuestas a esta enfermedad. Solamente vi tres o cuatro casos.

La elefantiasis, aunque no es común, se ve de cuando en cuando en las regiones altas. Pero solo es una pierna la afectada por la enfermedad; la pierna se hincha gradualmente al doble del tamaño de la otra, subiendo la inflamación, a menudo, más arriba del muslo; esta enfermedad se considera incurable y fatal. Los nativos tienen varias explicaciones sobre la causa de esta y de otras afecciones similares, siendo la más corriente, que se debe a la bebida de aguas impuras. Tales enfermedades y la extraordinaria inflamación de los músculos del cuello, que deja una especie de jiba, pueden parangonarse con las mismas que aquejan a Europa, excepto el bocio, al que no puede dársele la nieve como causal, como se hace en las montañas de Suiza.

El extranjero frecuentemente sufre de erupciones cutáneas llamadas "granos", que son muy dolorosas; atacan la perna debajo de la rodilla y algunas veces inflaman el pie a tal grado que es imposible usar zapatos o botas. Este mal se combate bebiendo el vino de coyol, que antes describí, y con baños locales de agua y sal.

Las fiebres que predominan en el país son las "tercianas", cuyos efectos y modo de atacar se parecen a la fiebre intermitente del oeste de los Estados Unidos, en su peor forma, y a las "calenturas" subsiguientes. La fiebre terciana es poco común en el interior del país y generalmente cede a las medicinas usuales, que consisten en fuertes purgantes seguidos de convenientes dosis de quinina, que los médicos nativos recetan siguiendo aquel peligroso principio de que, si poco es bueno, mucho es mejor.

Los síntomas de la fiebre en Centroamérica son: calofríos combinados con rápidos ascensos de temperatura, y nauseas. Si el paciente ha tenido un resfrío reciente, el caso se considera peligroso. Concomitantes con el ataque son: un intolerable dolor de cabeza, debilidad en las piernas, dolor en las articulaciones, mareo y debilidad general. Se activa el ataque con el abuso de las bebidas alcohólicas y de las frutas, irregularidad en las comidas o una exposición imprudente a la lluvia, al viento frío de la noche o al candente sol del mediodía. Pero los cuidados más escrupulosos de nada sirven y el solo cambio de clima expone a todos los viajeros a contraer el mal. Las fiebres, por lo general, cesan con el tratamiento oportuno de un médico experimentado.

El cólera, aunque diezmó las grandes ciudades de la América Central en 1836, nunca más ha vuelto a aparecer en Olancho, y poquísimos casos han ocurrido en otras partes de Honduras; los vientos del noroeste parece que actúan como desinfectantes de esta y otras epidemias.

En Olancho, lo mismo que en Chinandega, Nicaragua, varias mujeres se desfiguran por una gran tumefacción que les aparece en la región anterior del cuello, directamente debajo del mentón. El aspecto de esta enfermedad es grotesco a la vista; nunca se ha dado un razonable origen a este mal. Los extranjeros lo confunden con las paperas y el nombre local es el de "güegüecho", y Dunn lo menciona en su obra sobre Guatemala.

Los médicos del país son, por regla general, egresados de la Universidad de Guatemala. Sus conocimientos de la medicina son en extremo limitados; probablemente están en boga al presente los mismos remedios que usaron Gil González y Pedrarias. A las viejas que hacen de doctoras se las conoce con el nombre de "curanderas", puede vérselas en toda ciudad y su arte se limita a la aplicación de remedios sencillos y, en cuanto a las fiebres, a sobar al enfermo con sebo y a murmurar a la vez varias oraciones sin sentido. Naturalmente estas viejas recelan la interferencia de los forasteros en su negocio.

INSTRUCCIÓN PÚBLICA. – Las revoluciones constantes y su secuela de rivalidades seccionales han retardado muchísimo el progreso de la educación popular en casi toda la América Central. Sin embargo, al presente hay según lo dice el Sr. Squier una débil chispa que se ha conservado viva y funcionan alrededor de cuatrocientas escuelas en Honduras en donde los niños aprenden a leer y escribir.

Los jóvenes de todas las clases sociales se encuentran a un nivel común y, con un sistema diferente y con maestros eficientes el resultado sería altamente prometedor. Los escolares son, por lo general, aptos, inteligentes y capaces de recibir instrucción. Honduras ha producido a los hombres más distinguidos en Centroamérica; entre ellos militares, hombres de Estado y oradores, quienes en un campo amplio y en circunstancias más propicias habrían llenado gloriosas páginas en la historia.

La Academia Literaria de Tegucigalpa, y una institución similar pero menos floreciente que hay en Comayagua, son las únicas universidades en la República. La primera la he descrito anteriormente.

El principal asiento de la enseñanza en Centroamérica se halla en la ciudad de Guatemala, donde existen varias viejas instituciones literarias fundadas durante el virreinato. De todas partes de Honduras se mandan jóvenes hacia allá. La universidad, aunque muy mejorada en todos aspectos durante los últimos diez años, no se parangona todavía con las de México. Dunn, al escribir en 1828, las pinta como un foco de ridiculez, y critica la vanidad nacional del historiador Juarros; cuando habla este de exámenes en Cirugía, de un Gabinete Real de Historia Natural, de una Escuela de Matemáticas y un Colegio de Cirujanos. "En conexión con la universidad", agrega, "hay doce cátedras, y un senado académico de cincuenta doctores. Innecesario es enumerar las materias que se cursan, pero las hay de Latín, Filosofía, Teología, Moral, etc. Poco importa precisar cuál es el método que se sigue para la enseñanza. Suficiente es saber que los estudiantes egresan del colegio con aquellos conocimientos que Gil Blas poseía cuando salió de la Universidad de Salamanca". Guatemala no ha tenido revoluciones últimamente y ha prestado más atención que antes al cultivo de las artes útiles y a la educación. Se han hecho asignaciones adicionales y puede colegirse que hay un verdadero interés en materia científica al ver la colección mineral, ornitológica y botánica que envió a la Gran Exposición de París, en 1855.

Con todo, la mayoría del pueblo de Honduras está sumido en la ignorancia y la superstición. Las bibliotecas, que consisten principalmente en obras de teología, son pocas y pobres y la mayor parte son propiedad de los curas. Solamente se publica un periodo en la República: La Gaceta Oficial. Los libros generalmente son reimpresiones mexicanas y guatemaltecas de trabajos españoles, o folletos y hojas sueltas políticas y personales. La experiencia de estos años no alienta esperanza para augurar una mejora, excepto a través del posible aporte cultural de la influencia extranjera. Mientras los únicos medios educativos disponibles estén en manos del clero, y hasta que el curso de los acontecimientos haya convergido a un cambio político como el que se ha sugerido atrás, poco se habrá hecho por la instrucción del pueblo hondureño.

DIVERSIONES. – En un país tan aislado del mundo y abandonado a sus propios recursos, las diversiones públicas son muy escasas. Consisten en corridas de toros, pobres imitaciones de las exhibiciones de España; juegos de azar, que se limitan al "monte", juego nacional de los españoles y de sus descendientes coloniales; las carreras de caballos; las peleas de gallos, a las cuales asisten todas las clases sociales, desde el sacerdote hasta el más humilde mestizo; el baile, las funciones públicas y las fiestas de la iglesia católica.

Thompson habla de funciones teatrales en Guatemala; pero, con la excepción de un diminuto teatro dramático en la capital de Costa Rica, este entretenimiento no ha llegado aún a los demás estados. Una vez llegó a El Salvador un circo de California y fue un completo fracaso. Con la típica alergia de los hispanos por las innovaciones, hay poco estímulo hacia los esfuerzos de los extranjeros por sacar a los centroamericanos de sus viejos canales de diversión.

RELIGIÓN. – La actual Constitución Política de Honduras (1848) reconoce solamente la religión católica romana, pero no pone obstáculos al ejercicio de cualquier otra religión. La mayor libertad prevalece en este respecto, pero fui informado por el cura de Juticalpa, que había representado al Departamento de Olancho en el Congreso Nacional, que la erección de cualquier iglesia que no fuera católica sería combatida por el Gobierno y por el clero. Un intento hecho hace algunos años a favor de una compañía inglesa que se proponía introducir colonos agrícolas en Honduras, lo aprovechó el Sr. Chatfield para asegurarles el privilegio de levantar un templo protestante y seguir en él su culto, pero tuvo la más firme oposición. Es probable que toda innovación política o social que pueda surgir en Honduras no opere, en muchos años, cambio alguno en la religión el país. Los ritos de la iglesia no son opresivos y los habitantes, por lo general, guardan veneración por los sacerdotes.

Bajo la colonia hubo conventos de las órdenes de los franciscanos, mercedarios y carmelitas [1]. Estos, sin embargo, han sido abolidos desde hace muchos años y dos de ellos fueron convertidos en universidades [2]. Los beneficios y exacciones clericales bajo el dominio español fueron abolidos por el general Morazán con el éxodo de los frailes en 1829 [3]. De la primitiva propiedad y rentas de la iglesia, poco o nada queda; los padres, por lo general, son pobres, y las iglesias hace mucho que fueron despojadas de sus riquezas. A diferencia de México, las revoluciones en Honduras han conllevado el empobrecimiento y la reducción del poder de la iglesia. El señor Lerdo de Tejada, ahora jefe de las finanzas mexicanas, estima que la propiedad del clero en bienes raíces en aquel país asciende a la increíble suma de $250,000,000. En Centroamérica, al contrario, las iglesias han venido a menos; las procesiones religiosas, las bombas y el oropel para los días de fiesta dependen de las contribuciones de los devotos.

Los resultados perniciosos de la interferencia clerical en los asuntos políticos de Centroamérica han enseñado al pueblo a definir tan marcadamente como ha sido posible, los límites entre el Estado y la Iglesia. De aquí la gradual liberación del sistema político del control de los curas, y una tolerancia liberal de todas las formas de religión cristiana.

POBLACIÓN: ABORIGEN Y MODERNA. – Exploraciones recientes en la parte occidental de Honduras demuestran que allí vivió un pueblo en la época del descubrimiento en nada inferior en civilización e inteligencia al que construyó Palenque y Chichén. En

---

[1] Los franciscanos y los mercedarios fueron los únicos religiosos regulares que se establecieron en Honduras.

[2] La Asamblea Legislativa del Estado de Honduras, con fecha 3 de noviembre de 1829, declaró extinguidas en el Estado las comunidades religiosas, quedando los conventos al cuidado de las municipalidades, destinados los dos de Tegucigalpa a beneficio del Cuño, imprenta e instrucción primaria.

[3] El 28 de abril de 1829 se estableció en Honduras una contribución única y se mandó que los diezmos los cobraría el clero sin más auxilios que los que le prestaba la misma religión, y para su exacción en ningún caso se le daría la fuerza por las autoridades civiles. V. Durón, **Efemérides**, en la **Revista de la Universidad**, t. V, p. 216.

el capítulo XXIV, me he referido de manera breve a los aborígenes de Honduras, según los describe Herrera. Los nombres de muchas ciudades en el valle de Comayagua, cuando uno pasa a través de ese Departamento son aborígenes, y se presume que ya existían al tiempo de la conquista. Las ruinas de Tenampúa, situadas como a veinte millas al suroeste de Comayagua, las menciona mucho el Sr. Squier, de cuya descripción aparece que en un periodo remoto existieron allí grandes estructuras para fines defensivos o religiosos, o para ambos. Sin duda fue en estas vecindades donde el cacique Lempira, con treinta mil guerreros, se fortificó en 1536, y por seis meses desafió a los españoles bajo el mando del capitán Alonso de Cáceres. Sin embargo, gran parte de las ruinas ha desaparecido, aunque las de Copán hasta hace algún tiempo erróneamente localizadas en Guatemala, están muchas millas dentro del país, y a solo unos pocos días de viaje del lugar donde originalmente desembarcaron los descubridores españoles.

Los aborígenes del este de Honduras y de la Segovia, como los describe Juarros, aunque conocidos con el nombre genérico de Xicaques, Moscos y Zambos, estaban compuestos de muchas naciones, entre los cuales se hallaban los Lencas, los Teguacas, los Payas o Poyas, los Albatuinas, los Tahuas o Toacas, los Jaras, los Taos, los Gaulas, los Fantasmas, los Iziles, los Motucas y otras más, que hablaban diferentes dialectos, tenían distintos gobiernos, costumbres y maneras y se distinguían por la variedad de color de sus pieles: blancos, negros y cobrizos. Estas designaciones tribales, sin embargo, fueron hechas después de la conquista de Honduras, pues la variedad de tintes raciales es producto de la mezcla de los indígenas con un considerable número de náufragos españoles y después con los esclavos negros que llegaron a la costa en un barco que zozobró. Los nombres Teguzgalpa, Juticalpa, Tonjagua, Teupasenti, Lepaguare, Jutiquile, Culmí, Azacualpa, Catacamas, todos derivan de voces indígenas, o son los mismos nombres aborígenes que tenían desde el descubrimiento. Que los españoles encontraron esta porción del país bien poblada es evidente, por la oposición que hicieron a su marcha hacia el interior, y por el calificativo de "tribus poderosas" que les da Bernal Díaz. Sus descendientes, con el nombre de "tribus errantes" y de "indígenas salvajes" para distinguirlas de las tribus más civilizadas y agrícolas que vivían más cerca de las poblaciones de los españoles, todavía vagan por las sabanas de la costa, o andan por las montañas remotas, comunicándose raramente con los establecimientos de los indios "conversos".

No se encuentran señales de diseños arquitectónicos, o siquiera de la existencia de un sistema organizado de adoración, como se evidencia en los ídolos gigantescos y en las espléndidas ruinas encontradas en Yucatán, Guatemala y Nicaragua [1]. Los vaqueros, cuando exploran las recónditas profundidades de los bosques, encuentran a menudo montículos que contienen ejemplares de alfarería antigua, pero estos difícilmente se salvan de la destructora curiosidad de los nativos. En los valles de Agalta y Abajo, en Olancho, y en el Departamento de Tegucigalpa, especialmente en la gran hacienda de La Labranza, los túmulos se encuentran con mayor frecuencia. Las terracotas encontradas en ellos son de forma antigua, de las cuales no existen moldes; de diez a treinta piezas se encuentran en cada túmulo, generalmente en forma de vasijas o de jarros. Nunca supe que se hayan encontrado ídolos o huesos humanos. Los jarros han sido hallados tan enteros, que se les ha adaptado para el uso familiar; no tienen signo de pintura o de escultura ornamental.

La proporción de blancos, indios y razas mestizas en Honduras no está correctamente determinada, como tampoco hay estadísticas en que fundarse; todo cálculo es un aserto basado en conjeturas. Las estimaciones de Crowe, Thomson y Squier, los únicos autores dignos de confianza en estas materias, hacen referencia a las de Centroamérica en lo general o a Guatemala en particular; pero en cuanto a Honduras no deja de impresionar al visitante ver que la mezcla de negro e indio se halla en una proporción muy grande. Tomando los cálculos hechos por el Sr. Squier, que estima la población en 350,000 habitantes, la proporción relativa es la que sigue:

Negros y mulatos	140,000
Indios	100,000
Ladinos	60,000
Blancos	50,000
Total	350,000

---

[1] Es evidente que no conoció Copán.

No se ha levantado un censo formal en el país. Ni siquiera la población de las grandes ciudades se ha determinado con exactitud y los cálculos que hacen las personas instruidas varían en dos mil para Tegucigalpa, y en igual número para la ciudad más pequeña de Juticalpa. La variación de la población, derivada de las constantes revoluciones, da suficiente pie para esto pues todos los hombres dejan la pequeña población donde viven para escapar de ser enganchados al aproximarse la guerra; así los viajeros que visitan esos poblados pueden dar una estimación incorrecta. Al comienzo de la guerra de 1855 entre Honduras y Guatemala se me informó que se habían dado los pasos para levantar un censo del Estado, pero bajo el sistema usual de la conscripción forzada por el Gobierno, ninguna estimación correcta podrá hacerse jamás, ya que, al aproximarse un oficial, militar o civil, lo primero que hacen las gentes pobres es huir precipitadamente.

Mientras los blancos han disminuido, los negros, los indios y los ladinos han aumentado, lenta pero constantemente, y los establecimientos de los caribes entre el cabo Camarón y Omoa se han extendido sorprendentemente en los últimos cuatro años. La mezcla indiscriminada casi ha borrado las anteriores características raciales y se conocen pocas familias de ascendencia española pura. Varios de los comerciantes más prósperos del Departamento de Tegucigalpa son negros que poseen un grado sorprendente de sentido comercial. Dos de los establecimientos comerciales más grandes son de negros, cuyas relaciones mercantiles se extienden hasta Europa, desde donde importan la mayoría de sus mercaderías. Aunque la mayor parte de los negros de Honduras son de una clase baja e ignorante, hay numerosas excepciones. El Senado y el Congreso Nacional han contado entre sus miembros a muchos negros y mulatos de una gran inteligencia, concienzudamente educados en la escuela política centroamericana y con suficiente discernimiento para prever el declinamiento de su propia influencia y poder si se introduce al país la raza teutónica. De aquí la violenta oposición que hacen a las empresas extranjeras en los consejos nacionales y en sus círculos privados.

El clero, en su mayoría, es de negros y mestizos. Su peligroso poder ha sido restringido grandemente desde la independencia; pero, con pocas excepciones, estos hombres ejercen más bien una influencia favorable sobre el pueblo y son respetados generalmente.

Los blancos, que están en una pequeña minoría, ven con alarma el aumento de las otras razas. Han sido los iniciadores de casi todos los proyectos para la inmigración de extranjeros en Honduras y, excepto cuando se han visto frenados por la oposición del pueblo, han colaborado entusiastamente en los intentos de los norteamericanos para colonizar el país o para desarrollar en cualquiera otra forma sus recursos naturales. El fracaso de tales empresas, en la mayoría de los casos, ha sido debido al derrocamiento de las administraciones liberales y al Implantamiento del partido mestizo o conservador.

Las familias más ricas y de sangre más pura se hallan en la parte oriental del país; allí se mantiene una especie de aristocracia republicana de la cual se espera la redención de Honduras cuando, en el curso del tiempo, se junte con los extranjeros que indudablemente llegarán.

Los indios, que descienden de las tribus aborígenes antes mencionadas, se hallan distribuidas por todo el país pero divididos en dos clases distintas: los que habitan las altiplanicies y mesetas del interior, que pueden clasificarse como industriosos, tales como los Texiguats, y otros que cultivan pequeñas parcelas con verduras y frutos, que llevan pacientemente a las ciudades más cercanas; y los otros que son los indios de la costa y las tribus errantes en las regiones despobladas de Olancho, tales como los Payas, los Woolwas, los Guacos y los Caribes, que se hallan localizados desde el cabo Gracias a Dios hasta Guatemala. A estos se les emplea principalmente como sirvientes, cortadores de caoba, porteadores o arrieros. Se les describe como dóciles y de carácter afable, y los pocos que tienen suficiente inteligencia para interesarse en los problemas políticos del país expresan generalmente su preferencia por el partido liberal.

La condición de los indios costeños y negros ha mejorado en los últimos cinco años. Es evidente un intento para desarrollar la construcción de sus chozas, mejorar su estilo de vestir y otras ventajas resultantes de su comercio inconexo con Trujillo y Omoa. Muchos residen en aquellos lugares prestando sus servicios como criados o peones. [1]

---

[1] Afirma un caballero norteamericano, residente en Omoa durante varios años, que en dicho lugar se encuentran descendientes de la vieja raza Azteca. Los pocos que se conocen han sido tomados como sirvientes por los residentes extranjeros, afirmándose que son de corta estatura y en todo diferentes a los otros indios de Honduras. Se dice que una pequeña tribu de ellos existe en los confines de

Finalmente, los indios son superiores a los blancos. En su mayoría son robustos y atléticos, de buena estatura y capaces de grandes esfuerzos. Como trabajadores están mejor adaptados al clima que ninguna otra gente, excepto los negros. Los correos peatones cubren increíbles distancias en un día; las marchas registradas por las tropas de Morazán lo comprueban plenamente, y no tienen paralelo. Estos indios se alimentan, por largos periodos, de raíces, legumbres, y frutos silvestres, y resisten las enfermedades a pesar de su pobre vestimenta. Como arrieros o tanateros en las minas de plata, como cortadores de caoba, en un clima tropical a veces extenuante muestran un poder de resistencia, del cual el extranjero no puede hacer gala.

Tal población, sabiamente gobernada y con el ímpetu de la empresa extranjera que estimule su esfuerzo, es capaz de levantar a Honduras a un grado envidiable de prosperidad, pero no sin injertarla al tronco teutón mediante un liberal incentivo hacia su inmigración, evitando de esta manera la fatal extinción de la raza blanca y abriendo brecha al progreso y a la civilización. Dirigidos por los curas, imbuidos de superstición y enervados por gobernantes llenos de prejuicios e incapaces, el pueblo nada puede esperar del futuro, cuando su pasado ha sido solamente una historia de destrucción y de tendencias bárbaras.

GOBIERNO Y DIVISIÓN POLÍTICA. – Políticamente la República está dividida en 7 departamentos, como sigue: Olancho, Yoro, Tegucigalpa, Choluteca, Comayagua, Gracias y Santa Bárbara.

Guatemala, de la cual proceden los pocos que se encuentran en Honduras. Una de sus peculiaridades es la de que al sentirse enfermos se retiran a un lugar apartado donde, según se dice, mueren por falta de asistencia, la cual rehúsan tercamente. Al enfermarse un Azteca que había vivido algunos años en la casa del cónsul norteamericano, Sr. Follen, rehusó toda ayuda que se le ofreció; se alejó convencido de que le había llegado su hora, suplicando que nadie lo siguiera. Posteriormente se encontraron sus restos en una choza desierta, en la cual se había escondido para morir. Se refieren otros casos semejantes de este pueblo tan especial. No sale sobrando mencionar aquí que las curiosidades vivientes exhibidas hace algunos años con el nombre de "Niños Aztecas" fueron tomadas de una aldea india cerca de Cojutepeque, por un español llamado Silva, a quien la madre de los niños se los vendió por una bicoca. El cuento de su origen mexicano era una fábula parte de la propaganda. El hecho más notable en relación con este asunto es que la madre posteriormente sacó a relucir un duplicado del primer par y, en la época de mi visita a Centroamérica, deseaba venderlos a buen precio a cualquier especulador norteamericano.

La cabecera de cada uno de ellos lleva el nombre del departamento, menos Olancho, cuya cabecera es Juticalpa. La ciudad de Comayagua, aunque más pequeña y menos poblada que Tegucigalpa, es el asiento del Gobierno de la República.

El Gobierno se apoya en la Constitución Política de 1848, dictada bajo la administración del presidente Lindo, cuya firma y la de Santos Guardiola, la rubrican. El presidente ejerce su cargo por un periodo de cuatro años y no puede ser reelecto. El Gabinete actual está integrado por dos secretarios: el de Hacienda y el de Estado; el Poder Legislativo, por dos cuerpos; el Senado y la Cámara de Diputados. Cada departamento tiene derecho a elegir un senador y dos diputados, haciendo en conjunto veintiún miembros en la Asamblea General. El Poder Judicial lo ejerce la Corte Suprema de Justicia, que actúa en Comayagua y Tegucigalpa [1]. Este es el plan general del sistema gubernamental; pero los cambios políticos son tan numerosos e incesantes que bien puede decirse que son nominales. Raro es que pueda reunirse el quorum reglamentario en la Asamblea General, y en ocasiones extraordinarias se ha necesitado de la fuerza militar para completar a los miembros de la oposición para que concurran a ellas.

Las revoluciones, sin embargo, no afectan a menudo a las autoridades departamentales. Estas consisten de un jefe político o agente del Gobierno; de un comandante militar o comandante de armas; de un juez de primera instancia y de un intendente de Hacienda o colector de rentas públicas. Los departamentos se subdividen en municipios, gobernados por un jefe de distrito y un alcalde, que en las ciudades más grandes tiene dos o más agentes. Estas autoridades locales continúan tácitamente en sus cargos a pesar del cambio de constituciones o administraciones.

---

[1] La Constitución Política de 4 de febrero de 1848, que fue la primera que llamó Corte Suprema de Justicia al Tribunal de más elevada jerarquía de la República, lo dividió en dos secciones, compuestas cada una de tres magistrados propietarios y dos suplentes, electos por la Asamblea General, residiendo una sección en Comayagua y otra en Tegucigalpa; siendo cada una tribunal de segunda instancia en su territorio, y de tercera instancia en los negocios de que otra sección conociera del recurso de alzada. V. **Digesto Constitucional**, p. 107.

NOTA. – Para la comparación de los datos climatológicos, véase Apéndice a este capítulo al final.

CAPÍTULO XII: COMERCIO EN PAÑALES

Comercio. – Exportaciones e importaciones. – Reglamentaciones comerciales. – Rentas públicas. – Sellos. – Deuda pública.

Cualquier tentativa de obtener una información exacta en cuanto al monto de las exportaciones e importaciones en Honduras se estrella ante la falta absoluta de datos estadísticos, lo que deja al investigador en la obscuridad y hace muy dudoso el resultado de su labor. Las cuentas llevadas en las aduanas de Trujillo y Omoa han desaparecido por negligencia, o se han perdido o destruido en las revoluciones tan corrientes en el país, de las cuales resultan inesperados cambios de funcionarios, a quienes importa más su propio medro que la acuciosidad en el registro de las entradas del Estado.

En ausencia de fuentes de información, tuvimos que apelar a la Aduana de los Estados Unidos en Boston, lugar por el cual la mayor parte, si no todo, el comercio de Honduras con el norte ha tenido lugar a través de dos firmas importantes muy bien conocidas, que durante muchos años han tenido un comercio lucrativo con los establecimientos de Belice, Omoa y Trujillo. El comercio inglés parece estar administrado por varias casas londinenses que tienen grandes agencias en Belice. Sus operaciones, sin embargo, están principalmente limitadas al corte y exportación de la caoba.

La frecuencia de los cambios en la organización política de la América Central ha hecho casi imposible que el Gobierno de los Estados Unidos vaya al mismo ritmo con ellos y, desde la ratificación del Tratado de 1826 entre la República de Centroamérica y los Estados Unidos, nuestro Gobierno ha continuado sus relaciones comerciales con aquel país basándose en las estipulaciones ahí contenidas, desatendiendo las nuevas modalidades políticas producidas a cortos intervalos durante los últimos treinta años, y hasta hoy no tienen motivo para deplorar esta floja y descuidada base para su intercambio comercial.

Las estadísticas del comercio durante el último cuarto de siglo han sido consolidadas en la Aduana de los Estados Unidos, bajo el rubro general de Centroamérica (inclusive Belice y Honduras Británica) y este procedimiento se ha observado a través de ocho administraciones, aunque en aquel tiempo la confederación centroamericana había sido ya disuelta, y cada Estado se había proclamado república independiente, con plenos poderes para "declarar la guerra y suscribir tratados".

Así consolidadas, no se han llevado cuentas separadas para el comercio de los estados en particular, y se encontró que era imposible –a menos de hacerse un examen exhaustivo de papeles y documentos de difícil acceso– obtener la estadística comercial de la República de Honduras.

La firma Nickerson & Co., que absorbe el comercio entre Boston y el norte de Honduras, bondadosamente me facilitó una lista de la cantidad y descripción de los artículos recibidos por ellos de los puertos de Omoa y Trujillo durante los cuatro viajes anuales de 1855 y parte de 1856, a cambio de productos de pacotilla y de otras mercaderías adaptadas a las necesidades de ese pueblo de hábitos sencillos. Y aunque el interior del país es conocido desde hace muchos años como un lugar rico y fértil, abundante en recursos, han evitado extender sus relaciones de negocios fuera de los artículos más conocidos del comercio, enumerados en otra parte de este libro, y a los cuales imponen precios seguros en los mercados de los Estados Unidos. Muchas muestras de brozas de cobre y plata, además de ópalos de considerable valor, se han traído de allá por los capitanes de los barcos a su servicio, pero por las razones arriba enumeradas, han declinado ir más allá de su "comercio legítimo".

La relación de los cuatro viajes referidos, y que se extienden al año de 1855, contiene los siguientes datos:

PRIMER VIAJE. 1855-1856: De Trujillo: 2,455 cueros de res; 20 bultos de pieles de venado (238 docenas); 104 bultos de zarzaparrilla (130 lb. por bulto): 2,878 arrobas de madera de brasilete; 2,359 pies de caoba y 72 libras de carey.

De Omoa: 26 bultos de zarzaparrilla; 98 docenas de pieles de venado; 23 bultos de añil (2,749 libras); 2,785 cueros de res y 50 onzas de oro en polvo.

SEGUNDO VIAJE: De Trujillo: 3,226 cueros de res; 319 docenas de pieles de venado; 58 bultos de zarzaparrilla; 1,584 arrobas de madera de brasilete; 137 libras de carey y 375 libras de hule.

De Omoa: 9 bultos de zarzaparrilla; 217 docenas de pieles de venado y 2,400 cueros de res.

TERCER VIAJE: De Trujillo: 660 cueros de res; 122 bultos de zarzaparrilla; 147 docenas de pieles de venado; 3,608 arrobas de madera de brasilete; 50 libras de carey; 42 libras de hule; 5 onzas de oro en polvo y 79 marcos de plata.

De Omoa: 40 bultos de zarzaparrillas; 337 docenas de pieles de venado; 2,412 cueros de res y 477 cuernos.

CUARTO VIAJE: De Trujillo: 3,302 cueros de res; 169 docenas de pieles de venado; 109 bultos de zarzaparrilla; 598 arrobas de brasilete y 19 libras de carey.

De Omoa; 1,984 cueros de res; 111 docenas de pieles de venado; 48 bultos de zarzaparrilla; 6 libras de carey y 15 zurrones de añil.

Los cueros mencionados fueron traídos a lomo de mula del interior de Olancho y Yoro, y, algunas veces, desde una distancia que se recorre en muchos días de fatigoso viaje. Tienen en Boston un precio alrededor de un 20% menos que el de los de Buenos Aires.

De las exportaciones de la costa norte y del este de Honduras, el Sr. Nickerson estima que a La Habana se lleva más o menos la misma cantidad de cueros de res que llega a Boston. De las pieles de venado, los mercados de Belice y Boston al presente consumen casi todo el producto, por partes iguales. Los que llegan a Belice se exportan a Inglaterra y Nueva York. El oro y la plata se envían exclusivamente a Inglaterra. Boston, Belice y La Habana se dividen entre ellos las exportaciones, probablemente llegan más a La Habana y a Belice que a Boston.

Debe tenerse en cuenta, sin embargo, que cuando menos la mitad de la producción total de Honduras en los renglones mencionados va, como se ha explicado en otro lugar, a San Miguel, El Salvador. Tomando esto en cuenta y recordando la cantidad que pasa a través de Belice y La Habana, aparece que el comercio de la costa norte no deja de ser considerable, y con una moderada dosis de energía, puede ser aumentado grandemente.

Solo en el renglón de la caoba y de otras maderas preciosas puede establecerse un comercio vasto con los Estados Unidos, suficiente para enriquecer muchas grandes firmas comerciales. Se han hecho grandes fortunas en Londres en estos negocios los que, continuados exclusivamente por los ingleses, todavía son la base de grandes transacciones. Los ingresos del Erario se aumentan considerablemente con el gravamen impuesto al corte y exportación de la caoba. Estos impuestos, sin embargo, son parcialmente eludidos por la corrupción de los empleados del Gobierno, así que solo una pequeña parte de ellos es percibida por el Estado. En toro lugar me ha referido al corte y métodos de arrastre y transporte de las trozas en balsas, por los ríos, hasta el mar.

Del lado del Pacífico, como ya he observado antes, las exportaciones de caoba y de productos varios a California todavía no han tomado auge. Una empresa de norteamericanos se ha propuesto últimamente montar un aserradero en El Salvador, cerca del puerto de Acajutla.

La exportación de brozas de plata también se ha comenzado recientemente. Las primeras brozas de una mina cercana a Choluteca, fueron recibidas en agosto de 1855, consignadas a mi nombre por el Sr. Dárdano, de la isla del Tigre. Este envío consistió en veinte zurrones de sulfuros de plomo y hierro, combinados con cuarzo desintegrado y piedra caliza. La cantidad total era de un poco más de una tonelada. Se ensayó por la firma alemana Wass, Molitor & Co., de San Francisco, pero debido a la falta de aparatos apropiados, solo una pequeña parte fue fundida. El resultado fue lo suficientemente favorable para alentar a los propietarios del establecimiento para hacerme el ofrecimiento de sufragar mis gastos a fin de instalar maquinaria europea capaz de fundir grandes cantidades, toda vez que cada año se obtuviera suficiente broza para garantizar los gastos. De esta broza puede obtenerse lo suficiente para cargar varios barcos todo un año. Esto, tanto como la mayor parte de la enviada a San Miguel, se embarca en vapores ingleses de La Unión y Acajutla a Inglaterra, donde los compradores, cambiando artículos manufacturados de bajo precio por la más codiciada riqueza, realizan grandes fortunas. Estoy convencido de que un comercio valioso está llamado a desarrollarse entre California y la América Central, no solo en brozas de plata y cobre, sino también de vainilla, maderas tintóreas, caoba, los numerosos productos típicos del trópico y una variedad de preciosas plantas medicinales y resinas, todo lo cual podría ser monopolizado por los comerciantes de San Francisco.

El cargamento de la goleta "Julios Pringle", traído de El Realejo (Nicaragua) y Amapala (Honduras) a California en 1855, consistía, en parte, en lo siguiente: 122 tablones de caoba de 4 pulgadas de grueso y de 12 a 15 pulgadas de ancho; 178 tablones de cedro de 14 a 22 pulgadas de ancho, 4 pulgadas de espesor y de 10 a 24 pies de largo; 363 tablones de cedro de 27 a 36 pulgadas de ancho y una pulgada de espesor; 1,233 tablas de 14 a 22 pulgadas de ancho y 1 pulgada de grueso. Doy estas dimensiones y número para que se vea la clase de madera que se produce en los aserraderos de Amapala y Chichigalpa. Este pequeño cargamento terminó con todo el surtido que tenían disponibles ambos aserraderos.

Una considerable cantidad de madera aserrada va de ambos lugares al Perú y Bolivia.

El cambio comercial entre Honduras y los Estados Unidos se funda en el tratado ratificado en Washington en julio de 1826 por don Antonio José Cañas, ministro plenipotenciario de la República Centroamericana y los Estados Unidos. Este tratado fue celebrado en la administración del presidente Manuel José Arce, dos años después de la caída de Iturbide.

Al disolverse la federación en 1838, los diferentes estados, tácitamente, adoptaron este tratado sin modificaciones de importancia. Los puertos de Amapala y de La Brea en el golfo de Fonseca, y los de Trujillo y Omoa en el mar Caribe, fueron declarados puertos de entrada, en adición a los de La Unión y Omoa, especificados como factorajes en el último tratado. El puerto de Concordia, cercano a Acajutla, en la costa del Pacífico de El Salvador, fue también abierto al comercio en 1853. Todos los puertos habilitados por la ley están abiertos a los vapores de cualquier nación que se halle en paz con la República y no dé muestra de atentar contra su independencia.

La ley protege todas las mercaderías que lleguen a estos puertos, siempre que los reglamentos arancelarios se cumplan y que se paguen los derechos estipulados. Los artículos que se especifican como libres de derecho son: los libros, impresos o manuscritos, empastados o cosidos; los instrumentos científicos; la música, impresa o manuscrita; los implementos agrícolas, mineros y de artes y oficios; las semillas de plantas que no se cultivan en la República; el oro y la plata, en barras o amonedadas [1]. El comerciante que introduzca dinero en efectivo y mercadería en el mismo barco, tiene derecho a que se le

---

[1] También aparecen todos estos artículos como de libre importación en la Nomenclatura que abraza la Tarifa de Importación de 28 de febrero de 1868. V. en la Colección de las Leyes generales de la República de Honduras, de algunas particulares; y de su Constitución. Recopiladas por D. Manuel Fleury y reimpresas por Manuel Calderón. Trujillo de Honduras. Imprenta "La Impresora", 1870, pp. 107 a 116.

deduzca el 2% sobre un valor de mercadería equivalente al de la cantidad de moneda importada.

Todos los productos de las naciones que mantengan relaciones con la República pueden ingresar a los puertos nacionales. La exportación de la cochinilla viva y de la semilla de xiquilite (o de añil) es lo único que se prohíbe en el tratado de 1826. La restricción, probablemente, no se aplica a Honduras porque la cochinilla no se cultiva en ese país como en Guatemala y El Salvador. Todos los productos del suelo, exceptuando la caoba y las maderas de tinte, y todos los manufacturados en la República están libres de derechos de exportación, como lo están asimismo todos los productos y mercaderías extranjeras, siempre que ellas hayan pagado los derechos sobre importación; pero si los artículos han sido reimportados de algún otro puerto de la República, pagarán todas las tasas de importación. Amapala fue creado como puerto libre en 1846, y ese privilegio se le dio por diez años contados desde aquella fecha. Ahora que ha expirado el término, indudablemente será renovado en las próximas sesiones del Congreso.

Honduras últimamente ha hecho patente su deseo de cultivar relaciones comerciales con Europa y, particularmente, con los Estados Unidos. El objeto de la misión encomendada al señor Barrundia en 1854 era el de abrir de par en par los recursos naturales del país al espíritu de empresa del pueblo norteamericano. A su discurso se hizo referencia en otra parte y, de no ocurrir su inesperada muerte, es indudable que su misión hubiera resultado en beneficio de ambos países. Desgraciadamente la administración de Cabañas, tan altamente progresista y de tendencias tan liberales, fue derrocada por la influencia foránea y ha sido sustituida por una política reaccionaria, que pareciera destinada a repetir los viejos sistemas del partidarismo y la anarquía.

La exportación de Centroamérica a Francia en 1853, como aparece en el Boletín Oficial de Costa Rica, estaba valorada en... 1,252,565 francos y el valor de la importación de aquel país en 86,902 francos. En 1854 las exportaciones de la misma fueron por valor de 982,871 francos y la importación por 1,166,741 francos. La disparidad, no obstante, no es tan grande en el comercio con la Gran Bretaña.

Pueden enumerarse entre los artículos de exportación por ambas costas de Centroamérica pero en cantidades irregulares y a menudo extremadamente limitadas: ganado, metal en barras, zarzaparrilla, madera aserrada, cueros, pieles de venado, brozas de plata, drogas, oro en polvo, hule, maderas para muebles y tintóreas, arroz, vainilla, carey, bálsamos, café, cochinilla, añil, algodón, cacao, frutas, azúcar y tabaco, pero todos los diez primeros artículos mencionados son llevados de los puertos marítimos de Honduras. Además de estos renglones podrían agregarse, si hubiera una empresa comercial que los tomara: cuernos, pezuñas, sebo, cera de abejas, caballos y mulas (de Olancho), carne salada (del mismo departamento), etc., como lo recomendó el Sr. Bayley en la guía impresa que acompañó a su mapa, y hasta el ganado podría ser embarcado a los puertos americanos en el golfo de México. Grandes cantidades de queso se envían en patachos de mulas desde Olancho (principal lugar de su producción) a los otros departamentos y a El Salvador. El queso de los valles de Agalta y Ulúa se considera como el mejor de Centroamérica y así lo estiman Juarros y Bayley; es grueso, salado y duro, pero se aprecia mucho.

A cambio de las exportaciones mencionadas, en Omoa y Trujillo se reciben de Inglaterra, Jamaica, La Habana, Belice y de los Estados Unidos: velas de esperma, jabón, zapatos, botas, artículos de ferretería, jarcia, algodones, ropa, artículos manufacturados baratos, utensilios agrícolas y artículos caseros.

En las obras de Dunlop, Henderson, Dunn, Thompson y otros, se pueden hallar breves estadísticas del comercio en Centroamérica, pero tan limitadas y viejas que actualmente no son de ayuda alguna. Las cifras correctas se obtienen con mucha dificultad porque los diarios y las gacetas en que tales datos se publican son proverbialmente inexactos. Una serie de artículos publicados recientemente, resultado de una observación personal hecha por uno de los editores del Star and Herald de Panamá, "Costa Rica", por le naturalista y viajero alemán, Dr. Moritz Wagner, y los trabajos del Sr. E. G. Squier son las fuentes más dignas de confianza.

Cuando estuve en la isla del Tigre conocí a un norteamericano perspicaz que por diez años había estado comerciando en El Salvador, Honduras y Nicaragua. Le rogué que me diera por escrito los resultados de su experiencia, que aquí inserto y que dan luz sobre los asuntos comerciales del país. En relación con el tráfico en los cinco estados centroamericanos, dice él que el comercio solo se ha extendido al litoral del Pacífico en los últimos ocho años; que antes de ese tiempo los grandes almacenes de depósitos estaban en Belice y Jamaica, de donde procedía la mayor parte de las mercaderías que se importaban.

El crédito concedido a los comerciantes de esos dos lugares era grande, pero con el establecimiento de California el curso del comercio gradualmente cambió y ahora se hacen importaciones directas de Europa, aunque los comerciantes ingleses han restringido últimamente su sistema crediticio al aumentar los precios de flete de $20.00 a $25.00 y $30.00 por tonelada, debido, probablemente, a los altos costos del flete a Australia.

El comercio de los Estados Unidos con la América Central hubiera sido bastante próspero, de haberse suscrito buenos tratados comerciales; los artículos de primera necesidad de todos los estados son mantas crudas, mantadriles que se fabrican de mejor calidad en los Estados Unidos que en Inglaterra, donde se dispone de menos algodón para su fabricación. Por medio siglo los ingleses, franceses e italianos han gozado del monopolio del comercio lucrativo con los estados de Centroamérica. De Inglaterra se recibían telas para camisas, mantas, estampados y todos los artículos manufacturados baratos (muchos fabricados especialmente para complacer al comercio), cuchillería, cervezas, lanas, casimires y utensilios de barro y de madera. Los artículos manufacturados son usualmente de la clase más ordinaria. De Italia se importaban aceitunas, aceite de olivas, fideos, sardinas, macarrones, queso, salchichas, artículos de seda y muchos otros menores que, con los anteriores, suman un gran volumen de importación. De Francia se suplían los vinos ordinarios, coñac, sedas, estampados, calicó, plantillas, queso, mostaza, guantes, zapatos, casimires, licores, etc. De California se importaba el azogue (libre de derechos) pólvora, herramientas agrícolas, maquinaria, harina, patatas, carnes enlatadas, encurtidos, vino, licores, muebles, joyería, vestidos, armas de fuego, botes, aceites, etc.

Constituyen las principales exportaciones de El Salvador: el arroz, cueros, añil, tabaco, brozas de plata y plata en bruto. La producción del añil varía anualmente en cuanto a la cantidad debido a causas sobre las cuales el productor no tiene control; pero de las estadísticas puede establecerse, en los últimos siete años, un promedio alrededor de 60,000 zurrones de 150 libras neto por año, con un costo para el comprador, puestos en La Unión o Sonsonate (que son los puertos principales) de poco más o menos $90.00 el zurrón, incluyendo todo gasto y listo para embarque a cualquier mercado extranjero. La clasificación de todo el añil de este Estado se hace por números, siendo el máximo el No. 9, es decir, "Flores", y No. 1 el mínimo, la más baja calidad o escoria. El añil forma un medio de pago para los artículos que se importan; cerca de dos tercios van directamente a Inglaterra y el resto a Guayaquil, Valparaíso y Alemania. Los comerciantes de San Miguel generalmente adelantan a los productores alrededor de la mitad del valor de la cosecha. En los mercados europeos, el añil de Centroamérica se considera de una calidad solo superada por la de Bengala. La cosecha de añil de Guatemala suma alrededor de 4,000 bultos anuales y de 12,000 a 15,000 fardos, de 100 libras cada uno, de cochinilla. De 8,000 a 10,000 quintales de tabaco se envían anualmente a Lima y Valparaíso, de La Unión y Sonsonate. Ninguna estimación digna de confianza puede hacerse de toda la cosecha, y aunque el artículo es monopolio del Estado, grandes cantidades se cultivan clandestinamente para el uso privado.

INGRESOS DEL ERARIO Y MONOPOLIOS. – La misma deplorable falta de datos impide hacer un cálculo veraz de los ingresos al Erario de Honduras. Con cada cambio político las cantidades se alteran para complacer las miras de los gobernantes de turno. Entre los artículos estancados o monopolios del Estado que se otorgan al mejor postor, están la manufactura y venta del tabaco, el aguardiente y el derecho a abrir "canchas de gallos" durante las funciones; hay también impuestos por la exportación de ganado, mulas y caballos y los tributos comerciales a que nos hemos referido en este mismo capítulo. Otra fuente de ingresos para el gobierno colonial español, como lo es todavía en los estados republicanos, era la emisión de papel sellado. Ninguna transferencia de propiedad, concesión, hipoteca o contrato es válida si no está en esta clase de papel, que se vende en las oficinas de los intendentes de Hacienda de cada departamento a los precios siguientes:

Sello	Primero	1ª	clase	16.00	pesos
"	"	2ª	"	15.00	"
"	"	3ª	"	8.00	"
"	"	4ª	"	4.00	"
"	Segundo			3.00	"
"	Tercero			4	reales
"	Cuarto	1ª	"	1	real
"	Cuarto	2ª	"	1	medio

[1]

El peso a que nos referimos es de cobre, y se cotiza desde 15 hasta 17 con respecto al "duro", o peso de plata. Algunas veces, sin embargo, aquellos suben hasta 12 y en ocasiones bajan hasta 25 por duro, según sea la abundancia o la escasez del dinero en cobre al tiempo del cambio. Estas estampillas o sellos eran renovados cada dos años bajo el gobierno colonial, y ahora, anualmente; pero en la actualidad simplemente se les pone la fecha sin ningún ornamento. En tiempos de peligro público, o cuando el Gobierno necesita fondos para propósitos militares, los precios se elevan mediante Decreto del Congreso. Las finanzas nacionales también se aumentan en tales ocasiones mediante contribuciones forzosas que se imponen a los ciudadanos más ricos, pero nunca con la exageración ruinosa que se practica en Nicaragua.

---

[1] A mediados de 1833 el Gobierno de Honduras ordenó la reimpresión de la Ley de Papel sellado emitida en 1824 por la Asamblea Nacional Constituyente de las Provincias Unidas del Centroamérica, para su exacta aplicación en el Estado. Todavía estaba vigente en 1841 y quizá es la misma ley a que Wells se refiere, porque las clases de papel sellado que él enumera son las mismas que contiene la ley de 1824. V. en la **Revista de la Universidad**, t. H, pp. 633 a 637.

CAPÍTULO XIII: TOSTONES Y PESOS

Dinero en circulación. – Pesas y medidas. – El Departamento de Olancho. – El río Guayape o Patuca. – Maderas de construcción. – Maderas de ebanistería y de tinte. – Productos principales. – Frutas silvestres y cultivadas. – Drogas, bálsamos y plantas medicinales.

DINERO EN CIRCULACIÓN. – Durante la colonia, el poco comercio de Centroamérica se manejaba a base de una moneda provincial y de las monedas emitidas por el reino de España. Las primeras son muy raras actualmente y solo pude ver dos de ellas durante mi permanencia en aquel país. Después de la independencia, la primera moneda republicana se acuñó en 1822 en Guatemala, y todas las subsiguientes emisiones de los otros estados, hasta la disolución de la federación en 1838, parecen haber sido hechas bajo la República. A partir de aquel año, cada estado adoptó su propia moneda, pero conservando, con pocas excepciones, el emblema de la federación: cinco pisos volcánicos coronados por un sol naciente. Había también la moneda provisional tosca, llamada macaco, o moneda cortada, que parecía haber sido cortada de planchas delgadas de plata vernácula, sin importar el tamaño o la forma, y después reducida a un peso uniforme. Una gran cantidad de esta moneda se halla en circulación todavía. Los doblones españoles, mexicanos y de toda la América del Sur están valorados en $16.00 y las monedas de plata de ambos continentes circulan sin dificultad en cuanto a su valor relativo, pero todas tienen su valor comercial en las aduanas.

La principal moneda de Honduras es de cobre rebajado, que se emite en el Cuño de Tegucigalpa; la primera emisión fue hecha bajo el Gobierno del Estado, inmediatamente después de disgregarse de la República Federal. Esta contenía originalmente un porcentaje de playa y era aceptada sin obstáculo por el pueblo como medio circulante; llevaba la leyenda: "Moneda Provisional del Estado de Honduras", estampada alrededor. Pero cuando las necesidades de los gobiernos posteriores se volvieron más perentorias, las emisiones se fueron viciando, hasta que, al presente, no son sino de puro cobre. Estas, como lo he hecho notar antes, aunque al principio pasaban en la proporción de dieciséis por peso de plata, con el nombre de "pesos de cobre", se han depreciado a la mitad de aquel valor nominal, y en varios lugares del Estado se rehúsan totalmente. Veinte o treinta libras de esta moneda pasan a menudo diariamente de mano en mano en el comercio local. Resulta de esto que el viajero debe proveerse de suficiente cambio en plata para poder cubrir todas sus necesidades cuando viaja de las costas a las ciudades más importantes del interior.

En los últimos años, varios especuladores extranjeros han comprado todas las emisiones originales, por la plata contenida en ellas, y durante las administraciones de Lindo y Cabañas se propusieron varios proyectos para retirar todo el dinero depreciado y emitir un nuevo medio circulante. La pobreza del Estado y la situación agitada de los asuntos políticos han impedido este laudable propósito. Todo el numerario habría sido retirado por una compañía alemana, que estaba lista a pagar al Estado un razonable porcentaje por este privilegio [1]. El curso de la plata en barras que se ha exportado de Centroamérica, ha sido, según los pocos datos que existen, hacia España, Inglaterra y Alemania. No se puede calcular la cantidad producida debido, como antes hemos dicho, a la falta total de estadísticas sobre qué basarse. En el capítulo XXV he incorporado algunos breves datos sobre esta materia, pero no son satisfactorios y escasamente ameritan el espacio que les dimos. Aparece, sin embargo, la suma de $6,004,214.00 de oro y plata amonedados en el Cuño en treinta años, lo que podría creerse si se contrasta con los informes recientemente publicados de las enormes cantidades de moneda acuñada en México, en donde las minas de oro y plata eran similares y se trabajaba de la misma manera que las de Centroamérica. Un documento publicado en México en 1855 asevera que fueron acuñadas en México en 1690 monedas con un valor de cinco millones de piastras; de 1700 a 1800, es decir, durante un siglo, la cantidad

---

[1] La deuda pública de Honduras consiste principalmente en bonos que se encuentran en poder de los ingleses. Según el Sr. Carlos Gutiérrez, ex subsecretario de Hacienda, dicha deuda asciende a 350,000.00 pesos. Parte de ella viene desde los tiempos del virreinato y de la antigua república, la cual fue prorrateada entre los estados, no habiendo Honduras cubierto siquiera parte de los intereses. La misma fuente estima los ingresos del Estado en 300,000.00 pesos, fijando el monto anual de la exportación de la plata en unos 500,000.00 pesos. En 1855 se pagaron pequeñas indemnizaciones a ciudadanos hondureños, por pérdidas sufridas durante las guerras, para lo cual hipotecaron las aduanas, pero tales arreglos son extremadamente raros. N. del A.

aumentó cada año y, por último, alcanzó la suma de veinticinco millones de piastras. Esto fue, no obstante, el punto culminante de la fabricación anual. En 1801, se redujo a diecisiete millones; en 1817 declinó a solo medio millón; luego se levantó en 1838 a millón y medio; en 1850, a dos millones; en 1852 a dos millones y medio; y en 1854 a cerca de cuatro millones, o sea un millón menos que en 1690.

Que esas enormes sumas debieron haber salido de las minas, podemos inferirlo del número de trabajadores indígenas que durante el virreinato de Guatemala eran obligados a trabajar como esclavos en las minas. Juarros, citando a Fuentes, dice que en el valle de Sensenti, Honduras, fue nombrado un alcalde mayor para recibir el quinto del rey del producto de minas increíblemente ricas, en las que fueron enganchados esclavos, y que este funcionario tenía facultades para compeler a una cuarta parte de la población e indios en un circuito de doce leguas, a que trabajaran forzadamente en ellas. También afirma el Rev. G. W. Bridges, que escribió sobre la historia de Jamaica y de la tierra firme adyacente, que "un millón de nativos murieron al servicio de los conquistadores en el trabajo de las minas de Honduras" [1]. Así es evidente que, durante el periodo arriba referido en relación con México, una suma no muy inferior debió haber sido extraída de las minas del virreinato de Guatemala. La negligencia de los españoles en cuanto a llevar registros y estadísticas se ilustra con más fuerza en el cálculo hecho por Humboldt del oro y de la plata producida en Centroamérica, cuando anota: "nada".

Comparativamente poca porción del oro y de la plata extraída de las minas fue acuñada en el país, si juzgamos por la cantidad limitada de dinero colonial hoy en circulación. Mucho mayor cantidad, debido a los primitivos hábitos del pueblo, se empleó en joyería, en el engaste de sillas de montar y con propósitos de adorno. Grandes cantidades de oro del Guayape se cambiaban anualmente por artículos manufacturados extranjeros en la feria de San Miguel, El Salvador.

El oro norteamericano se recibe sin vacilación en las ciudades principales, pero se acepta con cautela en las aldeas, a lo largo de los caminos, porque generalmente desconfían de su pureza. El oro y la playa inglesa y de toda Europa es más corriente. Los doblones u onzas españolas, mexicanas y suramericanas son más familiares, pero es

---

[1] Annals of Jamaica, vol. II, p. 129. N. del A.

difícil cambiar cualquier moneda de oro de alto valor en las cabeceras departamentales y centros comerciales de importancia.

La Academia Literaria de Tegucigalpa editó en 1853, un folleto titulado "Conocimientos Útiles" que, en relación con el valor de las monedas circulantes en Honduras, contiene lo siguiente:

La onza se divide en 4 doblones y vale	$16.00
El doblón se divide en 2 escudos y vale	4.00
El escudo (de a real) "	2.00
El escudo (de a medio) "	1.00

El peso (de plata) se divide en 2 tostones u ocho reales

El tostón se divide en	2 pesetas o 4 reales
La peseta	2 reales o 4 medios
El real	2 medios o 4 cuartillos
El cuartillo	2 octavos

Para el pago de las obligaciones comerciales, el dólar y sus fracciones se reciben como en los Estados Unidos, El franco está valorado y es recibido a 19 centavos, o 1 ½ reales más un cuarto de un octavo, así 5 francos son 7 ½ reales y ¼ octavos. La libra esterlina vale 37 reales; el chelín inglés 1 7/8 real.

Una onza de plata pura divide en 12 dineros y un dinero en 24 granos. Una onza de plata acuñada debe contener 10 dineros y 20 granos de plata pura y 28 granos de cobre. Esta es la "Ley de la moneda".

PESAS Y MEDIDAS. – Se fundan en el sistema español, como sucede en la mayoría de los países hispanoamericanos. El peso comercial es el que sigue:

1 quintal es igual a	4 arrobas o 100 libras
1 arroba	25 libras
1 libra	16 onzas (1 lb. 4. ar. avoirdupos)
1 onza	16 adarmes (8 dracmas)
1 adarme	16 granos
1 libra también vale	2 marcos
1 marco	8 onzas
1 onza	4 cuartos
1 cuarto	4 artienzos
1 artienzo	39 granos

Hay también para el oro, así:

1 libra es igual a	2 marcos
1 marco	8 onzas
1 onza	6 castellanos y 2 tomines
1 tomín	12 granos

Así, una onza de oro está dividida en 50 tomines o 600 granos. El peso Troy se usa invariablemente para la plata. La "caballería", como se entiende en la América Central, tiene 645,816 ½ varas. La palabra, se dice, tiene su origen en los primeros pobladores que, a falta de agrimensores titulados, designaban como "caballería" la porción de tierra que podía cubrirse por un caballo veloz, en un tiempo determinado. En las medidas de longitud, la legua está dividida en 3 millas o cuartos, o 6.666 varas y 2/3 y la milla en 2,222 varas y 6 dedos. Una manzana tiene 400 varas de circunferencia. La vara o yarda está dividida en medias, tercias, cuartas, sextas, octavas, pulgadas y dedos. Tiene 4 palmos, o 33.384 pulgadas; el palmo tiene 9 pulgadas españolas u 8 1/3 pulgadas inglesas; la pulgada consta de 12 líneas; 4 dedos son iguales a 3 pulgadas; el pie tiene 11.128 pulgadas inglesas; 2 ½ varas son iguales a 1 toesa o yarda francesa y 1 vara y 12 dedos son iguales a la ana francesa. En medidas secas, el cáliz tiene 12 fanegas o 144 celemines; la fanega, 1.599 bushels; el celemín está dividido en medias, cuartos, etc. En medidas líquidas está la bota, que es igual a 30 arrobas; el moyo, igual a 16 arrobas y el azumbre, 8 de los cuales (o sean 32 cuartillos) son iguales a 1 arroba. La arroba de vino es de 4.245 galones ingleses; la arroba de aceite es igual a 3 1/3 galones, ídem. Estas, principalmente obtenidas de las tablas españolas, están alteradas en varias partes del Estado, pues cada departamento tiene nombres locales para ellas, algunos de los cuales están mezclados con el de los dialectos indígenas, así que los habitantes de una región apenas si pueden entender los términos usados en otra.

OBSERVACIONES GENERALES SOBRE EL DEPARTAMENTO DE OLANCHO Y EL RÍO GUAYAPE O PATUCA. – Olancho, aunque es parte integral de la República de Honduras, está tan remoto del Gobierno Central, y geográficamente tan separado del resto del Estado, que ha venido a ser en varios respectos una república aparte, virtualmente gobernada por varias de sus viejas familias aristocráticas. La población, que se concentra en las mesetas del interior, irradia en innumerables haciendas y aldeas pastorales, cerca de las partes bajas de las cordilleras, y consiste en el tipo racial que puebla toda Centroamérica. Esta población de Olancho comprende: a los descendientes de los primitivos pobladores españoles que, tal vez, son los que, más que en cualquiera otra parte del país, han preservado con más rigidez su pureza de sangre; a los indios conversos, que es raza apacible e industriosa, y que viven en Catacamas y en varios poblados menores; a las tribus nómadas incivilizadas, que habitan en las remotas montañas y en las sabanas costeras; a los caribes o indios de la costa; y a un buen número de negros, de mulatos y de mestizos. La población puede estimarse en unos 50,000, de los cuales una décima parte son blancos, seis décimas indios y el resto mestizos y mulatos.

Olancho ocupa casi la tercera parte del territorio de Honduras, es considerablemente más grande que las repúblicas de Costa Rica o El Salvador, y superior a cualquiera de ellas en cuanto a la variedad de los productos que se enumeran en el capítulo XXIX. Se extiende 3° en longitud y 2° en latitud, abarcando alrededor de 12,000 millas cuadradas de tierra, y no tiene menos de 200 millas del litoral costeño.

El Departamento está separado del adyacente Yoro, por el río Negro o Payas, y por una línea que intercepta sus cabeceras en el valle de Olanchito, y se extiende en dirección suroeste en la continuada cadena montañosa conocida con el nombre de Serranías de El Salto y Campamento, que también lo separan del Departamento de Tegucigalpa por el oeste. Estas líneas están convenidas como marcadoras de los límites del Departamento para fines eleccionarios; nunca se ha levantado un mapa y las divisiones son simplemente geográficas. El río Wanks o Segovia, que también constituye la frontera entre Honduras y Nicaragua, forma el límite sur del Departamento de Olancho.

En el interior, los establecimientos españoles están dispersos en las municipalidades de Juticalpa, Santa María, El Real, Silca, Manto, Salamá, Guayape, San Francisco de la Paz, San Esteban, Gualaco, Yocón, Concordia y San Cristóbal de Catacamas y la jurisdicción de cada una de ellas se extiende a las aldeas adyacentes. Los habitantes son hospitalarios y más prósperos que los de cualquiera otra parte del país. Muchos hacendados son ricos, dueños de grandes regiones de pastizales y de incalculable cantidad de ganado, caballos y mulas. En

Olancho vi pocos casos de pobreza extrema y mendicidad, lo que no ocurre en otros departamentos de Honduras. Las tribus incivilizadas no están gobernadas por organización política alguna y tienen sus propias leyes sencillas, contra las cuales las autoridades españolas nunca intentaron intervenir.

La topografía y el clima ha sido ya suficientemente aludidos. El Departamento de Olancho está regado por numerosos ríos, algunos de los cuales son campo para las empresas cortadoras de la caoba. El principal es el Guayape o Patuca; y como uno de los objetivos de mi visita al Departamento era comprobar si este río podía ser navegable, a continuación doy una breve reseña de la información que al efecto obtuve de personas dignas de confianza.

El Guayape (de guayapin, vestido de indias) [1] es el río más importante de Olancho que, después de dejar las mesetas del interior, se ensancha en uno de los más grandes de Centroamérica. Nace en las montañas de Campamento (en donde es apenas un arroyuelo, con el nombre de Guayapito); aumenta en cauce hasta que entra en los pintorescos valles de Lepaguare y de Galeras. Al unírsele el Concordia, el Chifilingo, el Morán, el España y otras corrientes de las montañas, se retuerce hacia los cerros de Camasca, a través de una región desértica y pasa cerca de Juticalpa, a orillas del cual se construyó la ciudad. El Guayape corre aquí a través de un gran llano. Siguiendo al pie de varias serranías que intersecan el resto de la región, aumenta, en un punto diez millas debajo de Juticalpa, con las aguas del río Jalán, que es de aguas considerables y nace en las montañas del sur. El río, hasta la boca del Jalán, fluye entre matorrales abiertos, planicies onduladas y pequeñas y abovedadas espuelas que se forman de los cerros hacia debajo de su curso y terminan en bancos escarpados, desde donde han caído grandes rocas que obstruyen la navegación. Las canoas, sin embargo, frecuentemente pasan de Juticalpa hacia el caserío de Alemán, pero esta ruta hace tiempos está descartada por haber un camino más práctico entre esos dos lugares.

Abajo del Jalán, el Guayape pierde su turbulencia, y se vuelve silencioso pero veloz, generalmente sin rocas, al menos en el lugar donde yo lo vi, y durante la estación de las lluvias ofrece una navegación sin obstáculos para barcos de poco calado. Al recorrerlo

---

[1] Dice el Dr. Membreño que Guayape significa en mexicano "en el agua grande". Se compone de ucy, grande, atl, agua y pan, en; **Nombres Geográficos Indígenas de la República de Honduras**, pág. 42.

a lo largo de sus márgenes, estribaciones de montañas y bosques impenetrables, nos obligaron a menudo a buscar desvíos y por eso grandes trechos del río quedaron fuera de nuestra apreciación; pero por conversaciones con los indígenas y con los cortadores de caoba, supe que no hay obstáculos hasta donde se une con el Guayambre. Esta afirmación es verosímil porque el Guayape pasa en ese trecho por una región plana y aumentado por numerosas corrientes de agua.

La distancia de la confluencia del Guayape y el Guayambre hasta el mar Caribe, dice el señor Ocampo, que frecuentemente ha cruzado por ahí con sus bolsas de caoba hasta la costa, es de 180 millas. Una breve descripción que me dio del río dice: "El Guayape es navegable desde la confluencia del Guayambre hasta el mar, en una distancia de sesenta leguas por las vueltas del río. En la estación de las lluvias, pasamos con balsas de caoba, de los ríos Jalán y Guayambre al Guayape, por el cual continuamos, llamándolo con ese nombre hasta donde se le une el río Tabaco, que le entra por el sur. El río es ancho, pero tiene varios chiflones (rápidos) que en el verano, con niveles bajos, impiden la navegación desde la boca del Guayambre hasta varias millas abajo del río Tabaco. De este punto el río toma el nombre de Patuca, y debajo de este ya no hay ni rápidos peligrosos ni rocas sumergidas, aunque el río baja a gran velocidad, a veces cortando abruptamente a través de un terreno de colinas y quebrado".

De descripciones verbales averigüé que el espacio entre el Guayambre y la Corriente de Caoba es alrededor de treinta millas por las curvas del río, y ene se espacio están, aparentemente, las únicas obstrucciones a la navegación entre el valle de Juticalpa y el mar. Ningún salto parece existir, pero sí rápidos semejantes a los de Machuca y el Mico, en el río San Juan. Estos, no obstante, deben ser excesivamente violentos durante las crecidas, cuando los cortadores de caoba comienzan a transportar en balsas sus trozas. Después de pasar la boca del Guayambre, las balsas flotan, más o menos sin estorbos por una milla, hasta cuando se aproximan a los chiflones de Campaneros, Los Mangos y El Agua Caliente, que ocupan alrededor de una milla del río. Estos chiflones tienen varias peñas grandes, visibles durante el verano, pero que durante las crecidas quedan ocultas por las aguas, y es aquí donde los pipantes de los nativos en varias ocasiones han zozobrado por cruzar la corriente de través, mientras los ocupantes se afanan en guiar las trozas por los pasos hondos. Las márgenes son barrancos cubiertos de arboleda y el fondo revestido de rocas que, por la acción del río, han caído y se han quedado en el lecho. Por aquí pueden pasar pequeñas embarcaciones como las que se usan en el río San Juan, toda vez que sean guiadas por expertos pilotos.

El Guayape fluye luego lentamente por unas pocas millas, y entonces se estrecha entre bancos inclinados y pasa rápidamente a través de lo que se conoce con el nombre de Cajón Grande o Puerto de Delon. Este lugar parece ser el único temido por los balseros por la velocidad de las aguas. A tres millas más abajo el Guayape da una vuelta súbita, en ángulo casi recto y su orilla más baja presenta un muro sólido de granito desnudo, contra el cual el río pega con gran fuerza, y de rechazo se encuentra con la corriente que desciende formando un remolino violento de ondas agitadas, que se conoce con el nombre de El Molino o Cajoncito. Se necesita gran cuidado para guiar las balsas por estos rápidos, que el señor Ocampo pinta como lo más peligroso del río. Una vez viajando en un pipante zozobró aquí y solo pudo salvarse por la pericia de los boteros indios. Piensa él que un vapor de río no encontraría dificultad mayor en salvar este lugar. Los ríos Guineo y Tabaco caen en el Guayape como a ocho o diez millas más abajo, y a cuatro millas aún más debajo de la boca del último se encuentra la Corriente de Caoba. El río ha adquirido aquí un volumen sobre el cual pasan las balsas sin peligro ya, y desde este punto los indígenas dejan de llamarlo Guayape, designándolo Patuca. Los pipantes, descritos en el capítulo XIX, tardan de cinco a siete días en su ruta de Juticalpa al mar. Pero para remontar por el río desde la costa a Juticalpa, ocupan de dieciséis a veinte días.

El Patuca aumenta de caudal en el resto de su curso por caerle varios ríos, suficientemente profundos para ser navegables por barcos de quilla. Los nombres de los principales, que nacen de las estribaciones que dividen los grandes llanos del Patuca de los del Wanks o Segovia, no pude obtenerlos. Los dos más grandes que fluyen desde el norte, son el Cuyamel y el Wampú. El río desagua por dos bocas: la principal en Punta Patuca, y la menor en la laguna Brewer. La primera se describe como una barra seca y arenosa, a través de la cual hay un canal, que tiene, en la estación del verano, de cinco a siete pies de profundidad mientras la violencia de los vientos y la marea hacen que se desvíe y se tape o se ahonde, y en el invierno, durante las crecidas, llega a tener de nueve a once pies. Los traficantes de caoba anclan alrededor de media milla fuera de la barra para recibir sus cargamentos, y están siempre listos para irse mar afuera cuando el tiempo amenaza con algunos de los repentinos "nortes" que son tan peculiares en estas regiones. Es posible que con las mareas de aguas vivas la barra se profundice hasta catorce pies. Durante las crecidas sale un volumen de agua tan grande que colorea las aguas del mar en varias millas. El capitán Countess, al mando de la balandra de S. M. "Porcupine" en 1786-87, describe el delta de esta manera: "Del río Negro al cabo de Gracias a Dios, seguimos a lo largo de la costa, sondeando de siete a diez brazadas. Fuera del río Patuca, que está a una distancia considerable del río Negro, observamos donde el agua del río se une a la del mar formando una línea perceptible todo lo lejos que la vista podía alcanzar, parda y lodosa, y tenía el aspecto de un banco de arena. Cuando nos acercamos había habido una crecida en el río". Poco se conoce de la boca del Patuca; las únicas personas que por propia observación tiene capacidad para hablar de ella son los indios y los negros, o los pocos traficantes en caoba y maderas de tinte de Belice, que probablemente nunca han pensado en el río o en el interior desconocido desde donde viene.

La boca por la que el río desagua en la laguna Brewer es poco es poco menor en tamaño que la otra. Durante muchos años un conjunto de maderos flotantes se ha acumulado formando una balsa permanente cerca de donde entra el río en la laguna. Esta balsera se extiende por todo el río y detiene gran número de árboles y bejucos de parásitas, formando lo que pareciera un promontorio de tierra firme; los indios deslizan sus canoas por sobre este dique artificial cuando van al pequeño establecimiento que se halla más abajo. La marea sube y baja por la parte inferior de este dique sin alterar su sólida consistencia. Varios comerciantes de Belice propusieron llevar a cabo un proyecto para remover esta balsera, ya que un paso libre a la laguna facilitaría en mucho el transporte y embarque de la caoba, pero nunca se efectuó.

La laguna Brewer está separada del mar por una angosta faja de tierra y roca que escasamente tendrá una milla de anchura. El estuario tiene alrededor de quince millas de largo por cinco o seis de ancho y tiene varias islitas que son el lugar de reunión de los indios de la costa para la pesca, que allí abunda entre las rocas que los bordean. Una de estas pequeñas islas, según supe, se originó en el Siglo XVII, cuando un buque pirata perdió el ancla en la laguna, atascándose el maderamen en ese punto hasta que, con los años, resultó una isla constantemente agrandada por los depósitos de aluvión. El anclaje se clasifica como bueno y las aguas son de suficiente profundidad para admitir embarcaciones de diez pies de calado. El canal al mar está cerca de la lengua de tierra, siendo el paso entre esta y la tierra firme estrecho en extremo. Su profundidad, se sabe, es poco más o menos igual a la de Punta Patuca. La laguna Brewer podría convertirse en depósito para el comercio, si la comunicación principal con el Patuca pudiera restablecerse y si el interior mostrara suficiente energía para garantizar el éxito de la obra.

PRODUCTOS NATURALES. – La simple enumeración de las maderas, plantas y frutas más conocidas en Centroamérica, sería suficiente para demostrar sus vastos recursos naturales que, con pocas excepciones, son iguales en todos los estados del istmo centroamericano. La siguiente lista está lejos de comprender todos los tesoros botánicos de Honduras. Están en mi poder muestras de la mayoría de los mencionados o han sido observados directamente por mí, o sus nombres y calidades los he obtenido de personas dignas de fe. El campo en todo el país, en cualquier departamento de las ciencias naturales, no ha sido hallado todavía y no lo excede otro en América en cuanto a interés y variedad. Los bosques de maderas de gran valor, con variedad infinita de frutas indígenas y de drogas, permanecen en silencio, libres desde la creación.

Un corto paseo desde las regiones repletas de exuberante vegetación y con todos los productos tropicales, pone en contacto al viajero con las frutas de una zona templada, en donde, en modesto contraste con los mangos, las naranjas y los bananos, llevados por los colores tórridos a una madurez dorada, se agrupan los menos lujosos pero más familiares melocotones, cerezas y manzanas del norte. Aquí los cereales que son comunes en Nueva Inglaterra mecen sus gavillas en la brisa, y los delgados pinos y robles de las tierras altas se visten con sobrio ropaje de musgos y líquenes, cimbreándose con los vientos fuertes de las cordilleras.

Toda clase de climas, sin penosos extremos, se halla dentro de los límites de Honduras y, por consiguiente, allí se puede cultivar la gran mayoría de los productos naturales conocidos por el hombre. A una elevación de 3,500 a 5,000 pies sobre el nivel del mar, el trigo alcanza un marcado grado de perfección. El arroz de secano en las mesetas altas, los frijoles, el maíz, papas, calabazas y todas las legumbres florecen, mientras la rosa silvestre, el dondiego de día y otras flores familiares crecen espontáneamente o se cultivan en muchos lugares. La mora y la planta sensitiva suben en las rocas o se desparraman por las faldas engramadas, y cuando el extranjero hace frente al viento del norte que silba agudamente a través de las gargantas de las sierras, apenas puede concebir que está en los trópicos y a la vista de la región de las palmeras y de los plátanos, de la frondosidad del café, de la caña de azúcar, del cacao y del añil. Es aquí donde la naturaleza, vistiéndose en sus mejores galas, pareciera haber sumido a los herederos de sus encantos, en una inacción provocada por el exceso de belleza.

Al agricultor, al comerciante, al explorador científico, al aventurero sin destino, Honduras, rica en privilegios naturales, abre de par en par sus puertas y ofrece al mundo una participación en sus tesoros que solo esperan el toque mágico de la actividad para remunerar el trabajo de todos. Un breve bosquejo de los productos más comunes del suelo hondureño, considerando en turno las maderas de ebanistería de rico grano, las maderas comerciales, las drogas preciosas para los farmacéuticos, y las maderas de tinte, los bálsamos y las frutas, muchas de estas casi desconocidas más allá de las regiones obscuras de su origen, servirá para ilustrar parcialmente su variedad y, tal vez, para que en lo futuro se haga de la flora un estudio especial.

MADERAS DE CONSTRUCCIÓN, DE EBANISTERÍA Y TINTÓREAS. – Algarrobo (dura y de color rojo), alcornoque, aguacate, achiote, algodonezo (ceibo), algabia, almendrillo, amarillo de Guayaquil (ambos usados en construcción), bambú, varablanca (button-wood), boj (bird's eye maple) o moteado, cornicabra (black thorn tree), cedro (negro y rojo), ceiba (Bombar Ceiba), caoba, cedro espino, cedro amargo, cedro cebolla (variedades de una madera compacta y durable, que no es el cedro propiamente), cedro pasaya, cedro bueno (variedades de cedro rojo), cocobolo (muy dura, durable y bella, usada en ebanistería), cano blanco (para listones de albañilería), cubo, cope (raramente usada en construcción) carbón, copal, copaiba, copaljocol (con frutos que parecen guindas), camwood o madera roja de Angola, cacique (muy durable), Cristóbal, carey, álamo (cotton-wood), corotú, chiraca, ébano, espino blanco, espino amarillo, espino negro, espavel, esquinsuche, encina, eboe algrova, fustete, guayaco o guayacán (lignum vite-tree), guayabilla, guapinol, guachipilín (dura y bellamente jaspeado), granadillo (negra, muy fuerte y durable), guanacaste (muy grande y se trabaja fácilmente), guajiniquil, indio desnudo, juchipopal, brasilete (lima-wood), higuerilla, hisote, curbaril (locust), lechemaria, liquidámbar, mateare, madera negra (como protector de los árboles jóvenes del cacao), malvecino, mangle, mangle caballero (que da buena madera), mora (amarilla y dura) manzanilla, manzanito, malvavisco, madroño, madrecacao, madroño de montaña, naraco, negrito, níspero (de montaña y real), nazareno (muy preciosa), naranjito, palo negro, palo amarillo, palo santo, palo penca, palo de vala, palo rosa, palo campeche, palo de Nicaragua (especie de Brasilita), paraíso, palma (e muchas variedades), palma crhisti, quebrahacha (o palo de hacha), quiniza (de grano fino y difícil de trabajar), laurel, roble, roncón (preciosa madera de ebanistería, de fino grano y con rayas rojas y amarillas), reseda, palo áloe (satinwood), suncuya, santa maría, san juan (de grano rojo y amarillo), sabina, "sumwood", sauce, taray (dura y grano fino), tarro (preciosa y muy usada en ebanistería), tamarindo, teocinte, totuna, hule o caucho, zapotillo, zumaque, zapote y "zebra-wood".

PRODUCTOS PRINCIPALES. – Café, casave, cacao, chocolate, cochinilla, algodón, maíz, añil, hule o caucho, pita, arroz, caño de azúcar, tabaco y trigo.

FRUTAS SILVESTRES Y CULTIVADAS. – Anona, albaricoque, aguacate, "anchovy pear", algodón silvestre, albérchiga (especie de melocotón), árbol de pan, coco, cidra, corozo, chirimoya, cereza, cayonito, cotoperice, ciruela, camote, durazno, granada, granadilla, guayaba, guineo, guanábana, guacal, higo, higuera, jocote, jícaro limón, lima, melón, marañón, manzana rosa, mamey, mango, melocotón (fruta que en Centroamérica se parece al melocotón real), manzanita, mora, membrillo, manzana, níspero, naranja, oliva, plátano, papaya, piña (de tres variedades), pera, prisco (especie de pera), perote pitahaya, pejubaye, sandía, marfil vegetal, uva y zapote mamey.

DROGAS, PLANTAS MEDICINALES Y RESINAS PRECIOSAS [1]. – Aloes, almástiga, anata (Biza Orellana), anota, anís,

---

[1] **L' Assemblee Nationale** de octubre 1, 1885, en su descripción de la Gran Exposición de ese año en París, se refiere a la colección botánica enviada por el Gobierno y la "Sociedad Económica" de Guatemala. Los ejemplares no fueron aocmpañados por sus nombres científicos, ni por señales descriptivas o notas, pero se consideraron como una contribución excepcional. Había muchos ejemplares de

arrurruz, acluote, agave, amole (soap-roo), amate, achiote (lo mismo que la anota), ajonjolí, ario (purgante), vainilla, bálsamo negro, balsamito, caoutchouc o hule, copal, chichicaste, colpachí o quinina, cañafístola, alcanfor, canela, contrayerba, planta del aceite de castor, cedrón (antídoto), cidra, alcaravea, cáspsico, chichicaste, eryngo (antídoto), estoraque, fustete, digital, friegaplata (purgante), goma arábica, goma de copaiba, goma de copal, goma de mirra, goma de tragacanto, coma elástica (hule), goma sacarina, gengibre, guaco, guasguya, guachacaré, genízaro, incas sylvestris, ipecacuana, jalapa, quina (jesuit's bark), juchicopal, lobelia, liquidámbar, linaza, maná [1], mástico, rubia (madder), ocra, pimienta gorda, palmilace, serpentaria (snake root), sagú, ceiba, sangre de drago, tacamahaca, tuna, toronja, y vanglo (que produce aceite).

---

maderas de ebanistería y de tinte, encontrándose entre los últimos el **Capulín cimarrón** y el palo de Campeche. Entre las plantas medicinales estaba la **Polygala**, especie de ipecacuana que se dice fue descubierta recientemente por un farmacéutico local; la **Lobelia inflata**, empleada como sudorífero (¿posiblemente una especie de Lophantus?), que se dice abunda en México; y una pequeña planta que se parece al **Eryngiuru nasturtifolium** de México. En la colección de resinas aparecían la sangre de drago y la goma elástica (llamada hule), que es muy diferente a la de México. La bija, planta tintórea de hoja corazonada y algunos ejemplares de una fruta o grano que se parece a la nuez moscada; se menciona también la **Myristica sebifera** de la Guayana, así como una hierba que se emplea en la manufactura de envolturas de cigarros y de sombreros, llamada "Panamá", parecida al **Carludovico** de Bolivia. N. del A.

[1] "Don Cosme Mora encontró en el lugar llamado Gualora de la isla del Tigre, un árbol lleno de cierta goma que la expelía en abundancia en su tronco y ramas y habiéndole examinado, encontró que era exactamente mana. Los experimentos que de ella hizo y el voto de licenciado José Silva que la reconoció, persuadieron al descubridor de que positivamente era la misma goma sacarina, y purgante que nos traen de Sicilia y de la Calabria". **Golpe de Vista sobre Honduras**. N. del A.

ANEXO: ESTADÍSTICAS

APÉNDICE AL CAPÍTULO XXVIII
TEGUCIGALPA (Wells)

A continuación, se da un extracto de la tabla meteorológica llevada durante mi primera visita a Tegucigalpa en 1854:

	Fecha	Amanecer	Mediodía	Anochecer	Observaciones
Oct.	18	64° F.	75° F.	70° F.	A finales de octubre los vientos
	19	65	76	72	soplaron principalmente del N.
	20	64	76	72	N. E. y del E. fuertes tormentas
	21	66	76	72	con rayos y relámpagos en la
	22	64	75	73	tarde y la noche. Intervalos de tiempo
	23	65	75	73	despejado y estimulante, con vientos
	24	66	75	72	suaves. Durante las lluvias bajan nubes
	25	66	76	73	negras y espesas de los montes vecinos; en
	26	67	75	72	los intervalos hay nubes ligeras como plumas.
	27	65	76	72	La atmósfera se mantiene fresca y quieta de
	28	66	76	72	5 a 9 a.m.
	29	65	75	72	
	30	65	76	73	
	31	65	76	72	
Nov.	1	65	77	73	Viento del norte; claro y seco. Del 4 al 8, lluvia y
	2	64	78	73	nubarrones durante la noche.
	3	65	76	72	
	4	63	75	71	
	5	6	74	72	
	6	64	74	73	
	7	64	76	72	
	8	63	75	72	

JUTICAPA (Wells)

Las cifras siguientes corresponden a las observaciones hechas durante mi visita a Juticalpa, a una elevación de 1,100 pies:

	Fecha	Amanecer	Mediodía	Anochecer	Observaciones
1855					
Enc.	3	62° F	70° F	69° F	Del 3 al 7, fuertes chubascos ocasionales
	4	61	72	70	con truenos y relámpagos
	5	62	73	68	
	6	60	72	69	
	7	61	75	69	
	8	62	72	70	
	9	63	73	70	

		10	62	73	69	Del 11 al 14, vientos del NE y del N,
		11	63	74	69	Mucha lluvia, nubes espesas y bajas, con
		12	63	73	69	pocos intervalos de buen tiempo.
		13	61	73	68	
		14	61	73	69	

TEGUCIGALPA (D. G. de A.) *

Extracto de las observaciones meteorológicas hechas en Tegucigalpa (Toncontín), durante los meses y días del año 1959, a continuación detallados.

	Fecha	Amanecer	Mediodía	Anochecer	Observaciones
Oct.	18	68° F.	80° F.	76° F.	Durante estos días permaneció nublado con
	19	68	77	73	frecuentes lloviznas en los extremos sin
	20	67	75	72	fuertes aguaceros, aunque visualizándose
	21	61	80	73	relámpagos en los alrededores.
	22	61	81	78	
	23	67	80	77	Los vientos variaron del norte al noroeste con
	24	67	82	75	algunos estes, manteniéndose suaves.
	25	67	80	76	
	26	61	79	77	
	27	64	80	74	
	28	67	78	76	
	29	63	80	77	
	30	67	74	71	
	31	67	78	73	
Nov.	1	67	80	75	Del 1 al 3 y del 6 al 8 se mantiene cubierto a
	2	65	78	77	nublado la mayor parte del día, sin lluvias; del
	3	65	77	75	3 al 5 nublado durante la mañana
	4	57	79	75	disminuyendo la nubosidad por la tarde con
	5	66	78	74	buen tiempo. Vientos del norte y del noroeste
	6	67	79	68	suaves a moderados.
	7	64	76	71	
	8	63	77	74	

* Dirección General de Aeronáutica Civil

CATACAMAS (D. G. de A.)

En Juticalpa no poseemos estación meteorológica, exponemos los registros de Catacamas (1959).

Ene.	3	62	79	75	Medio nublado con lloviznas en los extremos
	4	61	82	74	del día (sin aguaceros fuertes) despejado en
	5	64	85	78	los primeros 3 días (del 3 al 6) especialmente
	6	63	83	75	por las noches. Viento calmo a suave del este.
	7	56	84	70	
	8	57	68	71	
	9	65	79	73	
	10	58	77	70	
	11	59	75	69	
	12	56	75	71	
	13	67	74	72	
	14	65	78	73	

LEPAGUARE (Wells)

Los datos siguientes son tomados de las observaciones hechas durante mi segunda visita a la Hacienda de Lepaguare, a 2,100 pies de elevación:

	Fecha	Amanecer	Mediodía	Anochecer	Observaciones
1855					
Ene.	16	58° F	72° F	70° F	Del 16 al 20, vientos muy leves y agradables
	17	59	72	70	del N y NE; a menudo niebla espesa sobre
	18	58	72	70	los valles y colinas. Mañanas húmedas y frías;
	19	58	72	69	el viento arrecia al mediodía.
	20	58	73	70	
	21	59	73	69	
	22	58	72	69	
	23	59	73	71	Lluvia al atardecer y noche.
	24	58	74	70	
	25	58	74	72	
	26	59	74	72	

En el Cerro de Hule, a una elevación de 5,000 pies, el termómetro marcó 52° F. a las 7 de la noche del 18 de marzo de 1855; esto ocurrió cuando soplaba un fuerte norte, con tiempo despejado.

LEPAGUARE (D. G. de A.)

En el valle de Lepaguare, a los 14° 36' norte, 86° 17' oeste, está situada la Estación Termopluviométrica de Guayabillas cuyos registros a continuación detallamos:

Fecha		Temp. Media	Observaciones
Ene.	16	72° F.	
	17	71	El clima se mantuvo generalmente
	18	70	fresco con temperaturas oscilantes
	19	69	entre 85 y 62° F.; medio nublado
	20	70	a nublado; llovió durante casi todos
	21	68	los días.
	22	73	
	23	68	
	24	71	
	25	70	
	26	70	

TRUJILLO (Wells)

En la tabla siguiente, formada con las observaciones en 1856 de un norteamericano residente en Trujillo, dan idea del clima de la costa de Honduras durante una parte de la estación lluviosa:

Fecha	Amanecer	Mediodía	Anochecer	Observaciones
May. 8	78° F	88° F	86° F	
9	78	89	86	
10	78	88	86	Tiempo despejado.
11	76	88	86	" "
12	79	89	86	Brisa fresca al atardecer.
13	79	89	84	Nublado y fresco en la noche, con algo de viento.
14	76	86	82	Tiempo despejado.
15	74	87	85	" "
16	76	87	85	" "
17	76	88	84	" "
18	80	88	84	Aguacero en la mañana; nublado.
19	78	84	80	Despejado.
20	80	88	84	Despejado.
21	79	88	84	Explosiones de gas en la montaña, durante la noche.
22	75	87	84	Aguacero leve al anochecer, lluvioso durante la noche.
23	75	87	84	Lluvia después de las 8 p.m., acompañada de relámpagos y truenos.
24	79	86	84	Aguacero en la noche.
25	76	86	84	Lluvia durante todo el día.
26	76	78	79	Nublado, soplando brisa.
27	76	80	80	" "
28	74	84	81	Aguacero a las 7:30 p.m.
29	76	84	82	Aguacero a las 9 p.m.
30	74	84	83	Aguacero a las 5 p.m.
31	75	84	80	Aguaceros en el día y en la noche.
Jun. 1	75° F	82° F	77° F	Lluvia durante la tarde.
2	75	80	78	Igual, con brisa fresca.
3	75	80	78	Nublado, con brisa.
4	78	88	82	Despejado.
5	78	86	84	Despejado.
6	78	88	83	Lluvia DE 8 a 10 a.m.
7	78	86	80	Lluvioso todo el día.
8	78	86	80	Lluvioso desde las 2 p.m.

275

9	76	8	78	Igual desde las 5 p.m., con viento.
10	72	84	78	Truenos después de mediodía.
11	76	84	82	Lluvia como a las 3 p.m.
12	75	84	82	Despejado, con viento ligero.
13	75	85	82	Lluvia por la mañana.
14	78	85	84	Nublado –truenos– lluvia 8 p.m.
15	76	84	81	Lluvia por la tarde.
16	75	83	79	Nublado por la mañana.
17	76	81	81	Lluvia violenta por la tarde.
18	76	83	77	Nublado; ligeras gotas de lluvia
19	76	80	71	Lluvia todo el día.
20	76	79	79	Nublado, con viento por la tarde.
21	76	81	79	Lluvia desde las 2 p.m.
22	76	82	77	Lluvia desde las 2 p.m.
23	74	82	75	Lluvia durante la tarde.
24	74	81	80	Lluvia durante la tarde.
25	74	84	81	Despejado.
26	76	84	80	Lluvia durante la tarde.
27	76	75	76	Aguaceros durante el día.
28	74	82	78	Aguaceros en la tarde, con vientos y truenos.
29	73	84	80	Despejado
30	76	86	80	Aguaceros a las 5 p.m.
Jul. 1	74	84	80	Aguaceros durante el día.
2	-	-	-	Lluvia a las 5 p.m.
3	-	-	-	Despejado.
4	-	-	-	Despejado.

276

TELA (D.G. de A.) *

Fecha	Amanecer	Mediodía	Anochecer	Observaciones
May. 8	69° F	85° F	80° F	Medio nublado, precipitación en las primeras horas de la mañana.
9	63	84	81	Medio nublado, buen tiempo.
10	71	85	83	" " "
11	71	87	85	Medio nublado, relámpagos a las 8 p.m.
12	73	89	83	Medio nublado, niebla por la mañana, buen tiempo
13	74	88	83	Medio nublado, lloviznas por la noche con truenos.
14	74	87	82	Cubierto, abundante humo, lloviznas por la noche.
15	73	87	83	Nublado, precipitación a las 5 p.m., truenos por la noche.
16	73	88	84	Medio nublado a nublado, buen tiempo, relámpagos por la noche
17	76	88	84	Nublado, buen tiempo, lloviznas en los alrededores por la tarde.
18	76	88	85	Medio nublado, tempestad eléctrica a la 1 p.m.
19	74	89	84	Medio nublado a nublado, relámpagos a las 9 p.m.
20	74	89	85	Medio nublado a nublado, buen tiempo.
21	74	89	84	Nublado con humo, buen tiempo.
22	73	88	84	Nublado, lloviznas a las 8 p.m.
23	75	89	83	Nublado, precipitación en los alrededores por la noche.
24	73	88	83	Medio nublado, relámpagos a las 9 p.m.
25	72	89	83	Medio nublado a nublado, precipitación a las 11 a.m. y a las 6 a.m.
26	71	90	83	Medio nublado, buen tiempo.
27	69	90	84	" "
28	73	86	86	Nublado, truenos a las 11 a.m., buen tiempo el resto del periodo.
29	72	86	82	Nublado, buen tiempo en el día, lloviznas por la noche.
30	72	87	82	Nublado, lloviznas a las 5 p.m. con truenos por la noche.
31	73	86	78	Nublado a cubierto, buen tiempo hasta las 2 p.m. hora en que llueve hasta la media noche.

*La D.G. de A. no tiene estación en Trujillo, por lo cual el dato de Wells se compara con Tela y Gruta.

TELA (D. G. de A.) Continuación

Fecha	Amanecer	Mediodía	Anochecer	Observaciones
Jun. 1	73	86	80	Nublado a cubierto, buen tiempo hasta las 4 p.m. que llueve acompañado de actividad eléctrica hasta las 8 p.m.
2	74	87	84	Nublado, buen tiempo hasta las 5 p.m., hora en que llueve hasta media noche.
3	76	88	84	Nublado, llovizna por la noche.
4	75	89	85	Medio nublado, llovizna a la media noche.
5	75	87	84	Medio nublado, buen tiempo.
6	73	89	86	Medio nublado, truenos por la noche.
7	72	88	85	Nublado, actividad eléctrica por la noche.
8	74	90	86	Nublado, actividad eléctrica por la noche.
9	73	89	86	Buen tiempo, relámpagos por la noche
10	72	91	85	Nublado a medio nublado, buen tiempo.
11	73	91	86	Nublado, tempestad eléctrica de las 12 p.m. a las 3 p.m., relámpagos por la noche y lluvias.
12	74	89	84	Nublado, tempestad eléctrica de 3 a 4 p.m. y después de las 8 p.m.
13	72	84	81	Cubierto, tempestad eléctrica a primeras horas de la mañana, lluvioso tarde y noche.
14	71	88	85	Nublado a cubierto, tempestad eléctrica después de las 5 p.m. y hacia la media noche
15	73	88	82	Nublado, después de las 2 p.m. tormentas eléctricas.
16	72	88	74	Nublado a cubierto, después de la tarde aguaceros fuertes.
17	73	88	87	Cubierto por la noche relámpagos.
18	76	89	84	Cubierto, lluvioso por la noche.
19	75	88	85	Nublado, tormentas eléctricas por la noche.
20	74	87	85	Nublado, tempestad eléctrica de 3 a 5 p.m. y después de las 8 p.m.
21	73	88	85	Nublado, lluvioso después de las 3 p.m.
22	73	88	85	Nublado, relámpagos por la noche.
23	73	87	85	Cubierto con buen tiempo.
24	74	89	84	Nublado, lloviznas después de las 5 p.m.

TELA (D. G. de A.) Continuación

Fecha	Amanecer	Mediodía	Anochecer	Observaciones
25	70	87	84	Medio nublado, buen tiempo excepto por la noche en que se registran las lloviznas.
26	73	85	85	Medio nublado, ligera actividad eléctrica por la noche
27	74	89	73	Cubierto. Aguaceros después del mediodía.
28	72	87	75	Nublado a cubierto, lluvioso después de la 1 p.m.
29	70	86	83	Nublado, lluvias después de las 4 p.m.
30	69	86	84	Medio nublado, relámpagos por la noche.
Jul. 1	70	87	83	Nublado, aguaceros después de las 8 p.m.
2	73	88	75	Nublado, aguaceros después de las 3 p.m.
3	72	86	84	Nublado, lloviznas después de las 3 p.m.
4	72	90	85	Nublado, relámpagos por la noche.

CRUTA (D. G. de A.)

	Cruta		Latitud: 15° 14' Longitud: 83° 24' oeste.	
May. 8	78° F	88° F	80° F	Medio nublado a nublado, llovizna por la noche.
9	67	86	82	Medio nublado a nublado, bromoso.
10	80	87	81	Medio nublado, lloviznas por la mañana y a medianoche.
11	79	86	83	Nublado y lluvioso.
12	82	87	81	Nublado, lloviznas mañana y tarde.
13	81	87	82	Medio nublado, lloviznas en los alrededores.
14	78	86	82	Cubierto, lluvioso.
15	80	86	82	Nublado, lloviznas tarde y noche.
16	81	87	82	Medio nublado a nublado, brumoso.
17	80	87	82	Medio nublado a nublado, lloviznas por la mañana.
18	81	88	84	Medio nublado a nublado, brumoso.
19	81	88	83	Medio nublado, brumoso.
20	81	88	83	Medio nublado, brumoso.
21	81	88	83	Medio nublado a nublado, precipitación vista.
22	81	88	82	Medio nublado a nublado, llovizna por la noche.
23	82	87	83	Medio nublado a nublado, llovizna por la mañana, relámpagos por la tarde, brumoso.

279

CRUTA (D. G. de A.) Continuación

Fecha	Amanecer	Mediodía	Anochecer	Observaciones
24	81	87	82	Medio nublado, brumoso, lloviznas después de las horas medias del día.
25	81	85	81	Nublado, tormentas eléctricas por la tarde y medianoche.
26	75	84	82	Nublado a cubierto, tormentas eléctricas después del mediodía.
27	74	88	83	Nublado, chubasco todo el día acompañado de actividad eléctrica.
28	74	76	80	Cubierto, lluvioso todo el día.
29	76	87	77	Cubierto, lluvioso todo el día, tormentas eléctricas después de las 3 p.m.
30	80	88	80	Nublado, lluvioso después de las 2 p.m.
31	80	86	83	Nublado a cubierto, lloviznas por la mañana, buen tiempo el resto del día.

BELICE (Wells)

En la obra "Martin's British Colonies", p. 138, aparece el siguiente resumen de una tabla meteorológica hecha hace muchos años con datos de Belice, Honduras. Puede considerarse como bastante representativa de la temperatura de toda la costa de Honduras, Guatemala y Yucatán:

REGISTRO METEOROLÓGICO DE BELICE, HONDURAS

MES	TEMPERATURA			VIENTOS	OBSERVACIONES
	Máx.	Med.	Mín.		
Ene.	77°	75°	72°	W., N. y N. W.	Por lo general seco, buen tiempo, lluvias escasas.
Feb.	78	78	75	W. E. y N. E.	Igual al anterior, brisas agradables y aguaceros.
Mar.	79	78	74	E. N. E. y W.	Tiempo igual al anterior.
Abr.	82	80	78	E. y N. E.	Igual al anterior, brisa marina regular.
May.	83	81	79	E. N. E. y W.	Seco a veces, luego fuertes aguaceros, rayos y truenos.
Jun.	84	82	80	E. N. E. y S. E.	Atmósfera húmeda, nublado, lluvias fuertes.
Jul.	83	82	80	E. N. E. y S. E.	Igual al anterior, con rayos y truenos.
Ago.	83	82	79	E. N. E. y W.	Igual al anterior.
Sep.	83	82	79	E. W. y N. E.	Ocasionalmente despejado.
Oct.	83	81	78	E. N. E. y W.	Despejado con algunos aguaceros fuertes.
Nov.	80	79	74	E. N. E. y W.	Seco y agradable.
Dic.	78	75	71	E. N. E. y W.	Seco, agradable, con breves aguaceros.

GUANAJA (D. G. de A.)

Guanaja				Latitud: 16° 28' norte. Longitud: 85° 54' O.
Fecha	Amanecer	Mediodía	Anochecer	Observaciones
May. 8	74° F	75° F	79° F	Medio nublado, buen tiempo.
9	73	86	81	" " " "
10	80	85	81	Medio nublado, lloviznas a las 9 p.m.
11	80	85	83	Medio nublado, lloviznas a las 7 p.m.
12	81	8	82	Medio nublado, lloviznas a las 11 p.m.
13	80	85	82	Nublado con buen tiempo.
14	80	85	82	Nublado con buen tiempo.
15	80	85	83	Medio nublado a nublado, relámpagos a las ...p.m.
16	81	86	83	Nublado, buen tiempo.
17	81	86	82	Nublado, buen tiempo.
18	81	86	83	Medio nublado, buen tiempo.
19	81	86	8	" " " "
20	81	86	83	" " " "
21	81	86	83	Medio nublado, humoso.
22	80	86	83	Medio nublado, buen tiempo.
23	81	86	83	Medio nublado, lloviznas a las 12 m.
24	80	85	82	Medio nublado, buen tiempo.
25	78	85	80	Medio nublado, lloviznas de la 1 p.m. a las 6 p.m.
26	76	86	84	Medio nublado, relámpagos por la noche.
27	80	87	84	Medio nublado, relámpagos por la noche.
28	82	88	8	Medio nublado, lloviznas a las 2 p.m.
29	80	87	79	Nublado, lloviznas a las 4 p.m., tempestad eléctrica por la noche.
30	80	87	84	Nublado, relámpagos por la noche.
31	81	87	83	Nublado, lloviznas a las 7 a.m. y de las 3 a las 5 p.m., aguaceros por la noche.
Jun. 1	81	87	84	Nublados, lloviznas con ligera actividad eléctrica por la noche.
2	81	86	83	Medio nublado, buen tiempo, relámpagos por la noche.
3	80	86	84	Medio nublado, lloviznas a las 10 a. m. relámpagos a medianoche.
4	81	87	84	Medio nublado, lloviznas de las 6 a las 8 a.m., relámpagos por la noche.
5	81	87	84	Medio nublado con buen tiempo.
6	81	87	84	Medio nublado con buen tiempo, relámpagos por la noche.
7	82	87	84	Medio nublado con buen tiempo, relámpagos por la noche.
8	82	87	84	Medio nublado, buen tiempo.

9	81	87	83	Medio nublado, buen tiempo, relámpagos por la noche.
10	81	88	83	Medio nublado, buen tiempo.
11	82	88	84	Medio nublado, buen tiempo, relámpagos por la noche.
12	82	89	85	
13	82	83	81	Cubierto de las 11 a.m. a las 5 p.m. lluviosos con tronadas.
14	80	86	84	Nublado, lloviznas en la medianoche.
15	82	88	84	Nublado, relámpagos por la noche.
16	83	87	85	Nublado, relámpagos por la noche.
17	82	87	84	Nublado, buen tiempo.
18	81	91	85	Nublado, buen tiempo, relámpagos en la noche.
19	82	90	85	Nublado, buen tiempo, relámpagos en la noche.
20	81	88	84	Medio nublado, buen tiempo, relámpagos en la noche.
21	82	87	84	Medio nublado, buen tiempo.
22	81	87	83	Nublado con lloviznas a las 9 a.m. y la 1 p.m.
23	81	87	83	Nublado, lloviznas a la medianoche.
24	82	86	83	Medio nublado, lloviznas a la 1 p.m. y a las 3 p.m.
25	81	87	83	Medio nublado, lloviznas a las 12.
26	82	87	81	Nublado, lloviznas a las 10 a.m., tronadas a las 4 p.m., lluvioso por la noche.
27	81	84	81	Cubierto, lluvioso a partir del mediodía.
28	78	78	82	Cubierto, aguaceros acompañados de actividad eléctrica todo el día.
29	81	86	83	Medio nublado, buen tiempo.
30	81	86	83	Medio nublado, buen tiempo; lloviznas a las 11 a.m.
Jul. 1	80	88	83	Medio nublado, relámpagos a la media noche.
2	80	82	82	Nublado, lloviznas a partir de las 9 a.m. hasta las 2 p.m. de las 4 en adelante tormentas eléctricas.
3	82	86	83	Nublado, tronadas por la mañana, después de las 5 p.m. lluvioso
4	82	86	83	Nublado, lloviznas de las 8 a las 10 a.m.

APÉNDICE AL CAPÍTULO XXX[1]

En el Texto	Nombre científico	Equivalente
Algarbo	Ceratenia siliqua	Algarrobo
Alcornoque	Quercus suber	Alcornoque
Aguacate	Persea gratisima	Aguacate
Achote	Bixa orellana	Achiote
Algodonezo (ceibo)	Ceiba pentandra	Ceiba
Algagia	Hibiscus Ablemoschus	Algalia
Almedrillo (almond tree)	Andrina inermis	Almendro
Amarilla de Guayaquil	Terminalia Hayesil	Amarillo real
Bambú	Bambusa arundinacea	Bambú
Barablanca	Trema micranta	Vara blanca
Buttonwood	Laguncularia racemosa	Mangle blanco
Boxwood	Buxus sempervirens	Boj
Bird's eye maple	Acer campestris	Arce
Carne tuelo		
(black thorn tree)	Pisonia aculeata	Espino negro
Cedro	Cedrela mexicana	Cedro
Cayalac		
(sweet-scented Wood)	Swietenia macrophila	Cayelac
Caoba		Caoba
Cedro espino	Zanthoxylum Kellermanii	Cedro espino
Cedro amargo	Simaba cedron	Cedro amargo
Cedro cebollo (variedad de una		
madera dura y durable, que no es		
cedro)		Cedro cebollo
Cedro pasaya		
Cedro bueno (variedad del cedro		
rojo)	Cedrela discolor	Cedro bueno
Cocolobo, cocobello (muy duro,		
durable y bello, muy usado en		
ebanistería)	Psychotria Brachiata	Cocobello
Cano blanco (empleado para hacer		
tiras o listones)	Canella alba	Canelo blanco
Cubo	Nuphor láctea	Cubilete
Cope (rara vez empleado en		
construcción)	Ficus continofolia	Copó o amate prieto
Carbón	Mimosa pigra	Carbón
Copal-tree, Juchicopal	Euphorbia heterophyla	Copañ
Copaiba-tree	Gopaifera officinalis	Copaiba
Copaljocol (que da una fruta		
pequeña, como cereza)		Copalcojol
Camwood		Madera roja de angola

[1] Con la valiosa ayuda del Lic. Luis Landa se dan nombres científicos y comunes de la mayoría de las especies citadas por Wells.

Cacique o majano (muy durable)	Prunus anularis	Cacique o majano
Cristóbal	Actea spicata	Cristobalina
Chirnea	Crofón cíliato glanduloso	Chirca
Caray (tortoise-shellwood)		Carey
Cottonwood	Gossypium mexicanum	Álamo
Corrotu	Enterolobium cyclocarpum	Corotú
Ebano	Maba salicifolia	Ébano
Espino blanco	Acacia farnesia	Espino blanco
Espino amarillo	Inga guatemalensis	Espino amarillo
Espino negro (variedades del buckthorn)	Rhamnus catártica	Espino negro
Espabé	Anacardium excelsum	Espavel
Esquinsuche	Burreira Formosa	Esquinsuche
Encina	Quercus infectoria	Encino
Eboe algrova		Eboe algrova
Fustic-tree	Chlorophora tinctoria	Fústica
Guayaco o guayacán (lignum vitae-tree)	Guaicum santum	Guayacán
Guayabilla (wild guavatree)	Cesarea arguta	Guayabilla
Guapinol	Hymenaea curbaril	Guapinol
Guachipalin (duro y bellamente veteado)	Diphysa Robinoides	Guachipilín
Granadilla (negra, durable y muy dura)	Dalbergia cubilquitzensis	Granadillo
Guanacaste	Enterolobium ciclocarpum	Guanacaste
Guajinijili	Amerimon granadillo	Guajiniquil
Indio desnudo	Bursera simaruba	Indio desnudo
Ijerilla	Ricinus comunis	Higuerilla
Jisote	Dracaena americana	Izote
Lima Wood	Citrus aurantifolia	Brasilete
Lechemaria	Sifonia globulifera	Leche de María
Liquidambar-tree	Styraciflua estoraque	Liquidambar
Matcare	Pereskia aculeata	Mateare
Madiera negra (utilizada como sombra en las plantaciones de cacao)	Gliricida maculata	Madrecacao
Malvecino		Malvecino (malayerba)
Mangle	Conocarpus erecta	Mangle
Mangle caballero (da buena madera)		Mangle caballero
Mora (amarilla y dura)	Malpighia umbelata	Mora
Manzanilla	Matricaria chamomilla	Manzanilla
Manzanito	Malvabiscus	Manzanito
Mohoe (o Althaea)	Belotia campabellii	Capulín
Madroño (árbol de fresa silvestre)	Calycophyllum candidisimum	Madroño
Manzanita		Manzanita
Madroña de montaña	Albertía edulas	Madroño de montaña
Naraco (negrito)	Simuraba glauca	Naraco o negrito

Níspero (de montaña y real)	Acharas zapota	Níspero de montaña
Nazareno (muy bello)	Tumbergia erecta	Nazaret
Naranjito	Swartzia darinensis	Naranjillo
Palo negro	Celaenodendron mexicanum	Palo prieto
Palo amarillo	Esenbeckia Flava	Palo amarillo
Palo santo	Ipomea arboresceus	Palo santo
Palo penca (rope-tree)		Palo penca
Palo de vala	Ochroma lagopus	Palo de balsa
Palo de rosa	Coldenia alliodora	Palo de rosa
Palo Campeche (log-wood)	Hoematoxylon campecharia	Palo campeche
Palo de Nicaragua (especie de Brasilia)	Morus celtidifolia	Palo de Nicaragua
Paraíso	Melia azedarach	Paraíso
Palma (de muchas variedades)	Aerocomia mexicana	Palma
	Attalea cohune	Corozo
Palma Christi	Ricinus comunis	Palma Christi
Quebracha	Pithecolobium arboreum	Quebrachu
Quizá (de grano fino y difícil de trabajar)	Crotor glabellus	Quizarra
Quipo (laurel)	Codiacum variegatar	Quipo
Roble	Quercus apaueca	Roble
Ronrón	Astronium graveolus	Ronrón
Reseda	Lawsonia inermis	Reseda
Sapodillo	Colocarpum viride	Zapotillo
Satin-wood	Chloroxylon Swietenia	Palo del águila
Sancuya	Anona reticulata	Suncuya
Santa María	Piper peltatum	Santa María
San Juan (de gran rojo y amarillo)	Tebebuia Donnell-Smith	San Juan
Sumac	Rhus foxico dendron	Zumaque
Sapote	Calocarpum mammoso	Zapote
Sabina (savín)	Cedrela mexicana	Sabino, junípero
Sumwood		(¿)
Sauce	Salix chilensis	Sauce
Taray (duro y de gran fino)	Eysenhareitia adenostylis	Taray
Torro (bello y muy usado en ebanistería)	Lagenaria leucartha	Tarro
Tamarindo	Tamarindus indica	Tamarindo
Tiucinte	Cicas revoluta	Teocinte
Totuna	Crescentia cujete (¿)	Totumo
Ule o caoutchouc (India rubber-tree)	Castilla elástica	Árbol del hule
Zebra Wood	Connarus guianensis	(¿)

286

Frutas silvestres y de cultivo

Anona	Annona glabra	Anona
Albaricoque	Prunus armenica	Albaricoque
Aguacate	Persea americana	Aguacate
Anchovy pear	Grias cauliflora	(¿)
Algodón silvestre	Gossypium herbaceum	Algodón silvestre
Albérchigo	Amygdalus Persica	Albérchigo
Breao-fruit	Artocarpus communis	Árbol del pan
Cocoanut	Cocos nucifera	Coco (cocotero)
Citrón	Citrus médica	Limón
Coroso	Attalea cohune	Corozo
Chirimoya	Annona chirimola	Chirimoya
Cereza	Malphigia glabra	Cereza
Cayonito	Rheedia edulis	Caimito
Cotoperice		(¿)
Ciruela (nectarine)	Spondia purpurea	Ciruela
Cidra (especie de limón silvestre aromático)	Citrus médica	Cidra
Camote	Ipomocea batata	Camote
Durazno	Prunus pérsica	Durazno
Granada	Punica granatum	Granada
Granadilla	Passiflora serratifolia	Granadilla
Guayaba (guava)	Psidium guajaba	Guayaba
Gineo (banan)	Musa sapientum	Banano
Guanava (soursop)	Annona muricata	Guanábana
Guacal (mammoth calabash)	Enallagima encurbitina	Guacal
Higo	Ficus rádula	Higo
Higuera (calabash)	Dorstenia carica	Higuera
Jocote	Spondia purpurea	Jocote
Jícaro	Crescencia Cucurbitina	Jícaro
Limone	Citrus limonum	Limón
Lima	Citrus limeta	Lima
Melone	Sicania odorífera	Melón
Marañón	Anacardium occidentale	Marañón
Manzana rosada (rose aple)	Tarnbosa vulgaris	Manzana rosada
Mamaya	Mammea americana	Mamey
Mango	Mangifera indica	Mango
Melocotón (en español el durazno común, pero en Centroamérica se aplica a una fruta local que parece durazno grande)	Sincana odorífera	Melocotón
Manzanita	Malpighia diversifolia	Manzanita
Mora	Rubus fruticosus	Mora
Membrillo	Cydonia vulgaris	Membrillo
Manzana	Malus comunis	Manzana
Níspero	Achros zapota	Níspero
Naranja	Citrus sinensis	Naranja

Olive	Olea europea	Olivo
Ocumo	Ocimum micranthum	Ocumo
Platino (plantain)	Musa paradisiaca	Plátano
Papaya	Carica papaya	Papaya
Piña	Ananassa sativa	Piña
Pipaya, Pitahaya	Cereus trigonus	Pitahaya
Pera	Pyrus comunis	Pera
Prisco (especie de ciruela)	Prunus pérsica	Prisco (¿Durazno?)
Perone		Perón (¿Perote?)
Pejibayo	Guilielma utilis	Pejibayo
Sandilla	Citrullus vulgaris	Sandía
Uva	Vitis tiliaefolia	Uva
Vegetable Ivory		Marfil vegetal
Zapote o mamey	Mammea zapota	Zapote

Drogas, plantas medicinales y resinas preciosas

Aloes	Aloe feroz	Aloe
Almárcigo (mastic)	Pistacia vera	Alfóncigo, lentísco, almáciga
Anata	Bixa Orellana	Anata
Anis	Pimpinella anisum	Anís
Arrow-root	Maranta arundinacea	Yuquilla
Acluote		(¿)
Agave	Agave sisalana	Agave
Amole	Polianthus tuberosa	Amoli
Amate	Ficus rádula	Amate
Achiote	Bixa Orellana	Achiote
Ajonjolí	Sesamum indica	Ajonjolí
Ario (purgante)	Richardia africana	Aro
Bainilla	Vainilla fragaus	Vainilla
Balsame negro		Bálsamo negro
Balsamito	Balsamina monordica	Balsamina
Caotchouc	Siphocampylus caucho	Hule
Copal	Heterophyla copal	Copal
Cowhage	Dolichos pruriens o stizolobium (mucuna pruriens)	
		Pica pica
Copalchí (quinine)	Croton glabellus	Copalchí
Cañafístola	Cassia fistula	Cañafístola
Camphor (¿)	Dryobalanops camphora	Alcanfor
Cinnamon	Eleagnus abgustifolia	Cinamomo (canela)
Contrayerba (una especie de la Dorstenia de Linneo)	Dorstenia contrayerba	Contrayerba
Castor-oil plant	Ricinus comunis	Ricino
Cedron (antídoto)	Símaba cedron	Cedrón
Citrón	Citrus médica	Limó real
Caraway	Cassia graudis	Alcaravea, carví
Cpsicum	Capsicum annum	Pimiento
Chichicasta (especie de cowhage)	Urera baccifera	Chichicaste

Erngo (antídoto)	Eryngium fetido	Eryno
Estonaque (Frank-incense)	Erigeron pusillus	Incienso
Fustic	Chlorophora tinctoria	Fustete
Foxglove	Digitaria sanguinalis	Digital
Friagaplata (purga)	Solanum torvum	Friegaplato
Gum arabic		Goma arábiga
Gum Copaba	Copaifera officinalis	Goma copaiba
Gum Copal	Protium sessiflorum	Goma de copal
Gum myrrh	Myrica cerifera	Mirra
Gum tragacanth	Tradescant cordifolia	Goma de tragacanto
Gum elastic	Bumelia lanuginosa	Hule
Gum zacarina	Sacharum officinalis	Goma sacarina
Ginjebre	Zingiber officinalis	Gengibre
Guaco (antídoto)	Aristolochia grandiflora	Guaco
Guasguyas	Luchea platypetala	Guásimo
Guachacaré	Carludovica palmata	Guachibán
Genesero		Genízaro
Incas sylvestris	Inga esulis	Guama
Ipecacuanha	Cephaelis ipecacuana	Ipecacuana
Jalapa	Convolvulus officinalis	Jalapa
Jesuit's bark	Rhamnum purchiana	Cáscara sagrada
Juchicopal		Juchicopal
Lobelia	Lobelia Splendens	Lobelia
Liquidamber	Styracflua liquidámbar	Liquidámbar
Linseed	Linum usitatissimum	Linaza
Lona mana	Fraxubus ornus	Maná
Mastic	Tropeculum majus	Mastuerzo
Madder	Rubia tintoria	Rubia
Ocra	Hibiscus sculentus	Quimbombó
Pimento-gordo	Pimenta officinalis	Pimiento gordo
Palma Christi	Ricinus comunis	Palma christi
Piñón	Jatrophas aercas	Piñón
Rhubarb	Rheum officinalis	Ruibarbo
Sarsaparilla	Smilax zarzaparrilla	Zarzaparrilla
Sumac	Rhus coriaria	Zumaque
Sassafras	Sassafras officinalis	Sasafrás
Smilax	Smilax mollis	Esmilace
Snake-root	Aristoloquia serpentaria	Serpentaria
Sago	Marauta arundinacea	Sagú
Silk-cotton		Lana vegetal
Sangre de drago (dragon's blood)	Tacasmite panciflora	Sangre de dragón
Tacamahaca		Tacamahaca
Tuna	Opuntia leucotrichia	Tuna
Toronja	Citrus decumana	Toronja
Vanglo (oil-plant)	Olea europea	(¿)

GALERÍA DE FOTOGRAFÍAS

En el Tomo I, Wells hace una bella descripción del general Cabañas.

Yuscarán era en ese entonces uno de los pueblos mineros más importantes de Honduras. Abajo, una calle de Tegucigalpa.

Dos imágenes en el libro de Wells. Arriba: el río Guayabe. Abajo, el Mallol, en ese entonces una hermosa obra de arquitectura.

Arriba: grabado de la época de Tegucigalpa. Abajo, Este edificio, construido en 1811, sería posteriormente la Casa de Gobierno.

En su viaje a Olancho, Wells encontró vacas muertas en el camino

www.ingramcontent.com/pod-product-compliance
Lightning Source LLC
Chambersburg PA
CBHW061601120626
46550CB00004B/1575